INTELECTUAIS NEGRAS BRASILEIRAS
HORIZONTES POLÍTICOS

INTELECTUAIS NEGRAS BRASILEIRAS
HORIZONTES POLÍTICOS

Ana Claudia Jaquetto Pereira

LETRAMENTO

Copyright © 2019 by Editora Letramento
Copyright © 2019 by Ana Claudia Jaquetto Pereira

Diretor Editorial | **Gustavo Abreu**
Diretor Administrativo | **Júnior Gaudereto**
Diretor Financeiro | **Cláudio Macedo**
Logística | **Vinícius Santiago**
Designer Editorial | **Luís Otávio Ferreira**
Assistente Editorial | **Giulia Staar e Laura Brand**
Capa | **Sergio Ricardo**
Revisão | **Lorena Camilo e Daniel Rodrigues Aurélio (Barn Editorial)**
Diagramação | **Isabela Brandão**

Todos os direitos reservados.
Não é permitida a reprodução desta obra sem
aprovação do Grupo Editorial Letramento.

Dados Internacionais de Catalogação na Publicação (CIP) de acordo com ISBD

P436i	Pereira, Ana Claudia Jaquetto
	Intelectuais negras brasileiras: horizontes políticos / Ana Claudia Jaquetto Pereira. - Belo Horizonte : Letramento, 2019. 262 p. ; 15,5cm x 22,5cm.
	Inclui bibliografia, índice e apêndice. ISBN: 978-85-9530-288-4
	1. Ciências sociais. 2. Mulheres negras. 3. Feminismo. 4. Militância. 5. Analises socioeconômicas. I. Título.
2019-1543	CDD 300 CDU 3

Elaborado por Odilio Hilario Moreira Junior - CRB-8/9949

Índice para catálogo sistemático:
1. Ciências sociais 300
2. Ciências sociais 3

Belo Horizonte - MG
Rua Magnólia, 1086
Bairro Caiçara
CEP 30770-020
Fone 31 3327-5771
contato@editoraletramento.com.br
editoraletramento.com.br
casadodireito.com

Grupo Editorial
LETRAMENTO

AGRADECIMENTOS

Gostaria de agradecer às inúmeras pessoas que estiveram presentes em minha vida ao longo de minha tese de doutorado, agora transformada neste livro. À comunidade do Instituto de Estudos Sociais e Políticos da Universidade Estadual do Rio de Janeiro (IESP/UERJ), agradeço pela colaboração e aprendizados. Em especial, agradeço ao meu orientador, João Feres Júnior, pela interlocução; a Rosana Heringer e Breno Bringel pelas instigantes observações aportadas por ocasião da qualificação do projeto de tese; e a Cristiano Rodrigues, por me convidar a conhecer os estudos sobre mulheres negras – a ele devo a autorização para o uso da entrevista com Nilza Iraci.

Pela participação na banca examinadora da tese de doutorado, agradeço a Cláudia Pons Cardoso, Jurema Werneck, Luiz Augusto Campos e Breno Bringel. Seus aportes a partir de distintos lugares institucionais foi inestimável para enriquecer o debate que apresento neste livro. À professora Patricia Hill Collins, pela possibilidade de participar de suas aulas na University of Maryland e por me mostrar os caminhos possíveis na descoberta da riqueza do pensamento de mulheres negras. Às ativistas que cederam seu tempo para as entrevistas: Lúcia Xavier, Sueli Carneiro e Jurema Werneck. E a Luceni Ferreira de Criola, cuja boa vontade facilitou meu acesso ao acervo da organização.

Às minhas irmãs Bruna e Kenia, ao meu companheiro Benoît, à minha mãe Vilma e ao meu pai João Manoel. Bruna foi uma incansável leitora e comentadora deste trabalho. Raíla Alves e Ismália Afonso deram importantes contribuições para a preparação do livro.

Por fim, agradeço ao Conselho Nacional de Desenvolvimento Científico e Tecnológico (CNPq) pelo Programa de Bolsas de Doutorado; à Comissão de Aperfeiçoamento de Pessoal de Nível Superior (CAPES) e à Comissão para o Intercâmbio Educacional entre os Estados Unidos da América e o Brasil (Comissão Fulbright) pela Bolsa CAPES – Fulbright de Estágio de Doutorado, que proporcionaram a realização de estágio de doutorado na University of Maryland, nos Estados Unidos. As políticas de fomento à pesquisa foram decisivas para que eu e tantas outras mulheres negras vislumbrássemos uma trajetória acadêmica.

A voz da minha bisavó
ecoou criança
nos porões do navio.
Ecoou lamentos
de uma infância perdida.

A voz de minha avó
ecoou obediência
aos brancos-donos de tudo.

A voz de minha mãe
ecoou baixinho revolta
no fundo das cozinhas alheias
debaixo das trouxas
roupagens sujas dos brancos
pelo caminho empoeirado
rumo à favela.

A minha voz ainda
ecoa versos perplexos
com rimas de sangue
e fome.

A voz de minha filha
recolhe todas as nossas vozes
recolhe em si
as vozes mudas caladas
engasgadas nas gargantas.

A voz de minha filha
recolhe em si
a fala e o ato
O ontem – o hoje – o agora.
Na voz de minha filha
se fará ouvir a ressonância
o eco da vida-liberdade.

Conceição Evaristo, *Vozes mulheres*

SUMÁRIO

PREFÁCIO	13
INTRODUÇÃO	17
1. AS MULHERES NEGRAS NAS RELAÇÕES SOCIAIS: ENFOQUES EMERGENTES DO ENTRECRUZAMENTO DE GÊNERO E RAÇA	31
ESTUDOS SOBRE O LUGAR DAS MULHERES NEGRAS NAS RELAÇÕES SOCIAIS	31
ESTUDOS SOBRE O MOVIMENTO DE MULHERES NEGRAS	42
INTERSECCIONALIDADE E MULHERES NEGRAS: INTERFACES E DISSONÂNCIAS	63
"BUT SOME OF US ARE BRAVE": ANÁLISES DE GÊNERO, RAÇA E CLASSE E O DEBATE SOBRE INTERSECCIONALIDADE NOS ESTADOS UNIDOS	64
INTERSECCIONALIDADE NO BRASIL: IDENTIDADE E DESIGUALDADE	72
2. ASPECTOS METODOLÓGICOS	81
ANÁLISE CRÍTICA DO DISCURSO	81
APROXIMAÇÕES ENTRE AS TEORIAS DOS MOVIMENTOS SOCIAIS E A ANÁLISE CRÍTICA DO DISCURSO	86
ANÁLISE	91
AMOSTRAGEM	91
EXPLORANDO A AMOSTRA	98

3. **AS MULHERES NEGRAS EM DISCURSOS ACADÊMICOS HEGEMÔNICOS** — 101

   FACES DO IDEÁRIO EUGÊNICO: NINA RODRIGUES, PAULO PRADO E OLIVEIRA VIANA — 103

   NINA RODRIGUES — 104

   PAULO PRADO — 108

   OLIVEIRA VIANA — 112

   O LUSOTROPICALISMO DE GILBERTO FREYRE — 117

   A ABORDAGEM SOCIOLÓGICA DE FLORESTAN FERNANDES — 125

   REPRESENTAÇÕES DO PASSADO, REPRESENTAÇÕES PRESENTES — 135

4. **INTERPRETANDO AS RELAÇÕES SOCIAIS: HIERARQUIA E OPRESSÃO DEFINIDAS PELAS INTELECTUAIS NEGRAS** — 139

   MARCADORES E DESIGUALDADES: A ORDEM SOCIAL INTERPRETADA A PARTIR DA ASSIMETRIA ENTRE GRUPOS — 140

   CLASSE SOCIAL — 145

   RACISMO PATRIARCAL: LEITURAS SOBRE IMBRICAÇÕES DE GÊNERO, RAÇA E CLASSE — 150

   ELEMENTOS DE UM PLANO DESCRITIVO DAS REFLEXÕES DAS MULHERES NEGRAS — 165

5. **HORIZONTES POLÍTICOS: ORIXÁS, IALODÊS E EMPREGADAS DOMÉSTICAS EM PROPOSTAS DE JUSTIÇA SOCIAL** — 170

    RESISTIR: MANUTENÇÃO DA VIDA, QUESTIONAMENTO DA ORDEM E PROTAGONISMO POLÍTICO — 172

    ORIXÁS, LÍDERES E DOMÉSTICAS: REPOSITÓRIOS DE REPRESENTAÇÕES SOCIAIS E INSPIRAÇÃO DE IDENTIDADES COLETIVAS — 183

    MEMÓRIA COLETIVA, TEMPORALIDADES E TERRITÓRIOS: ANCESTRALIDADE E DIÁSPORA AFRICANA — 197

    ANCESTRALIDADE E POLÍTICA — 200

    DIÁSPORA E ARTICULAÇÕES TRANSNACIONAIS — 206

    DEMOCRACIA E CIDADANIA: INTERAÇÕES COM INSTITUIÇÕES VIGENTES — 216

    HORIZONTES DA JUSTIÇA SOCIAL — 233

CONSIDERAÇÕES FINAIS — 235

REFERÊNCIAS — 242

APÊNDICE 1 – REPRESENTAÇÕES DE MULHERES NEGRAS NOS CLÁSSICOS — 259

PREFÁCIO

Ser uma intelectual negra no Brasil não é tarefa fácil. Historicamente, as mulheres negras têm encontrado barreiras consideráveis que limitaram seu acesso à alfabetização e educação. Muitas jovens negras talentosas não conseguiram terminar a educação primária e secundária porque não tinham condições de estudar. Faculdades e universidades só recentemente passaram a admitir, com certa relutância, estudantes negros em seus programas de maior prestígio. As mulheres negras não são as únicas pessoas a quem foi negada a educação; trata-se, no entanto, de um grupo que sofreu consequências particularmente duras e visíveis dessa exclusão. Tornar-se uma intelectual negra no Brasil requer esforços para angariar credibilidade enquanto intelectual em um contexto em que a categoria de intelectuais negras é vista como um oximoro.

O movimento de mulheres negras no Brasil há tempos resiste a essas condições por meio de sua luta por justiça social em saúde, habitação, emprego e educação. Ao fazê-lo, ativistas negras aspiraram cultivar uma massa crítica de mulheres negras com capacidade de análise e com credenciais que permitam reivindicar o espaço para a realização do trabalho intelectual. No entanto, os obstáculos a este trabalho vão além de questões básicas relativas ao acesso a postos profissionais de professoras, pesquisadoras, jornalistas e formuladoras de políticas. As categorias de raça, gênero e classe não apenas moldaram quem é visto com credibilidade no papel de intelectual, mas também moldaram os padrões daquilo que pode ser considerado trabalho intelectual. A crescente visibilidade das mulheres negras intelectuais em faculdades, universidades e espaços semelhantes de produção do conhecimento no Brasil reflete décadas de lutas contínuas e árduas empreendidas de forma individual por mulheres negras, não apenas para levar novas ideias a conhecimentos já existentes, como também para redefinir a própria natureza do trabalho intelectual.

Ser uma intelectual negra especializada na explicação do trabalho intelectual das mulheres negras tem sido especialmente desafiador. Tais esforços vão além do acesso a recursos – eles redefinem as próprias ideias como um espaço de ativismo. O ativismo intelectual volta-se para o centro do que conta como a verdade na vida das mulheres negras e, como tal, para os próprios padrões que usamos para determinar o que é tomado como verdade. Em um contexto em que a racionalidade, a criatividade e a análise das mulheres negras têm sido questionadas de maneira recorrente, afirmar o status de intelectual da mulher negra vai além da simples inclusão no *status quo*. Mais do que isso, reivindicar o status de ativismo intelectual das mulheres negras requer um esforço contínuo para mudar tanto o conteúdo do conhecimento sobre as mulheres negras quanto os processos pelos quais o conhecimento é produzido.

Frente a esses desafios, o surgimento de uma vibrante comunidade contemporânea de intelectuais negras brasileiras que perpassa a academia, a política comunitária, os governos, e o jornalismo tem sido ainda mais notável. Mulheres negras intelectuais sempre existiram no Brasil, mas a crescente visibilidade dessa comunidade, que reflete as particularidades das experiências das mulheres negras no Brasil, que é escrita por elas próprias, é reflexo de um *ethos* intelectual. Atuando em espaços tão diversos como faculdades, universidades, agências governamentais, ONGs ou organizações comunitárias de base, as intelectuais negras brasileiras têm sido influenciadas e estão se conectado de forma significativa a projetos duradouros e contínuos de ativismo pela justiça social. Estes laços moldam os contornos particulares do ativismo intelectual por meio do qual os seus trabalhos tanto contribuem para formatar as lutas políticas quanto refletem a sabedoria conquistada no âmbito das ações sociais.

Vários trabalhos excelentes sobre a vida das mulheres negras no Brasil foram escritos por estudiosos norte-americanos. No entanto, essas obras versam *sobre* as mulheres negras enquanto objetos de conhecimento – eles não são escritos *por* mulheres negras brasileiras como agentes do conhecimento. Embora importantes e perspicazes, esses trabalhos com frequência subestimam a maneira como a sinergia entre ação social e teorização molda as ideias e experiências das mulheres negras. Essa sinergia – em que os horizontes políticos individuais e coletivos das mulheres negras refletem a investigação crítica e a práxis crítica – catalisa o trabalho intelectual que é informado por um *ethos* de justiça social. E essa maneira de trabalhar, bem como o conhecimento resultante, são subjacentes ao ativismo intelectual das mulheres negras.

Como é bom ver uma nova geração analisar o trabalho intelectual das mulheres negras no Brasil como agentes de conhecimento em seus próprios termos. O livro *Intelectuais negras brasileiras: horizontes políticos,* de Ana Claudia

Jaquetto Pereira, é uma nova voz importante que emerge e contribui para esse projeto mais amplo de examinar o ativismo intelectual das mulheres negras no Brasil. Ao tornar visível este trabalho, abordando tanto as condições em que ele se dá quanto as suas principais ideias, ela honra o legado do ativismo intelectual das mulheres negras brasileiras. Sua análise é rigorosa e ela não se esquiva de assuntos controversos. Ela apresenta uma nova abordagem de como os discursos acadêmicos no Brasil incorporam as ideias hegemônicas sobre as mulheres negras, oferecendo um novo tratamento sobre como as mulheres negras brasileiras analisam a hierarquia e a opressão, e como tais análises refletem a ação social dentro de projetos de justiça social, econômica e cultural. Em seu livro, vemos uma forte ligação com o movimento de mulheres negras no Brasil, o qual permanece conectado a outras lutas de justiça semelhantes, mas que também resguarda uma independência que define seu próprio curso nos desafios que as mulheres negras enfrentam no Brasil.

A produção intelectual de pensadoras negras contemporâneas no Brasil é verdadeiramente impressionante e este livro é um novo trabalho estelar dentro desta tradição florescente. Sejam nas artes criativas da poesia, da ficção e do teatro; nas profissões do direito, da educação e da medicina; ou no campo das Ciências Sociais da Ciência Política e da Sociologia, entre outras áreas de atuação, as intelectuais negras brasileiras estão em toda parte. Embora dispersas, este número crescente de acadêmicas, ativistas, artistas e políticas catalisam uma massa crítica indispensável que forja uma rede social importante entre intelectuais. É muito importante que Ana Claudia Pereira e essa próxima geração de intelectuais negras brasileiras saibam que, por terem umas às outras, não estão sozinhas.

Para mim, o trabalho de Ana Claudia Pereira e de estudiosas semelhantes, que usam suas ferramentas do saber para escavar suas visões, sinalizam o amadurecimento das intelectuais negras brasileiras como agentes do conhecimento. Tive a sorte de conhecer Ana Claudia e ter contato em primeira mão tanto com os desafios enfrentados pelas intelectuais negras brasileiras quanto com a profunda satisfação que ela e suas colegas experimentam ao saber que seu trabalho intelectual contribui para o empoderamento de mulheres negras brasileiras. Ao se constituir sobre os alicerces construídos por ativistas que a precedem e olhando para uma comunidade transnacional crescente e vibrante de intelectuais negras que experimentam desafios e conquistas semelhantes, essa geração de intelectuais mulheres negras brasileiras está destinada ao sucesso.

Patricia Hill Collins
Distinguished University Professor Emerita,
Universidade de Maryland, College Park

INTRODUÇÃO

No escopo do enfraquecimento do regime militar brasileiro e da reabertura democrática, os últimos anos da década de 1970 foram palco da emergência de novos atores políticos, dentre eles, a versão contemporânea do movimento de mulheres negras. Remonta àquela década a intensificação das ações de enfrentamento simultâneo ao racismo e ao sexismo, a partir do engajamento de dissidentes e colaboradoras do movimento feminista e, em menor medida, do movimento negro, além de integrantes de sindicatos, partidos e outras agremiações políticas. Grupos de mulheres negras foram instituídos em São Paulo, Rio de Janeiro, Maranhão, Espírito Santo, Bahia e outros estados, e a efervescência em torno da agenda que então irrompia na esfera pública inspirou tentativas de coordenação no âmbito nacional. O I Encontro Nacional de Mulheres Negras, que ocorreu 1988, em Valença, no Rio de Janeiro, contou com a participação de 450 mulheres de 17 unidades federativas, e teve como pauta a criação de um referencial comum, a estruturação do movimento e a definição de uma plataforma de ação. O II Encontro Nacional de Mulheres Negras, em 1991, foi realizado na cidade de Salvador, capital do estado da Bahia, e promoveu debates sobre o formato organizacional a ser adotado nacionalmente, estratégias de atuação e perspectivas conceituais.

O desenrolar das ações coletivas colocou em evidência a diversidade das militantes, diferenciadas em termos de trajetórias e ligações com outros entes políticos – incluindo movimentos sociais –, posicionamentos quanto a estratégias de aproximação e ocupação de espaços no Estado, condições diferentes de acesso à educação formal e de circulação no interior de redes e fóruns internacionais. As negociações identitárias e teórico-políticas por vezes culminam em divisões internas, e também em coalizões e disputas com o movimento negro e o movimento feminista na atuação em questões subjacentes.

Contradições e dilemas não foram impeditivos para a sobrevivência da pauta comum de contraposição ao racismo e ao sexismo, que foi conduzida aproximadamente até o ano de 2015 por duas redes principais: a Articulação de Mulheres Negras Brasileiras (AMNB) e o Fórum de Mulheres Negras. Integrantes de ambas as redes participam de mobilizações nacionais da sociedade civil, integram conselhos e conferências de políticas públicas nos níveis federal, estadual e municipal, ocupam cargos de gestão pública, dialogam com parlamentares e braços do Poder Executivo e integram quadros docentes de instituições de ensino superior. Sua projeção transnacional é exemplificada pelo papel proeminente das ativistas nas articulações forjadas no contexto da III Conferência Mundial das Nações Unidas Contra o Racismo, Discriminação Racial, Xenofobia e Intolerâncias Correlatas e pelos elos com a Rede de Mulheres Afro-latino-americanas, Afro-caribenhas e da Diáspora – uma rede transnacional de ativistas afrodescendentes.

Almejando influenciar a agenda nacional e internacional, as ativistas negras dedicam-se a revisar formulações teórico-conceituais e a promover novas possibilidades interpretativas e marcos para a ação política, atuando tanto dentro quanto fora da academia. Consolidaram-se, assim, como intelectuais que estabeleceram novos horizontes políticos para o Brasil. Pesquisas conduzidas por Rosália Lemos,[1] Cristiano Rodrigues,[2] Sônia Santos,[3] Núbia Moreira[4] e Claudia Cardoso[5] investigaram percursos e formulações do movimento de mulheres negras.

O presente estudo soma-se aos esforços empreendidos por estas/estes pesquisadoras(es) e tem por objetivo identificar elementos centrais das reflexões desenvolvidas pelo movimento de mulheres negras no Brasil. Especificamente, almejo:

1. caracterizar o plano descritivo das reflexões, analisando construções discursivas que interpretam a opressão enquanto fenômeno social e mapeando categorias analíticas, eixos temáticos e argumentativos;
2. investigar o plano prescritivo das reflexões, analisando padrões discursivos que conformam a proposta emancipatória desse movimento;

---

1 LEMOS, 1997.
2 RODRIGUES, 2006.
3 SANTOS, 2008.
4 MOREIRA, 2011.
5 CARDOSO, 2012.

3. compreender quais são e como são articuladas as principais representações sociais fomentadas pelo movimento de mulheres negras, comparando-as com o universo representacional exibido por interpretações canônicas das relações sociais.

Diante de elementos que subsidiam respostas para tais questões, verifico a hipótese de que o desenvolvimento do movimento de mulheres negras tenha sedimentado perspectivas analíticas e concepções de justiça social, dando vida a um pensamento social e político que se organiza pela contemplação própria das sobreposições de gênero e raça. Pensamento este que teria sido desenvolvido por intelectuais negras ligadas ao ativismo político.

Concentro minha análise no período que vai da década de 1970 até 2015. A partir da década de 2010, o movimento de mulheres negras no Brasil passou por importantes transformações, com o fortalecimento de novos atores e do ativismo digital jovem, acompanhados da redução do financiamento de organizações não-governamentais; o aumento do número de mulheres negras em programas de pós-graduação em decorrência de programas de ações afirmativas mantidas pelo governo brasileiro; e de inflexões no posicionamento do movimento quanto ao Estado brasileiro. Tais fatores contribuem para maior visibilidade e pluralidade da produção intelectual negra e, no entanto, não serão abordadas neste livro. A Marcha de Mulheres Negras contra o Racismo e a Violência e pelo Bem-Viver, ocorrida em Brasília no dia 18 de novembro de 2015, reuniu, segundo as organizadoras, 50 mil pessoas de todo o país e pode ser tomada como um marco destas transformações.

A importância da sistematização proposta neste estudo ressalta-se frente à escassa atenção que a produção acadêmica tem dispensado a diferentes e importantes interpretações acerca das categorias sociológicas colocadas aqui em foco, bem como nos projetos de justiça social de diferentes grupos. As problematizações voltadas simultaneamente a gênero e raça no país têm seguido dois cursos distintos, determinados pelas fronteiras entre as formulações que são vistas como estritamente acadêmicas e aquelas que nascem no seio do engajamento de ativistas. Não se trata de negar que haja influências recíprocas, mas sim de constatar que as duas correntes nem sempre caminham juntas. No campo da produção acadêmica explicitamente identificada com ações políticas para superação do racismo – que chamarei, na falta de um nome melhor, de *produção acadêmica ativista* –, os escritos de militantes são crescentemente repercutidos, colocando em evidência textos como *"Racismo e sexismo na cultura brasileira"* e o conceito de "amefricanas" de Lélia Gonzalez,[6] o uso do termo "ialodê" proposto por Jurema Werneck,[7] ou, ainda, a expressão "feminismo negro brasileiro", em termos semelhantes aos descritos por Cláudia Cardoso.[8] Das norte-americanas Kimberlé Crenshaw[9] e Patricia Hill Collins[10] são emprestadas, respectivamente, as noções de "interseccionalidade" e de "feminismo negro". O fato de que esses referenciais são menos conhecidos ou mencionados na produção estritamente acadêmica incita a um exame de sentidos e implicações conferidos às noções de "gênero" e "raça" acionadas em vertentes diversas.

Em segundo lugar, as análises que este estudo promove permitem encontrar elementos da articulação de gênero e raça que correspondam às configurações societárias nacionais. Isso é importante porque, na transposição do debate norte-americano sobre opressões sobrepostas para o Brasil, são geradas algumas incongruências históricas e subjetivas, pois peculiaridades das identidades racializadas e gendrificadas no contexto dos Estados Unidos tendem a ser transpostas automaticamente ao Brasil, desfavorecendo a apreciação de características próprias do cenário nacional. O acúmulo de pesquisas e comparações das relações raciais no Brasil e nos Estados Unidos descortinaram padrões nacionais e ideologias historicamente localizadas de organização do privilégio, da opressão e da resistência racial. Contudo, é importante aprofundar o conhecimento de como o gênero participa, na sociedade brasileira, daquilo que Michael Omi e Howard Winant chamaram de "projetos raciais". Para estes autores, os projetos raciais estabelecem ligações e articulam estrutura social e significados, instituições e discurso, significação e organização. A sobreposição de múltiplos projetos raciais sedimentaria a "formação racial" das nações e, também, da ordem global. Eles defendem que o estudo dos projetos raciais viabiliza a identificação de padrões históricos de longa duração, levando ao entendimento do significado de raça em determinadas práticas discursivas, bem como da maneira com que as estruturas sociais racialmente organizadas com base nessas interpretações constituem uma dada formação racial.[11]

---

6   GONZALEZ, 1984B; 1988C.
7   WERNECK, 2007; 2014B.
8   CARDOSO, 2012.
9   CRENSHAW, 2002.
10 COLLINS, 2000.
11 WINANT, 2001; OMI, WINANT, 2014.

Igualmente, as relações de gênero em ambos os países são perpassadas por valores, representações e configurações nacionais do poder. As aplicações do termo "interseccionalidade" muitas vezes tendem a incidir em uma universalização das categorias acionadas e a deixar intocados projetos de gênero que são simultaneamente raciais, e que ditam os parâmetros de dinâmicas interacionais e estruturais. As formulações do movimento de mulheres negras, por sua vez, são motivadas pela premência de intervir em uma realidade imediata, alimentam-se de interpretações territorializadas de configurações de poder, fomentam agendas que correspondem a regimes jurídico-institucionais locais, e produzem e nacionalizam debates em termos compreendidos por outros atores políticos situados no contexto em que atuam. Ao me deter sobre visões do movimento de mulheres negras, ofereço uma alternativa às aplicações desatreladas, avançando na identificação de elementos interpretativos e analíticos alternativos das relações de gênero e raça – em seu entrecruzamento, sobretudo – na sociedade brasileira.

Em terceiro lugar, este livro contribui para uma maior visibilidade de mulheres negras enquanto agentes intelectuais e políticos no interior da produção acadêmica nacional. Trabalhos icônicos para a cultura e a ciência brasileira reificam imagens de mulheres pretas e pardas em comportamentos hipersexualizados, servis, intelectual e moralmente grosseiros, consagrando discursos limitados e estereotipados de caracterização de agentes sociais. O declínio da adesão deliberada a tais imagens na atualidade não implicou em uma substituição que refletisse a pluralidade da vida social das negras, e que pudesse equilibrar representações positivas e negativas, aspectos objetivos e subjetivos, criações, conflitos, emoções, enfim, elementos que permeiam a experiência individual e social de mulheres negras e de quaisquer outros sujeitos sociais. Tampouco foi capaz de desdobrar-se na investigação de quais são, a que se referem e o que priorizam os projetos de contraposição à opressão – ou seja, projetos de justiça social – formulados por mulheres negras. Com isso em mente, guio-me pela estratégia levada a cabo por Patricia Hill Collins[12] para afirmar a autoridade epistêmica de afro-americanas ao lidar com problemática semelhante nos Estados Unidos. Partindo da constatação de que o acesso das negras às instituições de produção e legitimação do saber é negativamente comprometido por mecanismos de reprodução das desigualdades, a autora revisita um volume expressivo de discursos políticos, poemas, ensaios, artigos jornalísticos, canções e textos acadêmicos à procura de recorrências que caracterizem um pensamento feminista negro. De escopo mais restrito, meu trabalho alinha-se ao de

---

12   COLLINS, 2000.

Cláudia Pons Cardoso no aporte de novas possibilidades de estudo de formulações de intelectuais negras brasileiras, introduzindo uma leitura de elaborações que fundamentam a atuação política de um grupo bem delimitado de ativistas negras, bem como do modo como repercutem elaborações e trajetórias de outras mulheres negras.

Tendo em vista os objetivos abraçados por este estudo, dialogo com escritos da antropologia, da sociologia, da ciência política e dos estudos feministas sobre interseccionalidade e sobre mulheres negras, acompanhando os contornos de um debate transnacional que tem obedecido mais a interesses temáticos do que a limites disciplinares. Como no caso dos estudos no campo das relações raciais, os estudos brasileiros sobre mulheres negras recebem notável influência da literatura de língua inglesa, particularmente a norte-americana, e em especial dos *Black Women's Studies* ou, em português, os estudos sobre mulheres negras – que reúnem formulações sobre condições sociais das mulheres negras e ações coletivas de oposição ao racismo e ao sexismo. Nos Estados Unidos, esses estudos constituem uma ramificação da tradição ativista nascida ainda durante a vigência do regime escravocrata e, posteriormente, do regime de segregação racial, cujos registros subsistem em formatos literários, políticos e jornalísticos. A transposição desse legado para o ambiente acadêmico foi favorecida pelo contato entre ativistas e intelectuais negras(os) propiciado pelo acesso de afro-americanas(os) à universidade em números sem precedentes nas décadas de 1970 e 1980, bem como pela multiplicação de departamentos de *African American Studies*, de composição majoritariamente negra e afeitos a narrativas politizadas sobre a vida social.[13]

Os trabalhos analíticos sobre as negras ganharam novo fôlego a partir da crítica do feminismo em virtude da ausência de leituras sobre a opressão racial, e dos movimentos de direitos civis e do movimento *Black Power*, por desconsiderarem aspectos de gênero. Textos e volumes pioneiros como *The Liberation of Black Women*,[14] *Unbought and Unbossed*,[15] *The Black Woman*,[16] *The Combahee River Collective Statement*,[17] *All the Women are White, all the Blacks are Men, but some of us are Brave: Black Women's*

---

13   HULL et al., 1982.
14   MURRAY, 1995.
15   CHISHOLM, 1970.
16   BAMBARA, 1970.
17   COMBAHEE RIVER, 1997.

Studies,[18] *Women, Race and Class*[19] e *Sister Outsider*[20] registraram as formulações e debates de ativistas que mantinham relações com instituições de ensino superior e com grupos políticos, desdobrando-se na instituição dos *Black Women's Studies*.

O trânsito das ideias dos movimentos sociais para a academia implicou na absorção de clivagens importantes da política negra norte-americana, que se traduziram em duas vertentes: o "womanismo", mais próximo da tradição nacionalista afro-americana, e o "feminismo negro", que, como sugere o nome, promove uma releitura do feminismo com base nas experiências de mulheres negras. Malgrado a multiplicidade de temas e abordagens, suas autoras enfatizaram a relevância de gênero, raça, classe social e sexualidade na determinação das experiências e dos problemas a que as mulheres deste grupo se encontravam sujeitas. Além disso, elas promoveram reinterpretações historiográfica e sociológica que se contrapuseram a estereótipos perpetuados por perspectivas hegemônicas, ao introduzirem um discurso inovador sobre o lugar das negras na trajetória do país e nas dinâmicas sociais. Nos anos 1980 e 1990, o campo foi marcado pela predominância de estudos nas disciplinas da história e da literatura, capitaneados por autoras como Darlene Clark Hine, Paula Giddings, Nell Painter, Elsa Barkley Brown, Sharon Harley, Rosalyn Terborg-Penn, Jacqueline Jones, Deborah Gray White, Barbara Christian, Nelly McKay e Hazel Carby. Merecem destaque, ainda, autoras como bell hooks,[21] Bonnie Thornton Dill,[22] Deborah King,[23] Kimberlé Crenshaw[24] e Patricia Hill Collins,[25] que se dedicaram a debates na esfera das ciências sociais, teoria legal e crítica cultural.[26]

Diante do crescimento da produção acerca de mulheres não brancas na academia anglófona, algumas revisões bibliográficas do campo dos estudos feministas e de gênero apontaram a escassez de textos sobre as negras na academia brasileira. Em seu livro *Mulher e escrava*, Sonia Giacomini observou

---

18 HULL et al., 1982.
19 DAVIS, 1981.
20 LORDE, 1984.
21 HOOKS, 1981.
22 DILL, 1983.
23 KING, 1988.
24 CRENSHAW, 1991.
25 COLLINS, 2000.
26 CALDWELL, 2010.

a tendência da historiografia de apresentar as escravas como membro da "mais imensa família patriarcal", "ponte entre duas raças", "embaixadora da senzala na casa-grande, e vice-versa". Como alternativa, ela se propôs a abordar questões de gênero e raça implicadas na temática das mulheres negras, adentrando uma discussão que "[...] mesmo entre feministas e estudiosos da mulher [...] em nosso país tem se constituído em verdadeiro tabu."[27]

A insuficiente abordagem da questão racial também foi notada por Sandra Azeredo,[28] que examinou a formação de grupos acadêmicos sobre a temática de gênero nos Brasil na década de 1980, inspirados pela consolidação de programas de *Women's Studies* nos Estados Unidos. Azeredo chamou atenção para a absorção seletiva, pelas feministas brasileira, das discussões promovidas no contexto americano, argumentando que a produção nacional não incorporou ao seu repertório as críticas ao racismo do feminismo ocidental que as mulheres não brancas desenvolviam naquele período. Para a autora, seria especialmente sintomático o desconhecimento dos escritos das feministas "de cor" americanas pelas acadêmicas brasileiras e a ausência de traduções destes para o português, além da falta de debates sobre raça nesses grupos. Como consequência, as feministas brasileiras, ao falharem em reconhecer diferenças raciais, tenderiam a priorizar preocupações de brancas de classe média e a silenciar as vozes e experiências das demais mulheres. Kia Lilly Caldwell[29] notou a persistência de uma postura evasiva quanto à raça no discurso feminista brasileiro, na contramão de tendências observadas nos Estados Unidos, Inglaterra e Canadá, reiterando e atualizando a crítica de Azeredo à recepção desigual do trabalho de feministas brancas e mulheres não brancas pelas acadêmicas no país. Para ela, o número reduzido de negras nas universidades brasileiras também teria contribuído para que os estudos sobre mulheres passassem ao largo de críticas das brasileiras negras e suas tentativas de problematizar intersecções de gênero e raça no âmbito dos movimentos sociais e da academia.

Em meados da década de 1990, a tentativa de publicação de um número especial sobre mulheres negras por um dos mais proeminentes periódicos acadêmicos feministas no país, a *Revista de Estudos Feministas*, salientou outros empecilhos para a consolidação do campo de estudo. Matilde Ribeiro,[30] organizadora da edição, relatou que o projeto inicial do *Dossiê*

---

27 GIACOMINI, 1988, p. 20.

28 AZEREDO, 1994.

29 CALDWELL, 2000; 2007.

30 RIBEIRO, 1995a.

Mulheres Negras era oferecer espaço para que autoras negras apresentassem suas formulações sobre gênero, raça e racismo, fossem elas pesquisadoras, integrantes de movimentos sociais ou de instituições públicas e acadêmicas. Entretanto, passado um ano, apenas três artigos haviam sido recebidos. Ribeiro aventou algumas hipóteses explicativas para o baixo retorno:

> [...] – as mulheres negras, a partir de sua organização autônoma e enfrentamento crítico aos movimentos negro e feminista nas últimas décadas, têm contribuído para a ampliação dos debates acerca de sua realidade. Porém, a sistematização desta prática ainda é muito pequena; – existe uma distância entre os espaços acadêmicos e os movimentos sociais, principalmente no que diz respeito às questões raciais. Pouquíssimas mulheres negras encontram-se nos espaços acadêmicos; – existe também uma distância entre práticas e formulações teóricas do movimento feminista e a realidade das mulheres negras.
> Estes três aspectos de certa forma se relacionam e refletem a dificuldade de tratamento da diversidade dos processos sociais que entrecruzam gênero e raça.[31]

Os obstáculos identificados por Giacomini, Azeredo, Caldwell e Ribeiro não impediram, todavia, o aparecimento de trabalhos pioneiros nas ciências sociais. A partir da década de 1980, merecem destaque os escritos de militantes emblemáticas do movimento de mulheres negras, como Lélia Gonzalez, Sueli Carneiro e Luiza Bairros que, contudo, tiveram maior receptividade entre integrantes de movimentos sociais do que no meio acadêmico. Algumas/alguns pesquisadoras(es) têm persistido em esforços para sanar lacunas nas mais variadas disciplinas: no campo da história, o livro *Mulheres negras no Brasil escravista e do pós-emancipação* reúne textos que, como colocam as(os) organizadoras(es), "[...] reconstroem cenários e desenham paisagens revelando sombras, suspiros e formas de vida, do corpo, da mente e da alma das mulheres [...] na escravidão e nas primeiras décadas da pós-emancipação [...]", e que põe em evidência agenciamentos no campo das relações familiares, afetivas, econômicas, sociais e políticas;[32] o legado intelectual de Beatriz Nascimento e Lélia Gonzalez tem sido explorado por pesquisadoras(es) como Alex Ratts, Flávia Rios e Elizabeth Viana;[33] Jurema Werneck[34] voltou-se à atuação protagonizada pelas mulheres negras no samba e o caráter político de suas ações.

---

31 RIBEIRO, 1995a, p. 434-435.
32 XAVIER *et al.*, 2012, p. 7.
33 RATTS, 2006; VIANA, 2006; RATTS, RIOS, 2010.
34 WERNECK, 2007.

Inscrevendo-me neste debate, coloco-me, subsidiariamente, em interlocução com a bibliografia referencial sobre movimentos sociais, com a finalidade de explorar construções semânticas e culturais nas quais as perspectivas das ativistas negras se ancoram. Inicialmente agrupados em enfoques marxistas e funcionalistas, os estudos das ações coletivas organizam-se, na contemporaneidade, em três correntes predominantes, que apontam diferentes prioridades em termos de objeto e análise: a teoria da mobilização de recursos, a teoria do processo político e a teoria dos novos movimentos sociais. Incorporando pressupostos do próprio funcionalismo e da teoria da escolha racial, a teoria da mobilização de recursos enxerga os movimentos sociais como agentes racionais e impulsionados por interesses. Assim, ela credita o surgimento dos mesmos à disputa por recursos materiais, como dinheiro, trabalho, benefícios e serviços, e por recursos não materiais, como autoridade e comprometimento valores. A ação coletiva é interpretada dentro de uma lógica de interações estratégicas e de cálculos de custo e benefício, e os movimentos sociais são vistos como atores que disputam simpatizantes, adeptas(os) e financiamento. Consequentemente, o foco da análise é direcionado para recursos disputados, papéis desempenhados por lideranças, táticas empregadas pelos grupos para controlar a ação coletiva, métodos de obtenção de apoio e resultados.

A teoria dos novos movimentos sociais opõe-se à lógica racionalista e estratégica imputada aos atores pela teoria da mobilização de recursos. Tomando inicialmente como objeto os movimentos emergentes na Europa da década de 1960 – movimentos estudantis, feminista, de homossexuais e de minorias raciais –, a teoria dos novos movimentos sociais ocupou-se das inovações e da reformulação de práticas culturais por eles advogadas, dando visibilidade a lutas emancipatórias que escapavam ao limite do Estado e até mesmo àquelas que se colocavam em oposição ao mesmo. Assim, ideologia e identidade, entendidas como quadros de referenciais para as ações e projetos, são aspectos priorizados por esta perspectiva.

As lacunas interpretativas resultantes da polarização entre aspectos subjetivos e aspectos objetivos da ação coletiva inspiram tentativas de revisão que buscam amenizá-las. Na década de 1970, contestações à teoria da mobilização de recursos deram origem à teoria do processo político, que tenta aliar algumas percepções da teoria da mobilização de recursos a questões propostas pela corrente dos novos movimentos sociais. Mantendo o pressuposto de que a ação coletiva é orientada pela razão, as(os) autoras(es) do processo político passaram a investigar o ambiente político e institucional em que os movimentos sociais atuam, introduzindo novas variáveis, como arranjos do sistema político, dinâmica eleitoral local, alianças, elites, mecanismos de definição de agenda política e de tomada de decisões. Outra inovação foi a retomada de questões concernentes à cultura, suscitando interpretações sobre a produção, o combate e a promoção de significados no âmbito dos movimentos. A linguagem, os símbolos e as ideologias tornaram-se objeto de interesse das(os) analistas, que os interpretam como veículos de significados sociais que configuram a ação coletiva.

A trajetória e as ações dos movimentos de mulheres negras foram estudadas em outro trabalho,[35] que investigou as configurações da estrutura de oportunidades na qual o movimento emergiu. Indagando sobre construções subjacentes às articulações de gênero e raça que animam meu estudo, deixo de lado aspectos mais objetivos da atuação das ativistas, inclusive mapeamentos de sua agenda política imediata e de suas ações, para me concentrar em aspectos discursivos prementes na constituição e atuação de atores políticos. As teorias dos movimentos sociais reconhecem que estes atores pleiteiam não somente transformações materiais, como também a ressignificação do poder e dos limites do político. Os discursos políticos hegemônicos são alvos centrais da disputa empreendida pelos movimentos sociais e o sucesso de suas empreitadas depende da persuasão de membros de uma dada comunidade política a respeito de leituras sobre problemas, posições, responsabilidades e possibilidades de transformação. Cientes da dimensão semântica da atuação destes atores, Breno Bringel e Enara Echart[36] argumentaram que uma abordagem compreensiva – em substituição de formulações explicativas – favorece a visualização de dimensões fundamentais para o entendimento dos movimento sociais como agentes que desenvolvem novas subjetividades coletivas, convicções e intuições, possivelmente dando vazão a racionalidades alternativas forjadas no interior de experiências silenciadas ou desperdiçadas pelos enfoques científicos.

Alinhando-me a tal proposta, recorro à Análise Crítica do Discurso (ACD) enquanto metodologia que permite investigar construções discursivas identitárias, representacionais e de ação social das ativistas, dividindo-as entre aquelas que se inscrevem em um plano descritivo das relações sociais e outras que apontam para o agenciamento de ações sociais e que sedimentam um projeto de transformação social – um plano prescritivo. Na seleção de fontes primárias, tomei em consideração di-

---

35 RODRIGUES, 2006.

36 ECHART, 2008.

versos gêneros e estilos de texto utilizados na promoção de ideias junto a públicos distintos e âmbitos sociais e institucionais variados. Isso me levou a incomum escolha de compor a amostra com textos tão diversos quanto teses de doutorado e livretos produzidos por organizações políticas. Pesquisas sobre o movimento de mulheres negras têm sido desenvolvidas no país com recurso a entrevistas e observação participante, que permitem interrogar as ativistas diretamente sobre questões de identidade coletiva e preferências políticas. Os materiais produzidos e divulgados por organizações, contudo, direcionam-se a um público mais amplo e a intervenções diretas na realidade. Textos acadêmicos, por outro lado, dão espaço para elaborações teóricas e conceituais de maior fôlego e, no mais, evidenciam influências intertextuais. Por este motivo, optei por incluí-los entre as fontes primárias e, ao mesmo tempo, excluí-los da revisão bibliográfica dos estudos das mulheres negras, evitando redundâncias. Para análise das fontes, procedi à codificação de seções de texto com o uso do software Atlas.ti, a partir de recorrências expressivas, tendo agrupando e reproduzindo nos capítulos analíticos trechos de diferentes estilos, filiações organizacionais e autorias. Se as citações se fazem por vezes longas é porque minha intenção é deixar visíveis marcas originais do material analisado, com suas escolhas lexicais e conexões semânticas.

Minhas formulações sobre o objeto proposto são estruturadas em cinco capítulos. No primeiro capítulo, "As mulheres negras nas relações sociais: enfoques emergentes do entrecruzamento de gênero e raça", revisito parte da bibliografia nacional que se volta simultaneamente a aspectos de gênero e raça, em especial à sua abordagem das mulheres negras, com o intuito de introduzir os termos com que a temática vem sendo abordada pelos campos da antropologia, da sociologia, da ciência política e dos estudos feministas na contemporaneidade. Priorizando, neste primeiro momento, dissertações, teses e artigos publicados em periódicos científicos, volto-me à produção sancionada pela academia, dividindo-a em estudos que investigaram aspectos relacionados à inserção das mulheres negras nas relações sociais, estudos sobre os movimentos de mulheres negras e escritos sobre interseccionalidade.

Ainda neste capítulo, argumento que os escritos sobre interseccionalidade explicitam uma cisão entre abordagens que empregam gênero, raça e outras categorias correlatas como marcadores identitários de diferença daquelas que os mobilizam enquanto marcadores de desigualdades sociais, observando que esta última configuração se alinha ao uso originário do termo por Kimberlé Crenshaw no interior da teoria racial crítica.

No segundo capítulo, "Aspectos metodológicos", apresento os parâmetros metodológicos que orientam a pesquisa sobre construtos discursivos do movimento de mulheres negras, justificando as escolhas do texto das organizações e autoras e discorrendo sobre as limitações desta pesquisa. Alimentando-me de formulações da ACD, em especial nas versões promovidas por Norman Fairclough,[37] e Teun van Dijk,[38] situo sua utilidade para o estudo de formas de resistências e de conhecimentos produzidos por grupos socialmente subjugados. Além disso, proponho que, no caso dos movimentos sociais, os construtos discursivos podem ser mais bem compreendidos quando lidos sob a chave de conceitos das teorias dos movimentos sociais concernentes à produção de significados nos níveis de interação face a face e societário, como *frame*,[39] identidade coletiva e política cultural. Uma vez expostos critérios e possibilidades analíticas, detenho-me à explicação do processo de constituição do *corpus* da amostra e da elaboração e aplicação de códigos que possibilitaram identificar os padrões relevantes nos discursos das ativistas negras.

No capítulo 3, "As mulheres negras em discursos acadêmicos hegemônicos", volto-me a obras canônicas do pensamento social brasileiro e da sociologia com a finalidade de identificar representações sociais de mulheres africanas e mulheres negras que elas empregam, atentando para as construções de gênero, raça e hierarquia social que acionam. Tendo como objetivo estabelecer um referencial para a comparação das construções discursivas do movimento de mulheres negras, revisito trabalhos de Nina Rodrigues, Paulo Prado, Oliveira Viana, Gilberto Freyre e Florestan Fernandes. A seleção de autores e obras incluiu textos de reconhecido prestígio, como é o caso daqueles assinados por Gilberto Freyre e Florestan Fernandes, mas também de autores de menor expressividade, como Paulo Prado. Isso porque, mais do que uma análise exaustiva das imagens e representações, almejo visualizar padrões e a sua ressonância ou interrupção ao longo de diferentes vertentes intelectuais, examinando continuidades e permanências, e refletindo sobre as implicações das mesmas para a formulação de análises sociais e políticas que subsidiem projetos de justiça social.

---

37   FAIRCLOUGH, 1992.

38   VAN DIJK, 2008a.

39   Uma vez que o sentido do termo *frame* em inglês seria perdido em sua tradução para o português, opto pela utilização do original em língua estrangeira ao longo deste estudo.

No quarto capítulo, "Interpretando as relações sociais: hierarquias e opressão definidas pelas intelectuais negras", adentro a análise do discurso de ativistas, com vistas a sistematizar um conjunto de reflexões sobre opressão social. Nesse sentido, investigo quais marcadores sociais são considerados relevantes, como é compreendida a relação entre eles e como eles são associados a fenômenos sociais, relacionando as perspectivas encontradas a influências teórico-políticas.

Finalmente, no quinto capítulo, "Horizontes políticos: Orixás, ialodês e empregadas domésticas em propostas de justiça social", dou continuidade aos esforços analíticos na expectativa de colocar em evidência os ordenamentos sociais e políticos que o movimento de mulheres negras pretende construir, observando a maneira como os discursos articulam raça, classe social e gênero. Tendo isso em vista, busco compreender configurações discursivas que apontam o direcionamento de ações e identidade coletivas, articulando-as às intervenções políticas do movimento.

Este livro é resultado de meus estudos de doutorado em Ciência Política no Instituto de Estudos Sociais e Políticos da Universidade do Estado do Rio de Janeiro (IESP/UERJ), concluídos no início do ano de 2016. Por este motivo, não incorpora bibliografia e debates que floresceram desde então, e que têm propiciado o fortalecimento e aumento da visibilidade de ideias formuladas e defendidas por mulheres negras.

Espero que sua leitura contribua para a compreensão e disseminação do pensamento social e político de mulheres negras brasileiras, evidenciando o brilhante legado intelectual e político das ativistas que antecederam minha geração e que inspiraram uma potente e corajosa geração de jovens negras que insistem na urgência da autodefinição. Espero, também, que outras pesquisadoras possam complementar e expandir a investigação aqui proposta, contemplado maior multiplicidade de organizações, regiões do país e ativistas.

1
AS MULHERES NEGRAS NAS RELAÇÕES SOCIAIS: ENFOQUES EMERGENTES DO ENTRECRUZAMENTO DE GÊNERO E RAÇA

Em resposta à lacuna na produção sobre mulheres negras na academia brasileira, que retratei na "Introdução", um número ainda pequeno, mas crescente de trabalhos têm contribuído para registrar e interpretar fenômenos que perpassam a vida de integrantes deste grupo social. Pulverizado em diversas disciplinas, seu surgimento é refletido na falta de uma sistematização dos principais achados e tendências desses escritos. Atenta às contribuições no campo das ciências sociais, no presente capítulo, revisito a bibliografia brasileira sobre mulheres negras que problematiza simultaneamente gênero e raça enquanto dimensões relevantes da vida social, com o intuito de introduzir os termos com que a articulação entre ambas as categorias vem sendo abordada pelos campos da antropologia, sociologia, ciência política e dos estudos feministas na contemporaneidade. Com isso, investigo as múltiplas conotações atribuídas à formação intercruzada de gênero e raça na organização da subordinação social e de respostas às configurações opressivas. Revisando, neste primeiro momento, livros, dissertações, teses e artigos publicados em periódicos científicos, divido a produção em três vertentes: estudos sobre a inserção social das mulheres negras; estudos sobre o movimento de mulheres negras; e escritos sobre interseccionalidade. Ao observar semelhanças e variações, teço considerações sobre a relação dos trabalhos com projetos de transformação da sociedade propostos pelo movimento aqui estudado.

ESTUDOS SOBRE O LUGAR DAS MULHERES NEGRAS NAS RELAÇÕES SOCIAIS

Os estudos sobre a inserção social das mulheres negras problematizam aspectos simbólicos e materiais predominantes na vida social de indivíduos negro identificados com o sexo feminino no passado e no presente. Extraindo de entrevistas, jornais e dados oficiais informações sobre o cotidiano das mulheres negras e sobre as condições com que elas se deparam na inserção no mercado de trabalho, no exercício da maternidade, na vida familiar e afetiva e em outras esferas de vivência, busca-se refinar compreensões sobre padrões duradouros da organização social e seus desdobramentos em termos de desigualdades em relação a outros grupos sociais.

Uma das principais referências desta corrente, o livro *Mulher e escrava*, de Sonia Giacomini,[40] apresentou uma pesquisa histórica sobre o papel social e as condições de vida das mulheres negras e escravizadas, investigando, com este fim, periódicos impressos do século XIX.[41] Seu olhar sobre o debate ajudou a compreender como se dava a regulamentação do cotidiano e o papel desempenhado por atores provenientes dos diferentes grupos sociais, apontando, consequentemente, para os arranjos de poder que diferenciavam os papéis de gênero associados à feminilidade negra e à feminilidade branca. Em contraste com a pesquisa histórica feminista que identificou no confinamento das mulheres à esfera doméstica uma expressão da opressão de gênero, os achados da autora mostram que o trabalho das mulheres escravizadas não esteve restrito às tarefas domésticas, competindo-lhes tarefas como o trabalho na lavoura, ao lado dos homens. A imposição de trabalhos fisicamente extenuantes, inclusive para as gestantes e aquelas que estavam amamentando, indica que, para as mulheres escravizadas, não eram acionados estereótipos acerca da fragilidade física feminina, e que a percepção de uma diferença biológica entre homens e mulheres escravizadas(os) não era suficiente, em si, para determinar diferenças significativas na inserção produtiva segundo o gênero. Nos casos em que os papéis de gênero influenciavam, como na escolha de mulheres negras para tarefas domésticas e de cuidado, os jornais da época evidenciavam tensões e desconfianças permanentes: as "mães pretas" figuravam como possíveis fontes de contaminação da casa-grande, demonstrando que certo mal-estar com a presença de escravas(os) no ambiente doméstico convivia com outros sentimentos que pudessem ser nutridos pelas(os) brancas(os), tendo em vista a proximidade e a convivência.

---

40   GIACOMINI, 1988.
41   Antes de Giacomini, Lélia Gonzalez (1984b) havia apresentado suas interpretações sobre a questão no artigo *"Racismo e sexismo na cultura brasileira"*. Considerando sua circulação exponencialmente maior entre ativistas do que na academia, optei por incluí-lo na amostra considerada na análise que apresento nos quarto e quinto capítulos.

Nas fontes consultadas por Giacomini, apenas as relações entre mãe e filha(o) são retratadas como familiares, excluindo-se, como regra, a figura paterna. Os termos da relação das mulheres escravizadas com o parceiro com que era casada ou com quem coabitava e sua convivência com as crianças que gestava dependiam da anuência de sua/seu senhora/senhor, e os vínculos permanentes tendiam a ser evitados em vista da grande circulação das(os) escravas(os) enquanto mercadoria. Nos jornais, o interesse pela reprodução escrava priorizava a multiplicação do patrimônio dos senhores, ou, ainda, o receio de que o reconhecimento de vínculos de parentesco entre senhores e seus/suas descendentes gerados fora do seio familiar redundasse em direitos de sucessão, de herança e ações de filiação por parte de filhas(os) ilegítimas(os). Assim, imperava o silêncio acerca das relações cotidianas entre as mães e filhas(os). Como assinala a autora, "[...] constituir família, ter uma prole é algo inacessível àqueles que não possuem nem a si próprios",[42] fato reiterado pelo grande número de anúncio de vendas de escravas domésticas e amas de leite desacompanhadas de recém-nascidas(os), o que indica que as mães eram separadas de suas/seus filhas(os). A incorporação das mulheres escravizadas como peças fundamentais do ciclo reprodutivo da família branca, encarregando-se da amamentação e do cuidado de bebês das(os) senhoras(es) ao mesmo tempo em que eram afastadas das crianças a que haviam dado à luz, marcava o acionamento do papel social das mulheres e o status por elas usufruído no rebaixamento da condição das negras: "Numa sociedade cuja ideologia dominante atribui à maternidade o papel de função social básica da mulher, a escrava transformada em ama-de-leite conhece, na negação de sua maternidade, a negação de sua condição de mulher".[43] As representações sociais da feminilidade, portanto, encontravam variações a depender da cor da pele e da descendência.

O papel a que foi relegada na esfera da sexualidade também deriva de uma contraposição da feminilidade branca à feminilidade negra. A objetificação sexual das escravas, explica Giacomini, era um fenômeno consoante com determinações patriarcais que submetem mulheres à dominação masculina. Ao mesmo tempo, a dominação dos homens esteve organizada segundo a cor das mulheres subordinadas: às brancas cabiam os papéis familiares patriarcais, regidos por preceitos religiosos e morais; aos olhos do senhor, a sexualidade das escravas dispensava as normas reguladoras da sexualidade feminina branca, e as negras figura-

---

42 GIACOMINI, 1988, p. 29.

43 GIACOMINI, 1988, p. 59.

vam como "[...] livre de entraves e amarras de qualquer ordem, alheia à procriação, às normas morais e à religião [...]".⁴⁴ Até mesmo a aparência física da escrava doméstica é definida como antítese do corpo da senhora: enquanto esta é descrita como gorda, flácida, descolorida, as negras são selecionadas por seu corpo torneado pelo trabalho, obedecendo a um "valor de uso sexual".

Expressão mais contundente dos privilégios sociais gozados pelas mulheres brancas em relação às negras, a relação entre senhoras e escravas é a última das esferas tratadas pela autora. Giacomini lembra que, imbuídas da função de administradora da força escrava doméstica, a senhora chefiava o trabalho forçado. O convívio na intimidade do lar fomentou tanto relações de proximidade quanto descontentamento no desempenho do trabalho e inveja despertada pelo interesse sexual do branco, motivando "[...] mutilações, extirpações e outras atrocidades praticadas por senhoras no corpo das negras". ⁴⁵

À condição subjugada correspondiam comportamentos de resistência como sabotagens, fugas e crimes contra a casa-grande, configurando um repertório particular deste grupo social – em vista de seu status social. Reinscritos na ideologia predominante na imprensa, as ações subversivas e atos de rebeldia figuravam como prova de indolência, falta de inteligência, mau-caratismo e ingratidão atribuídos às/aos escravas(os). Registros de uma profusão de suicídios, infanticídios e abortos são interpretados pela autora como uma resposta à penúria em que viviam as negras.

Estudos subsequentes de Sonia Giacomini abordaram a atualização dessas representações sociais, cristalizadas em torno da profissão de "mulata".⁴⁶ Com base em elementos coletados por meio do método etnográfico e entrevistas, ela argumenta que a mulher mestiça que protagoniza o show de mulatas segue um roteiro no qual desempenha o papel de mediadora entre culturas e raças, interpela homens brancos estrangeiros e emprega a "excitação genésica" que lhe é atribuída como elo de ligação com o Outro. Cumpre, assim, uma função de veículo integrador que foi descrita por Gilberto Freyre ao lhe atribuir o título de embaixatriz da senzala na casa-grande e vice-versa. Nesse sentido, a performance da "mulata" profissional seria uma ritualização da representação hegemônica na sociedade brasileira:

---

44 GIACOMINI, 1988, p. 66.

45 GIACOMINI, 1988, p. 79.

46 GIACOMINI, 1992; 1994; 2006b.

Ao desempenhar este papel mediador, ela o faz acionando seu corpo, sua sensualidade. Como mulher-corpo, mulher-sedução, a mulata se engaja em um tipo de mediação/comunicação bastante distante do modelo de mulher que viabiliza, como signo, através do casamento e das identidades de esposa e mãe, a aliança entre duas famílias. A mulata não se apresenta como um valor por referência ao grupo familiar – filha, irmã – que irá funcionar como valor-signo na mediação entre famílias, mas, ao contrário, como mulher sem família, exposta, disponível, cujo valor advém exclusivamente da sexualidade. Na comunicação estabelecida, com efeito, a mulata opera como signo, não para instaurar o pacto entre famílias, mas entre países, povos, raças. Seu valor é o de exprimir sinteticamente a brasilidade –nacionalidade- através de uma sexualidade exacerbada, posto que não controlada pelos laços de parentesco no interior da família. Assim, suscita/favorece/estimula a comunicação/aliança com o Outro, o estrangeiro.[47]

A autora afirma que, como nas representações inseridas na obra freyriana, a mulher mestiça dançarina aparece como símbolo do "autêntico Brasil", figurando como antítese da branca. Ela considera que a dominação simbólica implícita nessas representações opera como uma inversão: a mulata, apresentada como aquela que conquistou o homem branco e o veículo da harmonia racial, escamoteia a dominação a que as mulheres negras estiveram sujeitas durante séculos, como mulheres e como escravas. A dominação racial e sexual é reconstituída na transformação da mulher negra na mulata sensual, incutindo-lhe como atributos naturais qualidades que decorrem, antes, do lugar que ocupa na sociedade.

Giacomini resume que:

> No *Show* de Mulatas, estamos claramente colocados no âmbito da ideologia dominante numa sociedade racista e machista, que transformou a mulher da etnia dominada em objeto de prazer do macho da etnia dominante.[48]

Não é por outra razão que a autora identifica tentativas permanentes de rejeitar identidades negativas ameaçadoras nos discursos destas profissionais, especialmente a associação de suas atividades com a prostituição.[49]

A figura da mulata foi também objeto de reflexões de Angela e Onuk'a Gilliam no artigo "Negociando a subjetividade de mulata no Brasil", impresso pela *Revista Estudos Feministas*.[50] Nele, as autoras analisam as

---

47 GIACOMINI, 1994, p. 220-221.
48 GIACOMINI, 1992, p. 226.
49 GIACOMINI, 2006b.
50 ANGELA; GILLIAM, 1995.

condições a que se viram sujeitas, enquanto mulheres negras norte-americanas em território brasileiro, ao terem suas identidades definidas pelo rótulo atribuído às negras miscigenadas, aderindo, assim, a uma tradição consolidada entre intelectuais negras americanas de examinar arranjos de poder a partir de experiências pessoais.[51] Na situação de estrangeiras, mãe e filha se veem em meio a negociações de sua identificação racial e nacionalidade, de acordo com variações geracionais e da cor da pele. Angela argumenta que o termo "mulata", durante sua estadia no país, deixou de ser uma categoria sociológica abstrata e passou a determinar as condições materiais e simbólicas de desenvolvimento do trabalho remunerado, acesso a serviços e exercício da maternidade. Ela relata que precisava enfrentar constantes desconfianças sobre os laços de parentesco com sua filha, de pele mais escura do que a dela, e relembra episódios em que o grau de sexualização a que era submetida provocou fortes reações emocionais negativas em Onik'a. Falar inglês, nestas situações, era uma medida estratégica que lhes permitia performatizar sua origem estrangeira e ser parcialmente excluída das codificações de negritude a que estão submetidas as brasileiras.

Sob estas impressões, as autoras ponderam a respeito das diferenças na opressão de gênero a que brancas e negras estão sujeitas, concluindo que a honra da mulher branca lhe é concedida *a priori*, podendo ser retirada se seu comportamento transgredir normas sociais; para as mulheres negras, a honra feminina é um fato *a posteriori*, quando existe. No mais, elas relacionam a objetificação sexual a obstáculos enfrentados no exercício da cidadania e a aspectos do capitalismo contemporâneo que seriam traduzidos no crescente *marketing* internacional do Brasil.

Mariza Corrêa,[52] acompanhando a temática então em voga, também tratou da confluência de aspectos de gênero e raça a partir da figura da "mulata", indagando sobre sua constituição enquanto sujeito que ganha vida em discursos médicos, literários e carnavalescos. De maneira similar a Gilliam, a autora depara-se com um sem-número de alusões gustativas, olfativas e cromáticas evocadas por autores da literatura e do cancioneiro nacional diante da mulher mestiça: manjericão, cravo, baunilha, alecrim, mandioca-doce são alguns dos alimentos utilizados para denotar que "além de cheirosa e gostosa a mulata é muitas outras coisas nesses e em outros

---

51 Para outros exemplos, conferir: HULL, BELL-SCOTT, SMITH, 1982; COLLINS, 2000; HOOKS, 2012.

52 CORRÊA, 1996.

textos: é bonita e graciosa, dengosa e sensual; em suma, desejável".[53] A capacidade de acionar automaticamente o desejo sexual masculino é vista como característica positiva, representada em um campo simbólico também povoado por registros negativos, como a volúpia, a lubricidade, a amoralidade, a desordem social.

Corrêa reexamina o debate de feminista e os estudos de relações raciais no Brasil frente a tal simbologia. Por um lado, as pesquisas feministas no país reificariam "homem" e "mulher" como categorias binárias e mutuamente excludentes. Por outro, nas abordagens de relações raciais vigoraria a proposta de que o modelo brasileiro privilegia um *continuum* de cor que permite variações na classificação dos sujeitos a depender de outros fatores de sua inserção social, e não categorias polares, como branco e negro. A introdução da figura da mulata convidaria a uma complexificação desses olhares, uma vez que, quando inserida em um quadro maior de relações sociais, a feminilidade da mulher negra é ressignificada, diminuída por não coincidir à polaridade masculino/feminina que se aplica a brancos e brancas. Em síntese, diz a autora,

> Como no caso do mulato, ocorre uma hierarquização interna à hierarquização, tomada como dada, entre homens e mulheres em geral. Isto é, assim como há Masculino e masculino (este mais próximo do outro extremo no *continuum* Masculino/Feminina), há também Feminina e feminina e tanto o negro como a negra precisam "branquear" para aproximar-se do pólo idealizado (M e F) em cada um deles.[54]

Em relação à raça, a mulata apresenta-se como uma categoria ambígua, porém fixa; localiza-se entre o branco e o negro, "mas aí fica". "Ao contrário da fluidez e circulação supostamente permitidas nesse *continuum* aos "elementos de cor", à mulata é reservado um lugar definido, ou definitivo, do "encontro das raças".[55] Se a mulata é ícone inequivocamente feminino, argumenta, ela o é enquanto ramificação da feminilidade referencial, oposta, também, aos masculinos branco e negro. Ela é, portanto, um "gênero de ser", que encarna de maneira explícita o desejo do masculino branco ao mesmo tempo em que enuncia a rejeição do mesmo à "negra preta".

Elaborações como as de Corrêa inspirariam, nos anos seguintes, explorações empíricas de vivências afetivas. A tese de Ana Cláudia Lemos Pacheco, *Branca para casar, mulata para f..., negra para trabalhar: escolhas*

---

53 CORRÊA, 1996, p. 39.
54 CORRÊA, 1996, p. 45.
55 CORRÊA, 1996, p. 47.

afetivas e significados de solidão entre mulheres negras em Salvador, Bahia,[56] dedicou-se a compreender as interferências de marcadores sociais de gênero e raça nas escolhas afetivas de mulheres negras. Nos anos 1980 e 1990, pesquisas sobre nupcialidade heterossexual voltaram-se à investigação dos padrões inter-raciais de união. Ao observar a disponibilidade de potenciais parceiras(os) heterossexuais em cada grupo de cor, Elza Berquó[57] notou que na população branca havia um excedente de mulheres, enquanto entre pretas havia um excedente de homens. Ao mesmo tempo, foi observado um índice de celibato entre as mulheres pretas maior do que os verificados para mulheres brancas e pardas, tendência que se manteve estável pelo menos entre 1960 e 1980. Diante desse quadro, a pesquisadora propôs a hipótese de que o excedente de mulheres brancas na população competiria, com maior sucesso, com pretas e pardas no mercado matrimonial.[58] Motivada por esses achados, Pacheco entrevistou mulheres ativistas e não ativistas com a finalidade de investigar os sentidos por elas atribuídos a relacionamentos afetivos.

Entre ativistas, "raça" emergiu como categoria hierarquizadora de preferências que favorecem mulheres brancas, com desdobramentos negativos para a autoestima das negras. O ativismo seria uma possibilidade de ressignificação que transformaria o sentimento de inferioridade em revolta. Seria, também, um espaço de reorganização dos papéis tradicionais de gênero, o que teria como consequência embates com homens negros reprodutores de práticas machistas e mesmo racistas, traduzidas na preferência por brancas ao estabelecer laços afetivos ou na manutenção de relações extraconjugais. Em geral, as entrevistadas percebiam a solidão em termos de assimetrias raciais e de gênero que as desfavoreciam, e as quais buscavam contornar a partir de sua atuação em movimentos sociais, no candomblé e em outras redes de sociabilidade. As não ativistas foram divididas por Pacheco entre pobres e mulheres de classe média. Dentre as mulheres pobres, os atributos de gênero foram acionados na explicação das escolhas afetivas de parceiros negros, que ressaltaram a infidelidade e o abandono da família. No mais, os papéis tradicionais foram colocados em xeque por percepções de que as próprias mulheres são provedoras e exercem a chefia das famílias. Quanto às negras de classe média, "classe" apareceu como marcador relevante no relacionamento com homens negros e pobres, nos quais as mulheres

---

56 PACHECO, 2008.

57 BERQUÓ, 1988.

58 Para outras pesquisas sobre o tema, ver também: SILVA, 1987; 1991.

dispunham de maior capital social e econômico do que os parceiros, o que gerava conflitos e desequilíbrios nos relacionamentos. Assim como as mulheres pobres, as entrevistadas questionaram modelos de masculinidade que desresponsabilizam os homens pelo cuidado familiar. A relação com homens brancos estrangeiros, por sua vez, foi associada a reprimendas sociais decorrentes da associação do par homem branco estrangeiro/mulher negra à prostituição, que desencadearia a erotização do corpo da parceira negra. Para as mulheres não ativistas, a solidão estava associada à impossibilidade de manter relacionamento com parceiro do mesmo status social, assimetria que muitas tentaram eliminar por meio de apoio financeiro ao parceiro. Também foi enfatizada como solitária a maternidade exercida sem apoio do pai. Por outro lado, a solidão foi entendida como resistência a estereótipos sexualizados e a relações violentas, ao mesmo tempo em que foi ressignificada em vista de relações de amizade, trabalho, lazer, educação e maternidade. Ao final, Pacheco conclui que a ausência de uniões conjugais foi lida, na maioria das vezes, como signo de libertação.

Anos depois, Bruna Cristina Jaquetto Pereira pesquisaria, em sua dissertação de mestrado intitulada *Tramas e dramas de gênero e de cor: a violência doméstica e familiar contra mulheres negras*,[59] a complexificação das categorias feminino e masculino com base em diferenças raciais. Em preparação para o trabalho, a autora entrevistou mulheres negras e heterossexuais, provenientes de diferentes estratos econômicos e com histórico de violência doméstica perpetrada por parceiros. Dentre seus achados, a manipulação das categorias raciais no cenário familiar mais amplo é o primeiro aspecto ressaltado. Embora a bibliografia feminista caracterize as sociedades patriarcais, entre outros fatores, pela desvalorização do trabalho doméstico e reprodutivo e sua atribuição aos indivíduos do sexo feminino em caráter não remunerado, Pereira identifica lares em que essas atribuições recaem sobre a filha de pele mais escura. Dessa forma, estruturas abstratas de raça seriam igualmente importantes, quando comparadas ao gênero, na determinação de posições na rede de relacionamentos familiares.

Ao investigar se e como as características raciais atribuídas às mulheres desempenhava papel relevante nos episódios de agressão, a autora destacou a vigência de concepções e representações racistas entre parceiras(os) de pessoas negras. Neste caso, a ausência de consanguinidade pareceu operar como um atenuante da proximidade entre o elemento mais claro

---

59 PEREIRA, 2013.

e o mais escuro de casais inter-raciais, permitindo uma coexistência familiar. O que não impediu que o privilégio racial, combinado ao de gênero, fosse acionado segundo conveniência, como no caso de um marido preto que, para afrontar sua mulher parda, mencionava o interesse sexual de mulheres brancas por ele. A análise do caso por Pereira ressalta a imbricação de gênero e raça, ao enfatizar que não é a condição racial do indivíduo que é acionada, e sim o seu acesso, enquanto homem, a uma mulher do grupo racial hegemônico que aciona o mecanismo de reinserção de hierarquias. Também se fizeram notar recorrentes ofensas raciais em tom generalizante da totalidade das mulheres negras que as associam a prostituição e promiscuidade, combinadas à enunciação do correspondente interesse dos homens por elas para fins exclusivos de satisfação sexual autocentrada, levando uma das entrevistadas a resumir: "Todo o amor e a sexualidade da mulher negra são um estereótipo […]".[60]

O estereótipo, sugere a pesquisadora, parece obedecer a padrões específicos de hierarquização segundo a cor. Conquanto ofensas à honra e à virtude sexual fossem frequentes, elas eram componentes onipresentes da violência perpetrada contra mulheres pardas, vistas como portadoras de um desejo sexual irrefreável e indignas de confiança. Já referências a "feiura" eram abundantes para as mulheres pretas, fazendo eco à teorização de Corrêa acerca da rejeição da mulher preta enquanto padrão do desejo masculino branco, enunciada nas sugestões de que seus companheiros não esperavam que outros homens se interessassem por elas. Ao mesmo tempo, e talvez por este mesmo motivo, predominava entre eles a demanda de que as parceiras pretas fossem as provedoras principais do lar, mais uma vez destoando das dinâmicas problematizadas pela literatura feminista.

Se as diferenças na gradação de cor não eram impeditivas para o estabelecimento de laços afetivos, a cor das(os) filhas(os) com quem se guarda laços consanguíneos emergiu como motivo de protestos: alguns homens, mais claros que suas parceiras, manifestavam explicitamente expectativas de branqueamento de filhas(os) do casal, que, quando não atingidas, desencadeavam episódios de discriminação contra as crianças e de violências de vários níveis contra as mães. No mais, a cor das(os) filhas(os) revelou-se sujeita ao escrutínio público, sendo acionada como dispositivo de controle da sexualidade feminina.

Trabalhos como o de Bruna Pereira e Ana Cláudia Pacheco preocuparam-se em trazer maior compreensão acerca de fenômenos sociais a partir de experiências relatadas pelos próprios sujeitos, inserindo-as em

---

60 PEREIRA, 2013, p. 91.

uma matriz interpretativa que considera estruturas sociais de gênero e de raça. Tais pesquisas contribuem para desalojar o pressuposto sociológico de que índices elevados de uniões matrimoniais inter-raciais seriam indicativos da fluidez nessas relações [61] – muitas vezes entendidas como sinônimo de discriminação racial atenuada –, evidenciando dinâmicas combinadas de gênero, raça e classe que permeiam relações afetivas e familiares, bem como estratégias de interação face a face encontradas por sujeitos racializados e gendrificados que tentam modificar as condições sociais em que suas relações são travadas.

Por fim, insere-se ainda neste grupo o artigo *"Doutoras professoras negras: o que nos dizem os indicadores oficiais"*, de Joselina da Silva.[62] Diferindo dos estudos focados em representações sociais, o artigo, como sugerido pelo título, volta-se à investigação de desigualdades de gênero e raça no acesso à docência universitária. Utilizando dados disponibilizados pelo Sistema Nacional de Avaliação da Educação Superior e pelo Instituto Nacional de Estudos e Pesquisas Educacionais Anísio Teixeira, Joselina da Silva mostra que, em 2005, apenas 251 de um total de 63.234 docentes na educação universitária eram mulheres negras com título de doutorado ou superior. A autora atribui a baixa participação de doutoras negras na carreira docente a obstáculos gerados pelo racismo e pelo sexismo, o que a motiva a propor o aprimoramento de registros administrativos que permitam avançar nessa discussão.

Caudatárias de vertentes teóricas múltiplas, essas autoras diferenciam-se em relação à profícua produção da antropologia e da sociologia brasileiras dedicadas ao estudo das relações raciais, da cultura afro-brasileira e de estratificação social – pelas quais são extensamente influenciadas – por colocarem as mulheres negras no centro de suas inquirições. Ao fazê-lo, elas

---

61 Para exemplos de estudos que explicitam o pressuposto de que padrões de casamentos inter-raciais denotam maior fluidez nas relações raciais, ver: Ribeiro e Silva (2009); Telles (2014). Silva e Leão relacionam explicitamente padrões nupciais de interações entre brancas(os) e negras(os) para caracterizar as relações raciais no Brasil: "As relações raciais no Brasil são caracterizadas por um aparente paradoxo. Por um lado, as enormes e persistentes discrepâncias socioeconômicas entre os diferentes grupos raciais indicam que raça é um atributo central para se compreender a produção de desigualdades sociais do país. Por outro, as relações de sociabilidade fluidas, com grande quantidade de casamentos inter-raciais e pouca segregação residencial entre brancos e negros, sinalizam que no Brasil a mistura racial permite perpassar as questões de cor." Cf.: SILVA e LEÃO, 2012, p. 117.

62 SILVA, 2010.

avançam na qualificação dos significantes "mulher" e "negritude" assumidos pelas pesquisas acadêmicas, contribuindo para a visibilidade do impacto cotidiano das representações sociais, das dinâmicas de hierarquização, de práticas de negociação de posicionalidades e de estratégias de resistência no nível microssociológico. Adicionalmente, seus achados introduzem uma visão nuançada de noções sobre raça e cor circulantes entre pessoas negras sem acesso direto às construções discursivas do movimento negro, o que permite complementar uma produção acadêmica que em geral tende a focar percepções de ativistas e projetos de cidadania cultural.[63] O fato de que não foram localizados estudos centrados em mulheres negras na ciência e na teoria política revela um potencial de incorporação destes e de outros possíveis achados em ambos os campos disciplinares, especialmente em suas vertentes comprometidas com a justiça social.

ESTUDOS SOBRE O MOVIMENTO DE MULHERES NEGRAS

Os escritos sobre o movimento de mulheres negras publicados até 2015 buscaram registrar e interpretar ações coletivas que têm como finalidade a superação de desigualdades sociais em prol de projetos de justiça social. Muitos dos trabalhos divulgados em veículos acadêmicos sobre este movimento são assinados por mulheres que nele militam, como Lélia Gonzalez, Sueli Carneiro, Matilde Ribeiro e Luiza Bairros, configurando uma migração de discussões que já ocorriam em círculos e periódicos ativistas – o que torna inócuas tentativas de estabelecer um marco inaugural. Por ora, é suficiente considerar que Lélia Gonzalez, autora de trabalhos apresentados em congressos acadêmicos no fim dos anos 1970, ocupa um lugar central não apenas nos arquivos, como também na memória de outras ativistas.[64] E, também, que a publicação do Dossiê Mulheres Negras na *Revista Estudos Feministas,* em 1995, foi emblemática do fortalecimento tanto da institucionalidade do movimento de mulheres negras quanto de sua interlocução com instâncias acadêmicas, reforçada pelo surgimento de trabalhos como a dissertação de mestrado de Rosália Lemos, *Feminismo Negro em Construção: a organização do Movimento de Mulheres Negras do Rio de Janeiro.*[65] O dossiê precedeu outros volumes que colocaram em circulação artigos assinados por ativistas negras ou ocupantes de cargos de poder e decisão, nos quais a interlocução prioritária com uma bibliografia referencial cede lugar à

---

63 PERRY, 2004.

64 Ver, entre outras referências: RIBEIRO, 1995; BAIRROS, 2000; CARNEIRO, 2003; RODRIGUES, 2006.

65 LEMOS, 1997.

interlocução com atores políticos e menções mais localizadas à academia. Importante notar que, à exceção de *"Mulheres em movimento"*,[66] os demais artigos figuraram na seção "Dossiê" da *Revista Estudos Feministas*, reservada a integrantes de organizações político-sociais.[67]

Ao projetar intervenções no debate político, os escritos dessas autoras descortinam formulações teórico-conceituais que balizam a atuação dos movimentos e carreiam visões e projetos de justiça social múltiplos. A reiterada diferenciação em relação ao feminismo e ao movimento negro frequentemente organiza diagnósticos das desigualdades a partir desses microcosmos, introduzindo proposições sobre desigualdades e discriminação de gênero, raça, classe e outros marcadores de desigualdades. Ao mesmo tempo, a abordagem de disputas internas ao movimento inspira interpretações sobre sua heterogeneidade. Matilde Ribeiro[68] celebra os avanços alcançados na colaboração dos coletivos de mulheres negras com feministas e militantes negros, mas observa que o grupo teria sido invisibilizado por práticas de mulheres brancas e homens negros. Ela chama atenção para as dificuldades encontradas pelo "feminismo tradicional branco" no tratamento da diversidade racial, étnica, condição socioeconômica, orientação sexual, geracional e cultural entre mulheres, argumentando, ainda, que o feminismo segue encarando o debate sobre racismo como tabu. Luiza Bairros[69] respalda-se nos escritos de Judith Grant[70] para mostrar que os conceitos de "mulher", "experiência" e

---

66   CARNEIRO, 2003.

67   Segundo informa o *site* da *Revista Estudos Feministas*: "Os Dossiês devem conter artigos sobre temas atuais e polêmicos que contribuam para o debate epistemológico e político na área, devendo ser coordenados por profissional ou profissionais de reconhecida competência sobre a temática proposta para a seção, a qual deverá ser submetida para apreciação da editoria de dossiês e também pela coordenação editorial. Os textos se constituem em um conjunto de trabalhos sobre tema associado a movimentos político-sociais, dentro ou fora da academia, selecionados e organizados pelo/a coordenador/a do dossiê. Os trabalhos podem incluir, além de artigos e ensaios, vários outros gêneros textuais, como depoimentos, descrições, propostas, manifestos, estudos de caso, enfim, sem necessariamente se adequar a normas acadêmico-científicas rígidas devido a seu cunho mais voltado a organizações militantes." REVISTA ESTUDOS FEMINISTAS. INSTRUÇÕES AOS AUTORES. Disponível em: <http://www.scielo.br/revistas/ref/pinstruc.htm>. Acesso em: 4 set. 2019.

68   RIBEIRO, 1995b; 2006; 2008.

69   BAIRROS, 2010.

70   GRANT, 1993.

"política pessoal" utilizados pelo feminismo para definir a totalidade das mulheres revelam-se limitados quando empregados para analisar posições e representações sociais das mulheres negras frente a mulheres brancas. Alternativamente, ela defende que estes conceitos sejam requalificados a partir das teorias do ponto de vista, segundo as quais a experiência da opressão sexista é dada pela posição ocupada na matriz de dominação de raça, gênero e classe social. Rosália Lemos[71] introduz contestações ao discurso feminista a partir da fala de negras sobre embates travados na militância: a exploração da mão de obra das negras desde a escravidão, as experiências de mulheres que trabalhavam desde a infância e a reivindicação de que as domésticas usufruíssem da plenitude dos direitos trabalhistas contrastavam com a demanda feminista de que as mulheres fossem inseridas no mercado de trabalho; a ênfase na melhoria das condições de vida complementavam a defesa da sexualidade livre; a demanda por creche chocava-se com discursos que promoviam o desmonte de representações sociais que associam mulheres a crianças; a preocupação com a discriminação e a violência enfrentada por homens negros colidia com a imagem de homens exclusivamente no papel de opressores. O mesmo exercício é realizado em relação ao movimento negro, apontando a reprodução, no contexto da militância, da objetificação sexual e da divisão sexual do trabalho desfavorável às mulheres. As entrevistas realizadas pela autora permitem observar como as interações no âmbito do movimento levavam a uma comparação de experiências das negras com o discurso feminista e do movimento negro, permitindo que categorias e proposições fossem testadas empiricamente e novas propostas emergissem para remediar contradições e lacunas.

Propostas que, parece redundante dizer, tinham a ver com a articulação de raça, gênero e classe, seja na descrição das desigualdades, seja na construção de intervenções do Estado e dos movimentos sociais. Rosália Lemos identifica o fortalecimento do movimento de mulheres negras com esforços para criação de um espaço que compartilhasse preocupações com dimensões de gênero, raça, etnia e classe social. Matilde Ribeiro exemplifica a conexão entre crítica das desigualdades e ações estatais reparadoras:

> O movimento vem se constituindo a partir do cruzamento das questões de gênero raça e classe social. Deve ser autônomo independente composto por mulheres de diferentes setores (por exemplo originárias de movimentos como negro sindical popular partidário). Deve estar articulado prioritariamente com o movimento negro e feminista na medida em que estes incorporem e apoiem a luta de mulheres negras mantendo sua especificidade.

---

71   LEMOS, 1997.

[...] o racismo e o machismo têm que ser tratados conjuntamente tanto para a definição de políticas contra as discriminações sociais como para a própria redefinição do conceito e da ação para a cidadania.[72]

As contribuições do movimento de mulheres negras são compreendidas pelas autoras em termos de desenvolvimento de um entendimento aprofundado das desigualdades, afirmação da subjetividade política e reconhecimento da ancestralidade africana como um valor positivo. Os textos tangenciam uma gama de temáticas caras à literatura acadêmica, com destaque para discussões sobre representação política e legitimidade dos movimentos sociais, políticas públicas, redes nacionais e internacionais da sociedade civil.

Um segundo atributo compartilhado pelos textos é a reconstituição da trajetória do movimento por meio do registro de eventos, debates e personagens – uma característica importante na medida em que somente os trabalhos de Cristiano Rodrigues[73] – sobre o qual discorrerei adiante – e o de Rosália Lemos promoveram leituras históricas do movimento. As narrativas sobre questionamentos promovidos em instâncias feministas, eventos realizados pelo movimento de mulheres negras, formação de redes e posicionamentos para atuação em fóruns nacionais e internacionais e instauração de organizações introduzem na esfera acadêmica uma narrativa histórica, que nomeia eventos e documentos fundamentais a serem considerados em estudos sobre o ativismo. Informam, por exemplo, sobre a importância do I e do II Encontro Nacional de Mulheres Negras, ocorridos respectivamente em 1988 e 1991, registram que o I Seminário Nacional das Mulheres Negras[74] serviu de palco para tentativas de estabelecer linhas gerais da atuação do movimento de mulheres negras, resultando em um conjunto de diretrizes que influenciam seu escopo e permitem compreender o papel desempenhado e saldo das capacidades institucionais do movimento no contexto da IV Conferência das Nações Unidas sobre a Mulher[75] e da III Conferência Mundial Contra o Racismo, Discriminação Racial, Xenofobia e Intolerâncias Correlatas.[76] [77]

---

72 RIBEIRO, 1995b, p. 452-455.
73 RODRIGUES, 2006.
74 I Seminário Nacional das Mulheres Negras, 1993.
75 IV Conferência das Nações Unidas sobre a Mulher, 1995.
76 III Conferência Mundial Contra o Racismo, Discriminação Racial, Xenofobia e Intolerâncias Correlatas, 2001.
77 RIBEIRO, 1995b; LEMOS, 1997; BAIRROS, 2002; RIBEIRO, 2006; 2008.

Outra cepa de estudos sobre o movimento de mulheres negras daria um passo adiante no enquadramento das proposições centrais contidas nesses escritos em debates teórico-conceituais no âmbito da academia. Kia Lilly Caldwell[78] dedicou-se a compreender como as mulheres negras, enquanto membros de um grupo marginalizado, reivindicam direitos, voz e espaços de pertencimento na sociedade. Complementarmente, ela examinou, por meio de histórias de vida e pesquisa etnográfica junto a grupos de mulheres negras, como elas lidam com a dominação de raça, gênero e classe e desenvolvem subjetividades ativas e de resistência. Caldwell contextualiza os padrões de relações raciais no Brasil frente a dinâmicas de gênero, assinalando as conexões entre a ideologia do branqueamento, a discriminação racial e a construção de representações femininas segundo a cor da pele por ideólogos da nação. Coadunando-se com as teorizações de Mariza Corrêa, a imbricação entre gênero e raça nessa operação é por ela resumida nos seguintes termos:

> Explorar as diferenças na representação cultural de mulheres brancas, negras e mulatas é essencial para revelar e desmistificar as implicações gendrificadas de raça e nação no Brasil. Embora tanto as mulheres brancas quanto as mulatas sejam idealizadas no Brasil, esta idealização ocorre de diferentes maneiras e por razões diversas. Além disso, idealizações sobre as mulheres brancas como o padrão de beleza e feminilidade contrastam com idealizações das mulatas como sexualmente provocativas e sedutoras. No mais, eu também gostaria de argumentar que a veneração ostensiva das mulatas incorpora visões negativas de sensualidade africana que têm sido centrais para a construção ocidental do *self* e do "outro".[79]

As histórias de vida são utilizadas para testar tais premissas, suplementando, a partir de uma perspectiva de gênero, achados de antropólogas(os) norte-americanas(os) que investigaram dimensões discursivas das relações raciais e do racismo no Brasil e documentaram como afro-brasileiras(os)

---

78 CALDWELL, 1999; 2007.

79 No original, em inglês: "Exploring differences in the cultural representations of white, black, and mulata women is essential to uncovering and demystifying the gendered implications of race and nation in Brazil. While both white and mulata women are idealized in Brazil, they are idealized in different ways and for different reasons. Moreover, idealizations of white women as the standard of female beauty and femininity stand in sharp contrast to idealizations of mulatas as sexually provocative and seductive. I would further argue that the ostensible veneration of mulatas incorporates negative views of African sensuality that have been central to Western constructions of self and "other". Cf.: CALDWELL, 2007, p. 57. (tradução minha)

interpretam, negociam e resistem às práticas racializadas em seu cotidiano – como Francine Twine,[80] Robin Sheriff,[81] Donna Goldstein.[82] A maior inovação do trabalho de Caldwell reside, contudo, no apelo de que as construções sociais de gênero e raça guardam relação com processos de organização política e cidadania. Ela respalda-se na ideia de Evelina Dagnino[83] de que a luta dos movimentos sociais pós-democratização apregoa uma noção de cidadania que extrapola o nível institucional formal da democracia, tendo como alvo relações pautadas pelo *autoritarismo social* arraigado na cultura brasileira. Dagnino afirma que este autoritarismo é baseado predominantemente em critérios de classe, raça e gênero e se expressa num sistema de classificações que inscreve as pessoas em lugares sociais determinados. O horizonte traçado pelos movimentos sociais seria um projeto de sociabilidade pautada em uma cultura de direitos, com notável foco em práticas de cidadania na sociedade civil. A proposta de Dagnino é o pilar da argumentação de Caldwell, segundo a qual a ideologia da democracia racial e a ideologia do branqueamento influenciam a construção das identidades e instituem diferentes categorias de cidadania embebidas em hierarquias de gênero e raça, ao mesmo tempo em que definem o contexto em que as mulheres negras reivindicam sua cidadania a partir de sua posição subjetiva subordinada. A cisão entre cidadania formal e práticas cotidianas é explicitada pelas mulheres que ela entrevistou, ecoando percepções das ativistas negras reproduzidas anteriormente.

Os esforços para contrapor a subordinação são compreendidos como tentativas de redefinir e expandir os direitos de cidadania das negras. No movimento de mulheres negras, esses esforços englobariam quatro dimensões: a construção de uma identidade coletiva social que contesta a marginalização social, econômica e política; a construção da identidade política por meio da criação de demandas de grupo e do reconhecimento enquanto agentes sociais; a inscrição deste sujeito coletivo na esfera pública brasileira; e o alcance da cidadania por meio da afirmação do direito a ter direitos. Isso a leva à conclusão de que a atuação política de suas informantes tanto em movimentos comunitários de base quanto em organizações de maior porte engendra uma ruptura em relação aos comportamentos considerados aceitáveis e aos lugares sociais atribuídos às afro-brasileiras, delineando novos parâmetros de democracia e cidadania.

---

80   TWINE, 1998.
81   SHERIFF, 2001.
82   GOLDSTEIN, 2003.
83   DAGNINO, 1994.

Muitas das questões tangenciadas pelas autoras-ativistas são também retomadas por Caldwell, como os dilemas envolvidos na representação política da totalidade de mulheres pelo movimento de mulheres negras, os debates internos sobre formatos organizacionais, a imbricação da categoria raça ao gênero e do gênero à raça no bojo das dinâmicas sociais, os marcos históricos do movimento e as trocas de cooperação e conflito com o feminismo e o movimento negro. Aqui, porém, elas emergem em uma nova roupagem, orientadas pela bibliografia referencial sobre relações raciais e revisões da teoria feminista empreendidas por mulheres não brancas em língua inglesa.

A dissertação de mestrado de Cristiano dos Santos Rodrigues[84] beneficia-se desse aporte, mas envereda por um caminho ligeiramente diverso ao adentrar na seara das teorias dos movimentos sociais, lançando-se a examinar entrevistas e fontes documentais com a finalidade de compreender as articulações em torno das categorias raça e gênero na construção da mulher negra enquanto sujeito coletivo na cena pública brasileira – desdobramento das ações coletivas também identificado por Caldwell. Mais uma vez, a gênese das proposições que orientam o movimento de mulheres negras figura no interior da interlocução com feministas e com o movimento negro, ocupando, nesse trabalho, o centro da análise. Valendo-se do conceito de "antagonismo" nos termos de Chantal Mouffe,[85] Rodrigues percebe a identidade dos sujeitos sociais como múltipla, contraditória, contingente e instável, dependente das várias posições do sujeito, por meio das quais ele se constitui em várias formações discursivas. Alinhado ao repertório pós-estruturalista, ele descreve os embates entre os movimentos como manifestações de processos de subversão e sobredeterminação das posições identitárias no campo político, com as reivindicações de "enegrecimento" e "sexualização" dos movimentos negro e feminista ensejando práticas articulatórias que estabelecem uma cadeia de equivalência ente as posições subjetivas. Tal cadeia de equivalência catapulta questões vistas até então como apolíticas como fonte de conflito e antagonismo.

O enfoque analítico do autor é informado por uma síntese entre teorias dos movimentos sociais de inspiração funcionalista e perspectivas simbólicos-culturais, que se materializa no foco em elementos da identidade coletiva e sentidos das ações coletivas, por um lado, e, de outro, em inquirições sobre os impactos de reivindicações junto aos sistemas

---

84 RODRIGUES, 2006.

85 MOUFFE, 1996.

político-institucionais. A incorporação de algumas demandas do movimento negro à plataforma de governo de partidos de esquerda nos anos 1980 é vista como um fator de ampliação da estrutura de oportunidades políticas. As militantes entrevistadas relatam que, àquela altura, a contraposição ao racismo e à discriminação racial, predominantemente a partir do movimento negro, ocupava o centro de sua agenda de mobilização.

Rodrigues acredita que a elaboração das articulações entre gênero e raça representa uma inflexão, com a gestação dos primeiros *frames* de ação coletiva de mulheres negras e o impulso de demandas de reconhecimento do caráter político das posições sociais diferenciadas em relação a homens negros e mulheres brancas. Das relações antagônicas com o movimento negro e o feminismo surgem as primeiras fronteiras e vínculos de reciprocidade, que viriam a se fortalecer no futuro à medida que a autonomia do movimento de mulheres negras se tornava realidade. Rodrigues identifica antagonismos de ordens distintas, com disputas por espaços de poder predominando no movimento negro, e a contestação da centralidade do patriarcado sendo mais proeminente junto às feministas. Uma terceira ordem de antagonismos, desenvolvidos no seio do próprio movimento, diz respeito a posições diferenciadas sobre alinhamento à agenda do movimento negro e suas redes, a incorporação por redes feministas ou o fortalecimento de sua autonomia, refletindo a diversidade de preferências e experiências das ativistas.

As principais contribuições da dissertação de Cristiano Rodrigues para o estudo do movimento de mulheres negras relacionam-se a seus esforços de complementação de abordagens culturalistas e identitárias por ponderações acerca da dimensão político-institucional, o que o leva a observar não apenas os efeitos da construção da identidade coletiva nas mulheres individualmente, mas também os desdobramentos das ações coletivas para o debate público. Isso permite ao autor constatar a centralidade da interlocução com o Estado na constituição da identidade coletiva do movimento de mulheres negras, a partir de disputas de espaços de poder com mulheres brancas, algo que até então não havia sido registrado e que difere da trajetória do movimento negro. Nesse sentido, ele lembra que uma das primeiras agremiações modernas de mulheres negras a surgir na cidade de São Paulo, o *Coletivo de Mulheres Negras de São Paulo*, foi criada nos anos 1980 a partir da reivindicação de que o recém-criado Conselho Estadual da Condição Feminina contasse com a participação de integrantes negras.

A análise documental e as entrevistas realizadas quase uma década após o trabalho de campo que inspirou os escritos de Caldwell capturam um momento de maior amadurecimento dos repertórios de ação coletiva e das elaborações discursivas no interior do movimento. Com isso, ele fornece um retrato aprimorado dos marcos e personagens centrais, descortinando, por exemplo, interpretações acerca dos conflitos travados nos Encontros Feministas, a participação em conferências internacionais de direitos humanos, as tensões e divergências evidenciadas pela criação de duas redes nacionais de ativismo – o Fórum de Mulheres Negras e AMNB –, e a importância do trabalho intelectual de Lélia Gonzalez na definição de interpretações ativistas. O pesquisador conclui que as contribuições e avanços propiciados pelas mulheres negras se fazem sentir em quatro esferas:

1. *Interno-organizativa*: além de desenvolver maior formalização organizativa quando comparada ao movimento negro, a organização política em torno de "raça" e "gênero" institui a possibilidade de pensar o sujeito negra(o) como articulador central, mas não homogêneo, dadas as distinções originadas segundo gênero, geração, orientação sexual, religiosidade, práticas culturais etc.;

2. *Político-institucional*: a partir das relações de trocas com as feministas, as mulheres negras acompanharam, ainda que em menor medida, o acesso a instâncias do aparato político-institucional do Estado, como o Conselho Nacional de Direito da Mulher. Isso propiciou uma amplificação de suas demandas e propostas de políticas públicas que contemplassem as mulheres negras;

3. *Redes de solidariedade com outros movimentos sociais*: além da proximidade com o movimento negro e o movimento feminista, são identificados laços com grupos de trabalhadoras domésticas no âmbito nacional e, internacionalmente, com a Rede de Mulheres Afro-latino-americanas e Afro-caribenhas e com organizações não governamentais europeias e norte-americanas de mulheres. Em contraponto, Rodrigues observa que, diferentemente do que ocorreu nos Estados Unidos, onde o movimento pelos direitos civis contou com fortes redes de solidariedades internas e externas, no Brasil a pauta da igualdade racial encontra escasso respaldo da elite intelectual, econômica e política;

4. *Produção acadêmica*: a projeção nacional alcançada pelo movimento motiva estudos sobre a militância e a atuação política, muitas vezes produzidos pelas próprias ativistas.

Se a argumentação de Rodrigues acentua aglutinações identitárias expressas na esfera pública, Núbia Regina Moreira[86] volta-se à eclosão

---

86 MOREIRA, 2007; 2011.

de divergências quanto ao formato de organização política de mulheres negras. Ao entrevistar lideranças do Rio de Janeiro e de São Paulo, ela mostra que a emergência das mulheres negras na esfera pública implica em negociações e tensões acerca de representatividade e de estratégias de participação política, sintetizada pelas ativistas no binômio autonomia-institucionalização. De um lado, partidárias da autonomia enxergam as organizações de mulheres como parte do movimento negro. Para elas, a recusa em ocupar espaços no interior do estado justifica-se não apenas pela estrutura de oportunidades políticas desfavoráveis, como sugere Rodrigues, mas também como estratégia de autonomia em relação a uma configuração estatal que coaduna com a opressão de negras(os). De outro, as ativistas atuantes no interior de organizações não governamentais ressaltam que o formato permite dedicação exclusiva e remunerada à militância, o que favoreceria condições de diálogo com o Estado e de atuação em fóruns internacionais, além de permitir maior independência frente a grupos feministas e partidos políticos. Uma de suas entrevistadas defende que a constituição de organizações profissionalizadas apenas atualiza o trabalho outrora realizado por mulheres em espaços como as irmandades religiosas de africanas(os) e afrodescendentes. A título de conclusão, a autora argumenta que as organizações contemporâneas de mulheres negras têm sua atuação pautada pela participação no interior do campo feminista, o que a leva a rotular suas ativistas como "feministas negras".

Sônia Beatriz dos Santos, ativista da organização de mulheres negras Criola, aponta conclusões distintas em sua tese de doutorado.[87] Para ela, o fator que distingue a atuação das organizações negras daquela de outros grupos é a experiência particular de opressão e sua perspectiva racial de gênero. A autora orienta-se pelas diretrizes da pesquisa ativista[88] para analisar informações obtidas ao longo de 65 entrevistas e por meio de observação participante junto a quatro organizações de mulheres negras – Criola, Associação Cultural de Mulheres Negras (ACMUN),

---

87   SANTOS, 2008.

88   Charles Hale (2001) define a pesquisa ativista com base nas três característica seguintes: a) ela favorece a compreensão das causas profundadas das desigualdades, da opressão, da violência e das condições humanas a elas relacionadas; b) ela é desenvolvida em colaboração direta com coletivos organizados de pessoas sujeitas a tais condições; e c) ela é usada para formular estratégias de transformação destas condições em conjunto com estas pessoa e para angariar os poderes necessários para que estas estratégias possam ser efetivas.

Maria Mulher e Grupo de Mulheres Felipa de Sousa –, com o intuito de identificar contribuições para a redução dos efeitos da discriminação racial, de gênero e classe social, bem como para o fortalecimento da agência e organização comunitária de mulheres negras. O principal argumento alinha-se ao enfoque combinado em dimensões identitárias e arranjos institucionais adotado por Rodrigues.

Em sua pesquisa de campo são notadas duas facetas operativas das organizações, uma delas voltada para grupos comunitários de base e outra voltada a influenciar espaços tradicionais de política. O acesso privilegiado a informações, discussões e atores do movimento, alcançado por meio de sua atuação como ativista, mostra-se um diferencial do trabalho da autora: o engajamento de organizações formais em ações comunitárias, que até a publicação do trabalho de Sônia permanecia inexplorado, é introduzido a partir do registro dos elos estabelecidos entre Criola e ialorixás e integrantes da Pastoral da Terceira Idade, ou entre ACMUN e a Pastoral do Negro, por exemplo. Esta constitui a primeira característica, que diz respeito a ações de formação da identidade coletiva racial e política de mulheres negras, materializadas em parcerias com grupos comunitários para a promoção de rodas de conversa, oficinas e treinamentos cujo objetivo é impulsionar a conscientização sobre discriminação de gênero e raça, violência e desigualdade. Igualmente importante é o aporte de informações para o que as ativistas chamam de "controle social", um conceito que remete à ideia de que a população deve protagonizar decisões acerca do funcionamento e a distribuição de recursos materiais e financeiros para as políticas públicas. Nas comunidades em que atuam, as organizações promovem a educação de cidadãs(aos), muitas(os) dos quais cumpriram poucos anos de educação formal, em temas de orçamento público, processo legislativo, canais deliberativos e participativos de definição de políticas públicas e outros aspectos do funcionamento do estado democrático, com vistas a assegurar o acesso de populações excluídas a estes mecanismos. A segunda característica relaciona-se à atuação em redes nacionais e internacionais, conjuntamente com outros movimentos, para a realização de ações voltadas a pressionar o Estado a reconhecer disparidades e influenciar disposições de políticas públicas, leis e documentos oficiais. Tais alianças – forjadas com o movimento feminista e o movimento negro, principalmente, mas também com atores dos movimentos de reforma urbana ou movimento pela reforma agrária, para citar alguns – assumem com frequência um caráter conceitual e tático, pautando-se por objetivos comuns, sem, contudo, eliminar posicionamentos próprios sobre a compreensão da opressão de raça, gênero e classe. Em geral, essas alianças são componentes de estratégias de diálogo e confrontação do Estado e de outros atores políticos. Ainda quanto à configuração institucional das organizações, Santos nota que, no caso das mulheres negras, aplica-se parcialmente a observação de Rubens Fernandes[89] de que as ONGs constituem alternativas às práticas institucionais de universidades, igrejas e partidos de esquerda, ao mesmo tempo em que têm estas instituições como referências primordiais. Sonia Beatriz Santos apresenta as organizações como espaços de articulação e validação de ideias e práticas políticas que substituem parcialmente as instituições tradicionais de que as mulheres negras estão excluídas, e que são criticadas pelas ativistas negras por serem espaços de perpetuação e de sustentação de desigualdades de gênero e raça.

A autora reconstitui o processo de defesa da autonomia reprodutiva das mulheres negras, no qual foram fincados os marcos da formação do movimento; retoma personagens e grupos emblemáticos da luta por direitos a partir da década de 1950 e estabelece conexões com o ativismo contemporâneo; identifica a multiplicidade de categorias profissionais envolvidas no trabalho das ONGs, como trabalhadoras domésticas, sacerdotisas, intelectuais e trabalhadoras informais; aponta, embora sem explorar em profundidade, que a categoria "ancestralidade" é utilizada de forma recorrente por ativistas em associação a falas sobre religiões – principalmente as religiões afro-brasileiras e a católica, mas, também, sobre o protestantismo. Todos estes elementos desembocam na conclusão de que as organizações de mulheres negras contribuíram, nas últimas décadas, para transformar a vida de parte da sociedade a partir do impulso à agência de integrantes de um grupo socialmente marginalizado e, também, da conquista de políticas e programas específicos para a população negra em geral.

Em sua tese de doutorado, a também ativista Cláudia Pons Cardoso argumenta que a organização e a participação política das mulheres negras sedimentam um pensamento feminista próprio e empreende uma busca por "[...] elementos teóricos e práticos denotativos de um pensamento de mulheres negras aportados [...] na construção de um projeto político de justiça social [...]".[90] Os construtos do movimento de mulheres negras são explorados a partir de entrevistas com 22 integrantes de diferentes coletivos e redes nacionais, com vistas a investigar a operacionalização das disparidades de gênero, classe e raça na construção de seu ativismo político, analisar processos de autoidentificação e trajetórias, e esboçar conexões e clivagens em relação ao discurso feminista.

---

89 FERNANDES, 1988.

90 CARDOSO, 2012, p. 24.

As investigações de Cardoso denotam esforços para situar o repertório teórico-ideológico das ativistas no interior de diferentes debates transnacionais sobre subjetividade política feminina e sobre saber científico. Isso porque ela propõe que o reconhecimento de elaborações intelectuais das mulheres negras requer um olhar transformador sobre as noções de "saber" e "intelectualidade", apoiando-se, para tanto, na crítica feminista e nos escritos decoloniais. Pressupostos iluministas da ciência moderna orientam os métodos predominantes na produção do saber socialmente reconhecido, colocando a objetividade, a racionalidade e a neutralidade como requisitos para a produção científica e, no mais, delimitando o sujeito do conhecimento, o conteúdo e os objetos de interesse.[91] Nascidas do intercâmbio entre movimentos sociais e academia, interpelações feministas à ciência ocidental apontam que a tradição científica se ancora na oposição binária e hierárquica entre cultura e natureza, razão e emoção, objetivo e subjetivo, universal e particular. Ao masculino corresponderiam as qualidades necessárias para a produção científica (o autocontrole, a neutralidade, a razão, a abstração), enquanto as características compreendidas como essencialmente femininas (a emotividade, a subjetividade, o particularismo) seriam exatamente aquelas que a investigação científica proscreveria, apregoando que elas seriam geradoras de vieses valorativos. Logo, os homens seriam, por excelência, os sujeitos legítimos de conhecimento ou, replicando os termos da filosofia, autoridades epistêmicas.[92] As teóricas das epistemologias[93] feministas reclamam um novo olhar sobre tais atributos, sublinhando que as teorias tradicionais do conhecimento são permeadas por valores e interesses localizados. Em sua face desconstrucionista, o projeto feminista dedica-se a identificar o viés androcêntrico da ciência, isto é, a influência de perspectivas primordialmente masculinas – calcadas em experiências tipicamente associadas aos homens – na estruturação dos aspectos substantivos e formais do pensamento sistemático na filosofia e nas ciências sociais e naturais.

A introdução do referencial epistemológico feminista no trabalho de Cardoso abre espaço para uma noção de conhecimento socialmente situado e produzido a partir de posições sociais específicas, a depender

---

91   FARGANIS, 1989.
92   WESTKOTT, 1979; KELLER, 1985; 1988; CODE, 1991; BANDEIRA, 2008.
93   Sandra Harding (1987) define epistemologia como uma teoria do conhecimento que estabelece quais são os sujeitos do conhecimento, a quais critérios uma convicção deve obedecer para ser considerada "conhecimento" e qual natureza de coisas pode ser conhecida.

de configurações de gênero, raça, classe e sexualidade que organizam as relações sociais e do lugar que o sujeito do saber ocupa nessas configurações. O alinhamento ao debate feminista na abordagem de questões epistemológicas, todavia, não impede que o próprio feminismo seja objeto de críticas. Segundo María Lugones,[94] a modulação do gênero pela raça é um componente da colonialidade que passa despercebido no feminismo hegemônico, que, ao herdar a visão eurocêntrica, fundamentou seus construtos em papéis, estereótipos e padrões impostos às mulheres burguesas brancas. A aplicação do termo "colonialidade" remete ao entendimento de Aníbal Quijano[95] de que a colonização dos territórios que foram chamados de América, a partir de centros hegemônicos posteriormente definidos como Europa ocidental, conferiu ao capitalismo uma dimensão mundial e deu origem a relações calcadas na colonialidade e na modernidade, bem como aos procedimentos específicos de produção de conhecimento a elas atreladas. "Colonialidade do poder" é o conceito desenvolvido pelo autor para designar a aglutinação de populações em termos raciais e a sua hierarquização a partir da experiência de colonização do continente americano. A ideia de raça, defende Quijano, emergiu como elemento central de diferenciação e de classificação social de colonizadoras(es) e colonizadas(os), embasando, posteriormente, noções estruturantes de superioridade e inferioridade de teor biologizante, tomadas como imutáveis. Difundida para todo o planeta a partir da expansão do colonialismo europeu, esta expressão do padrão de poder passou a permear todas as áreas de existência social, impondo a "[...] mais profunda e eficaz forma de dominação social, material e intersubjetiva."[96] "Eurocentrismo" é o nome dado pelo sociólogo peruano à perspectiva do conhecimento compartilhada pelo conjunto de pessoas educadas sob o padrão mundial de poder colonial/moderno, capitalista e eurocentrado, e que a ele aderem. Trata-se de uma racionalidade ou perspectiva de conhecimento que coloniza e se sobrepõe às demais, sejam elas originárias da própria Europa ou de outros lugares do mundo.

Lugones[97] vislumbra uma reformulação da teoria de Quijano com base no aprofundamento da leitura de gênero ao discorrer sobre a naturalização do dimorfismo sexual, da heteronormatividade e do patriarcado como adventos da colonialidade, universalizados pela colonização e pela

---

94 LUGONES, 2003; 2005; 2008a; 2008b; 2010.
95 QUIJANO, 2000; 2000b; 2000c; 2001; 2007.
96 QUIJANO, 2001, p. 1.
97 LUGONES, 2008a.

modernidade. Ela cita estudos que sugerem que o gênero não era um princípio organizador da sociedade iorubá anteriormente à colonização pelas(os) europeus/europeias, mobilizando, alternativamente, termos significadores de feminilidade e masculinidade que não se opunham de maneira binária, tampouco hierárquica. Outro exemplo são as tribos nativas da América que se guiavam por noções femininas do universo. Ao enfatizar a existência de outras gramáticas de gênero, a autora nota que a sua substituição pelos padrões de polarização entre masculino e feminino, de naturalização da heterossexualidade e de supremacia masculina constituiu parte da estratégia de consolidação do capitalismo eurocentrado colonial/moderno. Tal arranjo decorreria, então, da *colonialidade do gênero,* ou seja, da imposição de um padrão de relações de gênero inaugurada pela colonialidade, articulador de desigualdades entre homens e mulheres e entre mulheres colonizadas e aquelas da metrópole. Resgatando o gênero como categoria de constituição da diferença colonial, Lugones observa que o colonialismo introduziu múltiplos gêneros e o próprio sistema de gênero como peça da organização das relações de produção, relações de propriedade, cosmologias e modos de saber. Assim, os parâmetros da feminilidade europeia foram definidos em oposição às identidades atribuídas às mulheres colonizadas. As burguesas europeias foram promovidas à condição de "mulheres"; as mulheres indígenas e africanas colonizadas e escravizadas, no entanto, associadas à natureza, foram consideradas "fêmeas", versões primitivas das europeias sujeitadas à violência sexual sistemática dos colonizadores europeus.

A evocação à colonialidade do gênero estabelece os alicerces teóricos da articulação entre gênero e raça no trabalho de Cláudia Cardoso. Mas, enquanto Lugones ensaia uma comparação entre padrões pré e pós-coloniais de gênero, o olhar de Cardoso recai sobre as mulheres que integram a diáspora africana. Mais especificamente, a autora segue a proposição de Patricia Hill Collins[98] de que o compartilhamento de uma base material e

---

98 Refletindo sobre o contexto norte-americano, Patricia Hill Collins (2000) procede uma investigação extensiva de discursos e instituições sociais em que o protagonismo das mulheres negras tem lugar, identificando quais são os recursos epistemológicos originais corriqueiramente empregados. Ela descobre quatro critérios epistemológicos fundamentais.

Primeiramente, a experiência vivida é invocada como critério de credibilidade, frente aos quais prerrogativas externas e transcendentais (racionalidade, objetividade, universalidade, humanidade) são colocadas à prova. Trata-se de uma conduta condizente com a desconfiança das(os) subordinadas(os) frente aos conhecimentos estabelecidos. Este critério obedece a um padrão

de experiências semelhantes pelas mulheres negras instituem os pilares
do ponto de vista e de uma epistemologia feminista negra, dando origem

vigente no grupo social do qual provém e que é descrito nos seguintes termos: "Para a maioria das mulheres afro-americanas, os indivíduos que vivenciaram a experiência sobre a qual afirmam ser especialistas são mais críveis e dignos de confiança do que aqueles que apenas leram ou pensaram sobre ela.". Cf.: COLLINS, 2000, p. 258, minha tradução. No original: "For most African-American women those individuals who have lived through the experiences about which they claim to be experts are more believable and credible than those who have merely read or thought about such experiences."

Algumas vertentes feministas acreditam que o emprego de vivências pessoais como recurso de construção do conhecimento é um traço característico das mulheres. Para algumas estudiosas, a socialização das mulheres favorece o desenvolvimento de formas específicas de saber, uma localizada no corpo e no espaço por ele ocupado e outra que transcende este âmbito. Ao contemplar a mediação entre estas duas possibilidades, o conhecimento das mulheres valorizaria mais a experiência imediata do que o dos homens. Cf.: CHODOROW, 1978; GILLIGAN, 1982; BELENKY, 1986. Destoando do entendimento das estudiosas feministas que conferem um papel central à maternidade na determinação de formas imediatas de saber, Collins lista como aspectos da socialização das afro-americana que favorecem o recurso à experiência o legado de sistemas de crenças africanos, a tradição de politização da maternidade e a condição de trabalhadoras superexploradas no sistema de classe.

O segundo critério epistemológico do feminismo negro pode ser resumido na afirmação de que o diálogo é um componente essencial do processo de validação de postulados, evidenciando uma diferença fundamental entre a concepção de trabalho intelectual e a separação radical entre sujeito e objetos do saber vigentes no pensamento eurocêntrico.

Sendo o conhecimento sempre parcial e situado, atividades e relações simultâneas às teorizações são vistas como partes fundamentais da produção do conhecimento, estejam elas relacionadas à militância, ao cuidado da família e da comunidade, ao trabalho remunerado ou à condição de escrava. A produção do conhecimento é vista como uma atividade intersubjetiva e social, em que o sujeito do conhecimento demanda a participação ativa de seu público e relaciona-se com outros sujeitos do conhecimento, e não apenas com um objeto.

Por esse motivo, o trabalho intelectual é visto como um processo coletivo, que comporta intervenções individuais e responde a interpelações imediatas. Consequentemente, os elos comunitários e interpessoais – e não o isolamento pressuposto no conceito de objetividade –, e as formas subjetivas de a um arcabouço de saberes que deve ser incorporado com a finalidade de produzir conhecimentos que reflitam seu cotidiano e suas prioridades, e que possam ser úteis na superação da subordinação social em que se encontram. Atenta às configurações diversas das hierarquias raciais no Brasil e nos Estados Unidos, Cláudia Cardoso lança-se à investigação de relações de similaridade e diferença nas articulações políticas da diáspora: embora o feminismo negro norte-americano forneça algumas noções estruturantes sobre poder e saber, é nas falas de suas entrevistadas brasileiras que ela encontra a substância de um pensamento feminista negro brasileiro.

>   comunicação – e não somente a escrita de cunho técnico – são dimensões essenciais do trabalho intelectual.
>
>   O terceiro critério diz respeito à ética do cuidado. O conceito de ética do cuidado popularizou-se a partir dos estudos da psicóloga feminista Carol Gilligan (1982), que notou em seus experimentos que meninas e mulheres tendem a julgar situações segundo elementos contextuais, em vez de adotar padrões universais e condutas imparciais. As teóricas da ética do cuidado defendem a promoção do bem-estar tanto das(os) cuidadoras(es) quanto das pessoas que recebem o cuidado. Para elas, as deliberações morais devem levar em consideração, além de princípios universais e da razão, motivações afetivas, emoções e a experiência e memória corporal. Cf.: SANDER-STAUDT, 2011. Na releitura de Collins, a ética do cuidado desenvolvida entre as mulheres negras é sustentada pelo tripé expressividade individual, emoção e empatia. Os indivíduos são compreendidos como a expressão única e original de uma energia vital ou poder unívoco. A expressão pessoal e a comunicação dos próprios sentimentos e opiniões são, portanto, valorizadas. A externalização das emoções no decorrer do diálogo, por sua vez, comprova que o sujeito enunciador acredita nos próprios argumentos. A empatia, finalmente, estabelece elos afetivos entre a audiência e o sujeito enunciador. Estes três fatores denotam a inclusão de atributos psicoemotiva no interior da epistemologia do feminismo negro.
>
>   O quarto elemento, rotulado ética da responsabilidade individual, relaciona-se com o caráter pragmático do feminismo negro e fundamenta-se no entendimento de que ações a palavras individuais derivam de um conjunto central de crenças pessoais. Com isso, intenções e biografias das(os) intelectuais são objeto de ponderação tanto quanto seus escritos. A trajetória das intelectuais, o processo pelo qual elas atingem determinada conclusão, o impacto das relações e dos problemas ao seu redor em suas formulações, suas/seus interlocutoras(es) diretas(os) e seus objetivos são fatores considerados relevantes. Ideias proferidas por pessoas respeitadas por agirem de acordo com a ética que professam são mais valorizadas do que construções puras do intelecto e da razão. Cf.: COLLINS, 2000; 2012, p. 20.

Em Lélia Gonzalez, ela encontra um referencial teórico brasileiro que mobiliza tanto aspectos de uma perspectiva racializada da colonialidade do gênero, quanto as subjetividades femininas afrodescendentes nas Américas, sintetizados em sua proposta de criação de um feminismo *amefricano*. A demarcação de territórios e identidades no Novo Mundo, obedecendo às prerrogativas do poder colonial sinalizadas na tentativa de nomear o território segundo uma suposta predominância da latinidade, em alusão ao continente europeu, é encarada por Gonzalez como um esforço de apagamento da presença afro-ameríndia. Com a ironia que lhe é característica, ela sugere que o Brasil seja visto como parte de uma *Améfrica Ladina*. O deslocamento da centralidade da herança latina em reconhecimento à preponderância de elementos indígenas e africanos no Novo Mundo é sinalizada pelo neologismo *amefricano* e também fundamenta a demanda pela construção de um feminismo *afro-latino-americano*.[99] Cláudia Cardoso identifica na categoria *amefricanidade* uma força epistêmica, para além de seu potencial descritivo da opressão e da subjetividade social e política das negras, que incita ao resgate de trajetórias de enfrentamento ao racismo e ao sexismo.

O cerne teórico-conceitual que orienta a pesquisa empírica de Cláudia Cardoso é composto, portanto, pelo tripé colonialidade do saber, feminismo negro e amefricanidade. Os três elementos são peças-chave na afirmação das mulheres negras, mesmo daquelas que não atuam diretamente na academia, enquanto sujeitos produtores de conhecimento científico, preparando o terreno para que os construtos discursivos das ativistas brasileiras sejam apresentados como componentes de um pensamento feminista negro. As ativistas entrevistadas são denominadas *Griôs*, palavra que designa uma figura existente em diversas sociedades da África Subsaariana e cuja função é guardar tradições orais, arquivar e transmitir fatos do passado e contemporâneos. Como explica Cardoso:

> Daí porque tomo de empréstimo a figura do Griô tradicionalista e o atualizo/ressignifico para estabelecer uma analogia entre o significado que os Griôs tradicionalistas têm para as suas comunidades e o que as entrevistadas para esta tese significam para o movimento de mulheres negras. Ao fazê-lo, apresento as ativistas como Griôs, contadoras de história e guardiãs da palavra sem que sejam, necessariamente, especialistas da memória, [...] sendo a palavra aqui caracterizada como a história das mulheres negras que, em diferentes espaços sociais, é afirmada e transmitida.

---

99 GONZALEZ, 1988c; 1988a; 1988b.

> As Griôs são conselheiras e liderança, na organização do movimento de mulheres negras, e mediadoras políticas, no desenvolvimento de estratégias de luta para a resolução de conflitos sociais presentes em nossa sociedade gendrada, racializada e socialmente hierarquizada. São as articuladoras de um ponto de vista das mulheres negras, que é sustentado pelas diferentes experiências de enfrentamento ao racismo, ao sexismo e às desigualdades de classe, um ponto de vista totalmente imbricado com o processo de autoafirmação e valorização, articulado com a manutenção e exaltação da tradição e que proporciona o desenvolvimento de um sentimento étnico/racial de pertencimento individual e de grupo, fonte de resistência e sobrevivência.[100]

Cláudia Cardoso interessa-se pelo registro das trajetórias das ativistas que entrevistou, sintetizados brevemente logo abaixo em três temáticas que identifico como principais: *resistência; relação com outros sujeitos e movimentos sociais;* e *organização política das mulheres negras*.

No âmbito da *resistência*, a autora trabalha com um leque ampliado de manifestações, que vão desde a contraposição às representações hegemônicas da mulher até o engajamento em movimentos sociais. As militantes enfatizaram a inspiração que encontram em figuras de familiares mais velhas, as quais contrariavam representações sociais do feminino: geralmente inseridas, ainda que precariamente, no mercado de trabalho, as mulheres lembradas eram ativas na resolução de problemas em suas comunidades e ensinavam às mais jovens uma postura de enfrentamento caso fossem submetidas à violência doméstica. Ao mesmo tempo, a imagem da mulher negra forte suscitou inquietações quanto à sobrecarga de trabalho e às oportunidades reduzidas para o autocuidado. Outro assunto recorrente foi a insistência da família e da comunidade de que as jovens progredissem na educação formal, vista como única estratégia possível para a superação de adversidades socioeconômicas. Em termos de trajetórias em coletivos políticos, foram identificadas ativistas provenientes dos mais diversos movimentos, em especial do feminismo, grupos da igreja católica, grupos de enfrentamento à ditadura militar, movimento estudantil e movimento negro, que lhes serviram de inspiração. Este último ocupou lugar central na trajetória de muitas das entrevistadas, mesmo para aquelas que iniciaram sua militância em outros espaços.

O trânsito por diversos movimentos conduz ao segundo tema, *as relações com outros movimentos sociais*. Pontos de ruptura com o feminismo, o movimento negro e o movimento de lésbicas e gays são interpretados como a premência das mulheres negras em compartilhar uma visão de

---

100 CARDOSO, 2012, p. 32-33.

mundo moldada pela interseção de raça, gênero e classe. Frequentemente, a integração ao movimento negro foi apontada como catalisadora de processos de autodefinição e fortalecimento da coletividade. Mas, também, como fonte de conflitos em razão de práticas opressivas de gênero, que deflagraram a constituição de grupos de mulheres em seu interior. Em relação ao movimento feminista, a autora desvela a convivência de concepções diversas, que reúnem desde representações do feminismo como discurso de mulheres brancas e ricas, passando pela percepção de que o título "feminista" em nada acrescenta à visibilidade de um legado histórico de projetos emancipatórios capitaneados por mulheres negras, até visões do feminismo como luta emancipatória que permite revisões e a incorporação de perspectivas de mulheres negras, pobres e de reduzida ou nenhuma escolaridade. Coerentemente, a filiação a estas posições determinou oscilações entre visões do movimento de mulheres negras enquanto *movimento feminista negro*, por parte de militantes mais afeitas à tese revisionista, ou enquanto *movimento de mulheres negras* pelo fim do racismo e do sexismo, por parte de ativistas que recusam a adesão ao título "feminismo". A problematização da orientação sexual enquanto marcador social emergiu tanto nos relatos de que as integrantes de grupos femininos do movimento negro eram pejorativamente rotuladas de lésbicas, quanto nas reflexões acerca de processos identitários – cerca de metade das entrevistadas declarou-se lésbica. Importante ressaltar que algumas ativistas apontaram lacunas na abordagem das temáticas de orientação e identidade sexual no interior dos movimentos sociais, inclusive no movimento de mulheres negras. Parte delas atribui essa lacuna à reprodução do ideário normativo e lesbofóbico nesses espaços; parte acredita que os esforços de contraposição ao estereótipo da mulher negra hipersexualizada terminou por colocar o debate da sexualidade em segundo plano.

Cláudia Cardoso discorda, em certa medida, da tese de que o movimento foi estruturado em reação à exclusão das negras no interior de grupos feministas e do movimento negro, que para ela termina por minimizar a agência das ativistas negras. Alternativamente, ela sugere que o amadurecimento da busca por protagonismo político, ensaiado nos grupos de mulheres que participavam do movimento negro, foi o principal fator gerador do movimento de mulheres negras. A pluralidade de visões existentes dentro do movimento enseja uma discussão sobre divergências e disputas internas, que a autora interpreta como negociações da própria multiplicidade das mulheres que o compõem. Sua sistematização dos pontos elencados na nomeação de práticas, experiências e conhecimento pelas entrevistadas aponta os seguintes aspectos críticos do feminismo negro: a articulação de gênero e raça, conferindo centralidade ao racismo na análise da configuração das desigualdades para as trajetórias e para a exclusão das mulheres negras; a articulação com outros movimentos sociais; a preferência por estratégias de empoderamento coletivo; a conexão entre experiências vividas cotidianamente e as reflexões teóricas; o respeito à orientação sexual; a premissa de que diversas fontes de opressão estão intrinsecamente interligadas; a recuperação da história das mulheres negras enquanto sujeitos históricos.

Os estudos de Keisha-Khan Y. Perry[101] seguem percurso diverso ao tratar da organização política das mulheres negras. A autora preconiza um olhar ampliado sobre movimentos antirracistas, convidando pesquisadoras(es) a incluir em suas análises movimentos liderados e com grande participação de negras e negros, como o movimento de trabalhadoras domésticas, as associações de bairro e o ativismo negro pela melhoria de condições materiais e contra as desigualdades de classe, incluindo acesso à terra, à moradia e à água: "Se [...] a luta por direitos à terra urbana e territoriais representa um problema central para as pessoas negras nas cidades brasileiras, por que ela não é reconhecida como uma luta que concerne raça e cultura?".[102] Com isso, ela questiona outras(os) acadêmicas(os) norte-americanas(os) que apontaram a predominância de um baixo grau de conscientização sobre o racismo entre negras(os) brasileiras(os)[103] ou que afirmaram a predominância de uma abordagem culturalista no seio do movimento negro,[104] argumentando que suas conclusões decorrem de um entendimento de movimentos políticos restrito a movimentos culturais ou identitários. Em seu estudo etnográfico sobre a resistência das(os) moradoras(es) do bairro de Gamboa de Baixo às tentativas da prefeitura da cidade de Salvador de expulsá-las(os) de seu local de moradia, Perry situa historicamente as políticas de ocupação do espaço urbano e a segregação racial dela decorrente, além de registrar as estratégias de resistência de ativistas, analisando a centralidade conferida às mulheres e suas interpretações sobre relações raciais na conformação das ações coletivas.

---

101 PERRY, 2004; 2005; 2013.

102 No original: "If [...] urban land and territorial rights struggles represent a major problem for black people in Brazilian cities, then why are they unrecognized as struggles around race and culture?". Cf.: PERRY, 2013. (tradução minha)

103 TWINE, 1998.

104 HANCHARD, 1998.

O conjunto das reflexões acadêmicas sobre o ativismo de mulheres negras é sugestivo da trajetória de um campo no qual militantes tiveram um papel fundamental tanto na definição de uma agenda de estudos, quanto na condução de pesquisas. O trânsito de ativistas entre as duas esferas, conformando espaços de trocas e tensões entre movimentos sociais e academia, deixa nebulosas fronteiras entre sujeito e objeto, com seus textos sendo utilizados ora como fontes primárias, ora como fontes secundárias. Em um contexto em que as interposições de gênero e raça ganham proeminência nas universidades e nas políticas públicas, as(os) estudiosas(os), ao enfocar a constituição de uma identidade coletiva, trazem à tona o plano descritivo sedimentado por noções sobre dinâmicas e hierarquias organizadas em torno de categorias analíticas fundamentais, com base nas quais são justificadas preferências em termos de engajamento com outros movimentos sociais e as relações mantidas com o estado. Este desenvolvimento culmina na reivindicação de Cardoso de que o movimento institui elementos práticos e teóricos denotativos de um pensamento de mulheres negras aportados em um projeto de justiça social. As autoras afirmam, portanto, o status epistemológico a que são elevadas interpretações sociológicas do movimento de mulheres negras, elevando sua autoridade intelectual. As consequências normativas são exploradas no exame das implicações que tais elementos têm para a definição da vida política, em especial para as possibilidades de exercício da democracia e da cidadania.

INTERSECCIONALIDADE E MULHERES NEGRAS: INTERFACES E DISSONÂNCIAS

A problematização das relações raciais e dos limites institucionais de legitimação do conhecimento é um traço que os estudos sobre mulheres negras compartilham com outras vertentes de fundo identitário, como a teoria racial crítica, a teoria *queer*, os estudos chicanos e terceiro-mundistas, as teorias pós-colonialistas e decoloniais, e, sobretudo, o feminismo. Talvez por representar a vertente mais bem consolidada, o feminismo é também aquela que mais tem sido criticada por reproduzir em novos termos a exclusão que busca denunciar, ao universalizar a experiência de mulheres vivendo em condições sociais específicas.[105] Sem passar incólume pelo fenômeno de pluralização de sujeitos identitários no interior da literatura acadêmica, o feminismo tem buscado mecanismos para responder e remediar suas lacunas, dentre os quais destaca-se a incorporação de um termo originado na política negra norte-americana, a interseccionalidade.

---

105 COSTA, 2000; BUTLER, 2003; PISCITELLI, 2008; CARDOSO, 2012.

"Interseccionalidade", palavra de sonoridade estranha aos ouvidos de falantes da língua portuguesa, tem se tornado uma presença constante em discursos de autoridades políticas, documentos de orientação e avaliação de políticas públicas, reivindicações de movimentos sociais e até mesmo em programas universitários. O relatório da Comissão Parlamentar Mista de Inquérito (CPMI) do Congresso Nacional que investigou a situação da violência contra as mulheres no Brasil, por exemplo, recomenda ao governo federal que "[...] na elaboração e execução das políticas de enfrentamento à violência contra a mulher sejam consideradas a interseccionalidade e a transversalidade de gênero, de raça, de etnia, de orientação sexual, de deficiência, idade, etc."[106] O mesmo tema foi objeto de debate do seminário "Interseccionalidade de Gênero, Raça e Etnia: o trabalho conjunto na elaboração e implementação de políticas públicas", que reuniu representantes da Organização das Nações Unidas (ONU) e do governo brasileiro em agosto de 2012. Também um documento produzido pelo Núcleo de Estudos sobre a Mulher, da Universidade Federal da Bahia (UFBA) menciona a interseccionalidade para descrever competências esperadas de egressas(os) dos cursos oferecidos pelo Núcleo.

Sua proliferação suscita, para as ciências sociais, algumas indagações. Como teria um termo tão peculiar ganhado tamanha popularidade? Seria interseccionalidade um conceito, uma ferramenta heurística, uma teoria? Quais significados lhes são atribuídos pelos diferentes atores? A quais projetos políticos e intelectuais ele estaria atrelado? Sem pretender exauri-las, volto-me aqui à investigação de sua trajetória, desde seu aparecimento nos Estados Unidos até sua introdução na academia brasileira, elencando atores sociais envolvidos em seu desenvolvimento e suas interfaces com os estudos sobre mulheres negras, buscando compreender como e em que medida ela poderia dialogar com o projeto de superação das opressões a que estão sujeitas as afro-brasileiras e quais questões ela suscita para os estudos de mulheres negras. A análise proposta me permitirá ainda estabelecer um ponto de comparação em relação à produção das intelectuais negras que será analisada no quarto e quinto capítulos.

"BUT SOME OF US ARE BRAVE": ANÁLISES DE GÊNERO, RAÇA E CLASSE E O DEBATE SOBRE INTERSECCIONALIDADE NOS ESTADOS UNIDOS

A popularidade acadêmica alcançada pela ideia de interseccionalidade nas últimas duas décadas na literatura de língua inglesa em geral, e entre feministas norte-americanas em particular, tem motivado inúmeros esforços de teorização e operacionalização a esse respeito. Mobilizada

---
106 BRASIL, 2013, p. 1041.

em disciplinas tão diversas quanto a sociologia, a psicologia, a ciência política, o direito, a economia e a filosofia, a interseccionalidade influencia vertentes teóricas que vão da psicanálise à fenomenologia e ao desconstrucionismo.[107] Sua proeminência levou algumas feministas a afirmar que se trata "[...] da contribuição teórica mais importante dos Women's Studies, juntamente com os estudos raciais e étnicos, das últimas duas décadas."[108] Lynn Weber[109] oferece uma categorização dos escritos que abordam o tema, separando-os, de um lado, análises programáticas de políticas públicas focadas em discriminações e vulnerabilidades; e, de outro, programáticas teóricas voltadas à compreensão da integração de estruturas de poder, desigualdades históricas e contextuais, arranjos institucionais e formas de governança, experiências individuais e grupais e processos simbólicos. Sumi Cho, Kimberlé Crenshaw e Leslie McCall[110] dividem os "estudos interseccionais" em três vertentes:

1. aplicação de um *framework* interseccional ou investigação de dinâmicas interseccionais;
2. debates sobre o escopo e o conteúdo da interseccionalidade enquanto paradigma teórico e metodológico;
3. intervenções políticas que adotam uma "lente" interseccional.

Em um campo caracterizado pela multiplicidade, um aparente consenso se faz notar: Kimberlé Crenshaw é citada invariavelmente como intelectual que "cunhou" (*coined*) o termo e deu origem à interseccionalidade. Seu artigo "*Mapping the Margins: Intersectionality, Identity Politics and Violence Against Women of Color*",[111] é apresentado como um marco fundador. Entretanto, Crenshaw, filiada à escola da teoria racial crítica e integrante de grupos políticos que militam pela exclusão de vieses raciais do sistema de justiça, recorreu ao termo pela primeira vez em um artigo menos conhecido, intitulado "*Demarginalizing the Intersection of Race and Sex: a Black Feminist Critique of Anti-Discrimination Doctrine, Feminist Theory, and Anti-Racist Politics*".[112] Nele, a autora argumenta que a tendência a tomar gênero ou raça como categorias de análise e experiência

---

107 KNAPP, 2005; MCCALL, 2005; DAVIS, K., 2008; COLLINS, 2011b.

108 MCCALL, 2005, p. 1771.

109 WEBER, 2010.

110 MCCALL, 2013.

111 CRENSHAW, 1991.

112 CRENSHAW, 1989.

mutuamente excludentes limita a teoria feminista e a política antirracista, apagando as mulheres negras destes discursos. A solução encontrada pela autora é a produção de uma análise a partir da experiência de mulheres negras no mercado de trabalho, na qual ela utiliza interseccionalidade como uma ferramenta heurística[113] para apontar a interação de aspectos de gênero e raça e chamar atenção para as deficiências da teoria feminista e da política antirracista. Em seu trabalho mais conhecido nos Estados Unidos,[114] a pesquisadora retoma esta abordagem, agora para tratar da violência contra as mulheres, da hipervisibilidade da violência de gênero cometida por homens negros e da menor repercussão dos casos perpetrados por brancos. Novamente, interseccionalidade é usada como uma ferramenta heurística sensível "[...] às várias formas com que raça e gênero intersectam na formatação de aspectos estruturais, políticos e representacionais da violência contra as mulheres não brancas."[115]

Patricia Hill Collins[116] elabora uma análise da interseccionalidade a partir da sociologia do conhecimento e da teoria feminista negra,[117] na qual ela problematiza fatores ligados à receptividade acadêmica ao termo. Para ela, a interseccionalidade cristaliza um *projeto de conhecimento*, isto é, um conjunto de ideias coordenadas entre si, desenvolvidas por um

---

113 Interseccionalidade, na qualidade de ferramenta heurística, sugere algumas questões prioritárias para o processo da pesquisa sociológica, além de propor chaves interpretativas. Em geral, essa modalidade de uso é processada pela escolha de um tema amplamente explorado pela bibliografia dominante, seguida pelo exame de uma localização social, prática, grupo ou representação hegemônica. O objetivo destas análises é identificar aspectos de classe, raça, gênero, sexualidade e outros eixos estruturantes do poder até então desapercebidos, contribuindo, desta maneira, para a reformulação de perspectivas teóricas e projetos políticos. Cf.: COLLINS, 2007.

114 CRENSHAW, 1991.

115 No original: "[I build on those observations here by] exploring the various ways in which race and gender intersect in shaping structural, political and representational aspects of violence against women of color."Cf.: CRENSHAW, 1991, p. 1244. (tradução minha)

No trecho acima e no restante da tese, optei por traduzir "*women of color*" por "mulheres não brancas", uma vez que no Brasil o termo "mulheres de cor" aceita conotações diversas, mais relacionadas à designação de mulheres afrodescendentes, do que no uso em inglês.

116 COLLINS, 2011b.

117 Sobre o feminismo negro retratado por esta autora, ver: COLLINS, 2000.

determinado grupo social no curso de um projeto sócio-histórico, no qual o conhecimento é socialmente construído, transmitido, legitimado, reproduzido e amplificado ou ofuscado por mecanismos inscritos em sistemas sociais de poder. Com isso em vista, a autora promove uma abordagem genealógica para investigar os limites estruturais e simbólicos que culminaram na sua incorporação em discursos acadêmicos, identificando elementos distintivos que persistem, que desapareceram ou que foram minimizados.

De acordo com Collins, a investigação de obras literárias, discursos públicos e ensaios jornalísticos elaborados por afro-americanas a partir do século XIX revelaria a emergência de uma tradição na qual as afro-americanas figuram não apenas como objeto de estudo, mas também como autoras e formuladoras de projetos políticos. Citando, a título de exemplo, as intelectuais negras Anna Julia Cooper e Ida B. Wells-Barnett, ambas nascidas no ocaso do século XIX, ela ressalta a centralidade de raça, classe e gênero em suas análises e práxis sociológicas.

Essa bagagem conceitual teria se atualizado sucessivamente ao sabor de marcos políticos de diferentes épocas, servindo de inspiração para negras norte-americanas ao longo das décadas. Seu legado poderia ser identificado nos debates travados nas décadas de 1960 e 1970, em que ativistas comprometidas com o movimento pelos direitos civis editaram a emblemática coletânea *The Black Woman*, organizada por Toni Cade Bambara[118] e o *Combahee River Collective Statement* (1977)[119] – documento lançado por um grupo político homônimo que oferece diretrizes do feminismo negro e que clama pela articulação das dimensões de gênero, raça, classe e orientação sexual.

Ainda segundo Collins, na década de 1980 o acesso de latinas(os), indígenas, asiáticas(os), afro-americanas(os) e outros indivíduos pertencentes a grupos marginalizados às universidades cresceu em números sem precedentes – muitas(os) das(os) quais envolvidas(os) com atividades em prol dos direitos de grupos raciais subordinados –, permitindo a introdução de perspectivas de justiça social que transformaram os estudos do feminismo e de gênero, raça e classe na academia. Livros como *Women, Race and Class*[120], de Angela Davis, *All the Women are White, all the Blacks*

---

118 BAMBARA, 1970.

119 BAMBARA, 1977.

120 DAVIS, 1981.

are Men, but some of us are Brave: Black Women's Studies[121], de Gloria Hull, Patricia Bell-Scott, Barbara Smith, e os escritos de Audre Lorde[122] propuseram a reformulação de métodos, teorias e epistemologias consagradas nas ciências sociais, de forma a contemplar as experiências de grupos raciais não hegemônicos e a considerar fenômenos sociais que acometem as mulheres desses grupos. No "quebra-cabeça genealógico" de Collins, o trabalho de Kimberlé Crenshaw é situado como herdeiro dessa tradição.

Nesse sentido, Collins[123] faz eco com autoras como Gudrun-Axeli Knapp[124] e Nikol Alexander-Floyd,[125] que inscrevem a interseccionalidade no bojo de um feminismo negro definido pela valorização do engajamento em ações políticas transformadoras – sejam elas desenvolvidas em espaços institucionalizados ou no âmbito de práticas cotidianas de resistência à opressão –, pelo alinhamento da produção acadêmica a projetos de justiça social, e pela reivindicação do protagonismo de grupos subjugados na construção de alternativas às desigualdades estruturais. Avançando em sua tentativa de resgatar as contribuições das intelectuais afro-americanas, Collins[126] identifica seis traços distintivos da maneira como elas articulam a interseccionalidade.

Primeiro, há uma pronunciada ênfase nas *relações de poder* como definidoras dos grupos e hierarquias sociais, derivada da compreensão de que a inscrição dos indivíduos em uma *matriz de dominação* delineia opressões e privilégios comuns em sua inserção na vida social, ainda que sejam infinitas as variações dentro de um mesmo grupo. Segundo, marcadores sociais de poder, como raça, classe, gênero e sexualidade são vistos como *mutuamente constitutivos* e *em constante mutação*, sedimentando práticas e dinâmicas históricas. Terceiro, suas análises lidam com múltiplos níveis da organização social de grupos e das desigualdades, uma vez que se compreende que estes se relacionam de forma *complexa*. Portanto, a perspectiva macroestrutural pressuposta no conceito de matriz de dominação não impede conjecturas a respeito de interações micro e mesossociológicas, desde que situadas em um contexto social amplo, ou a partir de um olhar macrossociológico. Eu diria, para fins

---

121 HULL, 1982.
122 LORDE, 1982; 1984.
123 COLLINS, 2011; 2012.
124 KNAPP, 2005.
125 ALEXANDER-FLOYD, 2012.
126 COLLINS, 2012.

analíticos, que estes três padrões compõem uma face *descritiva* da interseccionalidade. Quarto, estas elaborações compartilham da percepção de que as desigualdades engendradas pela matriz de dominação são *injustas*, causadas por relações de exploração, dominação e opressão. Quinto, esta perspectiva é portadora de um *projeto emancipatório que objetiva a transformar relações futuras*, ou, em outras palavras, ela preocupa-se em fomentar intervenções concretas na realidade imediata, tendo em vista uma proposta de sociedade que almeja construir. Esses dois padrões integrariam uma face *normativa* da interseccionalidade. Sexto, por dialogar com a política cotidiana e de grupos de base e se dedicar também a públicos não necessariamente acadêmicos, o feminismo negro recorre a imagens, representações e linguagem comumente desqualificados pelas teorias dominantes, privilegiando estratégias de aprendizado, ensino e elaboração intelectual baseadas em experiências concretas e corriqueiras e até mesmo no senso comum. Histórias de vida, metáforas, panfletos e produções artísticas são empregadas como fontes e veículos de difusão, compreendidas como repositórios do conhecimento formulado por grupos excluídos da educação formal e das instituições hegemônicas de produção, legitimação e transmissão de conhecimento. Um padrão que eu diria orientar os aspectos *epistemológicos* da interseccionalidade.

A leitura de Collins, Knapp e Alexander-Floyd, contudo, não é hegemônica e a popularização do termo no meio acadêmico é ladeada por acaloradas discussões sobre a delimitação do campo de estudos. Como observou Kathy Davis,[127] embora a maioria das acadêmicas feministas concordem que a interseccionalidade tornou-se fundamental para a teoria feminista, há pouco consenso sobre sua natureza e sua aplicação. Por essa razão, um grande número de escritos tem se debatido em torno de questões como: O que significa adotar uma abordagem interseccional? O impacto da interseccionalidade deve ser orientado ao nível epistemológico, teórico ou metodológico simultaneamente ou pode limitar-se a apenas um deles? Existiria uma unidade ou nível de análise privilegiados? Quais são as metodologias adequadas para desenvolvê-los? Quais variáveis devem ser usadas nos estudos empíricos? E, sobretudo, a quem cabem estas decisões? O diagnóstico de Davis afirma que estas perguntas nascem da própria indefinição presente na "teoria da interseccionalidade".

Não faltam propostas de adaptação consoantes com outras metodologias e finalidades. Leslie McCall,[128] por exemplo, sugere que uma versão complexa da interseccionalidade deve ser operacionalizada por análi-

---

127 DAVIS, 2008.

128 MCCALL, 2005.

ses categóricas que promovam comparações entre grupos, mediante o acréscimo progressivo de diferentes variáveis em análises quantitativas sobre desigualdades. Angie-Marie Hancock,[129] por sua vez, advoga pela substituição do que ela enxerga como uma especialização temática em populações sujeitas a identidades marginalizadas sobrepostas. Em seu lugar, ela propõe que a interseccionalidade seja convertida em um paradigma de pesquisa que oriente investigações empíricas e a seleção de variáveis em análises quantitativas. Além disso, ela explicita a disputa que orbita em torno do sujeito da interseccionalidade, sugerindo que as análises que ela inspira não precisam, necessariamente, incorporar referências a mulheres não brancas:

> E se, por mais nobre que isso seja, eu não quiser estudar mulheres não brancas? O que eu poderia ganhar com a interseccionalidade? Penso que a interseccionalidade pode nos ajudar a conceber melhores designs de pesquisa e de coleta de dados, graças a sua sensibilidade à complexidade causal.[130]

Em resposta, intelectuais negras e algumas feministas têm questionado a apropriação do termo "interseccionalidade". Collins argumenta que as narrativas de origem sobre a interseccionalidade, ao adotarem o trabalho de Crenshaw como marco único e solitário de seu surgimento, confundem a origem da interseccionalidade com o seu reconhecimento pela academia. Em suas palavras,

> é como se as ideias associadas aos estudos de raça/classe/gênero não existissem até o momento em que elas foram reconhecidas por atores institucionais, oferecendo, principalmente, um nome legítimo e facilmente transportável a um campo emergente.[131]

---

129 HANCOCK, 2007b.

130 No original: "What if, as noble a pursuit as it is, I do not wish to study women of color? What can I gain from intersectionality? I think intersectionality can help us better conceive research designs and data collection through its attentiveness to causal complexity." Cf.: HANCOCK, 2007a, p. 251. (tradução minha)

131 No original: "It's as if the ideas associated with race/class/gender studies did not exist until they were recognized by institutional actors, primarily by giving the emerging field a legitimate and easily transportable name." Cf.: COLLINS, 2011b, p. 92. (tradução minha)

Nikol Alexander-Floyd[132] avalia que versões "pós-feminismo negro" da interseccionalidade, como as promovidas por Hancock e McCall, alienam do debate acadêmico a preocupação central com as experiências e a subordinação das mulheres não brancas, desfazendo-se de compromissos com transformações estruturais, contribuições substantivas e inovações epistemológicas que motivaram sua criação. Consequentemente, retomam construções teóricas e epistemológicas criticadas por Crenshaw por relegarem as mulheres negras a um lugar de virtual inexistência enquanto produtoras de conhecimento. Outra tendência identificada por Gudrun-Alexi Knapp[133] é a ênfase em experiências individuais e processos identitários, objetivando o entendimento da interação entre diferentes categorias na formação de experiências subjetivas. Isso determina uma preferência por micro e mesoanálises das interações sociais, em detrimento da conceitualização das dinâmicas pelas quais raça, gênero e classe são construídas enquanto categorias sociais que organizam eixos de opressão. Para essa autora, a disseminação da interseccionalidade tem sido facilitada por sua inserção em uma lógica reificante, de acordo com a qual a adesão ao termo denota adesão ao politicamente correto e ao que há de mais atualizado no discurso feminista. Ao mesmo tempo, esse uso prioriza a *menção ao termo*, descolado de seu contexto, da bagagem que o envolve e de sua história, o que impede o uso efetivo da ideia a que ele esteve originalmente atrelado. Tamanha disparidade em relação à proposta original levou a própria Crenshaw[134] a lamentar que a multiplicação de categorias identitárias tenha ganhado mais espaço do que a análise estrutural e a crítica política nos contextos de aplicação da expressão.

Mais do que insinuar que existe uma única maneira correta de aplicar a interseccionalidade, esta discussão mostra que sua trajetória no interior da academia é perpassada por assimetrias de poder, disputas e negociações existentes na sociedade. Além disso, ela mostra alguns dos obstáculos que as pautas de transformação social enfrentam em seu translado dos movimentos sociais para instituições de legitimação do saber. As reflexões de Gudrun-Alexei Knapp sobre a incorporação da perspectiva de raça-gênero-classe e da interseccionalidade inspirada pelo feminismo acadêmico valem-se da leitura de Edward Said[135] sobre a "viagem de teorias", na qual ele convida a uma análise das transformações de teorias

---

132 ALEXANDER-FLOYD, 2012.

133 KNAPP, 2005.

134 CRENSHAW *apud* ALEXANDER-FLOYD, 2012.

135 SAID, 1983.

e ideias que se deslocam no tempo e no espaço, atentando para o fato de que estas transposições implicam em processos de representação e institucionalização diversos daqueles na qual elas foram gestadas – o que pode ocasionar o fortalecimento ou o enfraquecimento das mesmas. A autora discute as condições da circulação de teorias em âmbito nacional e internacional em um contexto em que o capitalismo acadêmico incita a uma competição desenfreada. Respaldando-se em elementos da crítica oferecida por Jacques Derrida,[136] Knapp nota que a globalização da economia e da cultura alteraram as condições de viagem de pessoas e de teorias, obedecendo a processos de desvinculação e aceleração e impactando no funcionamento transnacional do "mercado de citações". Assim, a demanda incessante por inovações seria elemento fundamental da economia política que determinou os moldes da proliferação da interseccionalidade: a absorção do termo asseguraria um verniz de novidade sem que necessariamente as ideias que ele carreia fossem também absorvidas. Por esta razão, seria frequente o uso da interseccionalidade sem alteração significativa de programas de pesquisa e enfoques teóricos e epistemológicos.

A problematização de Knapp nos leva a inquirir sobre as rotas cumpridas pelo termo em sua viagem a territórios ainda mais distantes. Em meio à onda de empolgação com a interseccionalidade no Brasil, beneficio-me da metáfora de Said para analisar seu reposicionamento e indagar o quanto de seu enraizamento na tradição intelectual de mulheres negras teria sobrevivido ao translado do Norte para o Sul global.

INTERSECCIONALIDADE NO BRASIL: IDENTIDADE E DESIGUALDADE

Se, nos Estados Unidos, o cenário em que a interseccionalidade foi criada teve como pano de fundo embates sobre desigualdade social, autoridade e conhecimento, largamente influenciados pelo acesso de integrantes de grupos racialmente subordinados à universidade, no Brasil, a adoção de políticas para acesso para negras(os), indígenas e estudantes provenientes de escolas públicas ao ensino superior é muito mais recente. Como observou Sueli Carneiro,[137] enquanto as teorizações sobre gênero beneficiaram-se da incorporação de feministas brancas aos quadros das universidades, os estudos das relações raciais se fortaleceram como campo de estudo no Brasil na ausência de sujeitos raciais não hegemônicos.

---

136 DERRIDA, 1990.

137 CARNEIRO, 2005.

Ainda assim, a chegada do termo interseccionalidade à literatura acadêmica no Brasil foi impulsionada por um contexto em que a articulação do movimento de mulheres negras no país ganhava expressividade, graças às alianças catalisadas pela III Conferência Mundial das Nações Unidas Contra o Racismo, Discriminação Racial, Xenofobia e Intolerâncias Correlatas, que teve como palco a cidade de Durban, na África do Sul, no ano de 2001. De fato, a publicação daqueles que possivelmente foram os primeiros textos que versavam sobre a interseccionalidade em um periódico brasileiro contou com a participação da ativista negra Luiza Bairros, que esteve envolvida na agenda de Durban e editou a sessão "Dossiê" da *Revista Estudos Feministas* sobre a Conferência em que os textos aparecem. Ambos os textos são traduções de versões produzidas por autoras afro-americanas.

O "Documento para o encontro de especialistas em aspectos da discriminação racial relativos ao gênero"[138] havia sido publicado originalmente no *site* da *Women's International Coalition for Economic Justice* e distribuído a participantes da Conferência, com o intuito aprofundar sua sensibilidade ao enfoque de gênero e de instituir bases comuns para a discussões. Nele, Kimberlé Crenshaw discorre sobre algumas das ideias que a tornaram conhecida para o contexto transnacional e o marco internacional de direitos humanos:

> Em primeiro lugar, enquanto as nações e as organizações não-governamentais (ONGs) se preparam para a próxima Conferência Mundial contra o Racismo, o imperativo da incorporação da perspectiva de gênero, o qual se aplica amplamente às agências e órgãos de vigilância de tratados das Nações Unidas, dirige a atenção para a necessidade de desenvolver protocolos e análises voltados para o tratamento das dimensões de gênero do racismo. Considerando que a discriminação racial é frequentemente marcada pelo gênero, pois as mulheres podem às vezes vivenciar discriminações e outros abusos dos direitos humanos de uma maneira diferente dos homens, o imperativo de incorporação do gênero põe em destaque as formas pelas quais homens e mulheres são diferentemente afetados pela discriminação racial e por outras intolerâncias correlatas. Portanto, a incorporação do gênero, no contexto da análise do racismo, não apenas traz à tona a discriminação racial contra as mulheres, mas também permite um entendimento mais profundo das formas específicas pelas quais o gênero configura a discriminação também enfrentada pelos homens.
> [...]

---

138 CRENSHAW, 2002.

> Do mesmo modo que as vulnerabilidades especificamente ligadas a gênero não podem mais ser usadas como justificativa para negar a proteção dos direitos humanos das mulheres em geral, não se pode também permitir que as diferenças entre mulheres marginalizem alguns problemas de direitos humanos das mulheres, nem que lhes sejam negados cuidado e preocupação iguais sob o regime predominante dos direitos humanos. Tanto a lógica da incorporação do gênero quanto o foco atual no racismo e em formas de intolerância correlatas refletem a necessidade de integrar a raça e outras diferenças ao trabalho com enfoque de gênero das instituições de direitos humanos.[139]

No documento, a autora define interseccionalidade como uma metáfora que busca capturar consequências estruturais e dinâmicas engendradas por eixos de subordinação, como o racismo, o patriarcalismo e a opressão de classe, impondo posições desiguais para as mulheres. E, também, como um instrumento que permite identificar convergências de intervenções estatais com tais eixos, configurando políticas que intersectam com estruturas básicas de desigualdade. Crenshaw argumenta que análises que partem de categorias preestabelecidas tendem a negligenciar vulnerabilidades interseccionais, o que a leva a preferir análises "de baixo para cima", ou seja, análises contextuais, ancoradas em experiências concretas das mulheres. As possibilidades de uso desta formulação para identificar e reparar inúmeros casos de violação de direitos humanos das mulheres são ilustradas no documento, destacando dimensões e fenômenos que tendem a ser ofuscados quando raça ou gênero são tratados como categorias que se excluem mutuamente.

Em suma, ao disponibilizar uma versão em língua portuguesa do texto de Crenshaw, a *Revista Estudos Feministas* ensejou a divulgação dos elementos distintivos que Collins identifica no feminismo negro norte-americano, seja em sua face descritiva, normativa ou epistemológica, contidos no documento. A filiação a esta tradição, todavia, não é explicitamente enunciada, uma vez que, neste caso específico e dados os objetivos do documento, Crenshaw esteve mais voltada a um diálogo intercultural e transnacional do que à realidade norte-americana.

Um segundo texto que figurou na mesma edição da *Estudos Feministas* dedicada à Conferência de Durban analisou a permeabilidade das redes da sociedade civil à interseccionalidade e às tendências observadas nos movimentos sociais a despeito da pouca visibilidade da Conferência na mídia norte-americana. No relatório "Interseccionalidade em uma era de

---

139 CRENSHAW, 2002, p. 173.

globalização: As implicações da Conferência Mundial contra o Racismo para práticas feministas transnacionais", Maylei Blackwell e Nadine Naber[140] narram sua experiência de participação no encontro como integrantes de uma delegação estadunidense de ativistas e pesquisadoras. Seu interesse principal reside na atuação do governo dos Estados Unidos na Conferência. Ainda que as autoras esbocem alguns comentários sobre a multiplicidade de fenômenos articulados e revelem preocupação com o reconhecimento de estruturas sociais de reprodução do poder e de hierarquias sociais em marcos normativos de direitos humanos e políticas pública, não são introduzidas maiores considerações teórico-conceituais sobre a interseccionalidade.

No pós-Durban, o artigo "Interseccionalidades, categorias de articulação e experiências de migrantes brasileiras", de Adriana Piscitelli,[141] retoma brevemente a abordagem de Crenshaw para, em seguida, expor suas críticas acerca da transposição da mesma à Antropologia. Segundo Piscitelli, o tratamento sistêmico da análise de Crenshaw funde a ideia de diferença à de desigualdade, pensando gênero, raça e classe como sistemas de dominação, opressão e marginalização. Com isso, argumenta, tende a negligenciar manifestações pulverizadas de poder, alternância de posições, resistências e conflitos. Os trabalhos de Anne McKlintock e Avtar Brah e o conceito de articulação são retratados como alternativas construcionistas que, ao considerarem gênero, classe e etnia como marcadores de identidade, e não categorias de hierarquização, ofereceriam, simultaneamente, recursos para pensar o poder e as políticas de agência.

Esta distinção é emblemática da filiação de feministas brasileiras a concepções pós-estruturalistas de identidade, cuja ênfase analítica recai sobre a performatização e a negociação de posições e sua instabilidade, resultando em um enquadramento da opressão e das desigualdades em termos localizados e conjunturais. Isso explicaria por que uma série de estudos que recorreram ao termo interseccionalidade inscrevem os sujeitos em categorizações sociais fluidas, favorecendo análises micro e mesossociológicas nas quais gênero, raça e classe figuram como marcadores de diferença, e não de assimetrias de poder. Como desdobramento, as dinâmicas determinadas pela raça são descritas em termos episódicos ou relacionais, opção que, combinada à preponderância de discursos acadêmicos que minimizam a incidência do racismo no Brasil, termina por dissolver sua relevância ou subsumi-la ao gênero, à classe social e

---

140 NABER, 2002.

141 PISCITELLI, 2008.

à nacionalidade. O lugar da raça na interseccionalidade de tais análises pode ser ilustrado pela afirmação de Piscitelli de que as interações de migrantes brasileiras em países europeus são perpassadas por noções sexualizadas e racializadas de feminilidade que independem da cor da pele e das classificações raciais em que elas se encaixam no Brasil:

> Essas migrantes são afetadas pela imbricação entre noções de sexualidade, gênero, raça, etnicidade e nacionalidade. Refiro-me às noções sexualizadas e racializadas de feminilidade pelo fato de serem brasileiras. Independentemente de serem consideradas no Brasil, brancas ou morenas, nos fluxos migratórios para certos países do Norte as brasileiras são racializadas como mestiças. No lugar desigual atribuído ao Brasil no âmbito global, a nacionalidade brasileira, mais do que a cor da pele, confere-lhes essa condição. E essa racialização é sexualizada.[142]

Nesta linha, *Gloria Anzaldúa, a consciência mestiça e o "feminismo da diferença"*, de Cláudia de Lima Costa e Eliana Ávila,[143] inscreve a *interseccionalidade de gênero* no marco do feminismo da diferença – a versão do feminismo que se lançou à superação de uma leitura de gênero calcada em referentes binários de masculino e feminino. Em uma nota de rodapé, elas explicam que o feminismo da diferença teria se estabelecido nos Estados Unidos a partir da intervenção de feministas, chicanas, operárias, terceiro-mundistas, judias e, especialmente, feministas negras, abrindo espaço para o que viria a ser conhecido como análise interseccional. À essas vozes, as autoras agregam acadêmicas de inclinação pós-moderna e pós-estruturalista, como Judith Butler e Teresa de Lauretis. De fato, a própria obra de Anzaldúa é lida em uma chave pós-estruturalista, com suas ideias sendo caracterizadas como parte de uma "[...] perspectiva interseccional que recusa qualquer redução de subjetividades históricas complexas a categorias identitárias fixas, desconectadas entre si [...]",[144] desafiadora do que é tomado pelas autoras como tendências normatizantes e identitarismos essencializantes da perspectiva interseccional. De teor notavelmente abstrato, o artigo de Cláudia Costa e Eliana Ávila mobiliza a interseccionalidade em favor do debate teórico sobre a porosidade de fronteiras identitárias e possibilidades de agenciamento culturais.

---

142 PISCITELLI, 2008, p. 269.

143 ÁVILA, 2005.

144 COSTA, ÁVILA, 2005, p. 697.

Fátima Cecchetto e Simone Monteiro[145] investigaram percepções de jovens homens e mulheres habitantes de comunidades pobres do Rio de Janeiro quanto a vivências de discriminação e preconceito racial. A interseccionalidade inspira preocupações das autoras com as interfaces das hierarquias de raça com classe, gênero e território, mas suas conclusões compartimentalizam diferentes áreas da vida social. Assim, classe social e local de moradia seriam mais determinantes do que raça no desencadeamento de episódios de discriminação no espaço público em geral, mas raça teria a mesma expressividade que classe nas dinâmicas de exclusão do mercado de trabalho. O fato de a maioria das(os) entrevistadas(os) que afirmaram ter sido discriminadas(os) ser homem é usado como justificativa para a priorização de vivências masculinas da discriminação.

Claudia Maria de Farias[146] utilizou as trajetórias de vida das atletas negras Eliane Pereira de Souza e Aída dos Santos para investigar como as *intersecções do gênero* com outros componentes de diferenciação social, principalmente, classe e raça, manifestaram-se no campo esportivo brasileiro. Seu estudo registra experiências individuais de discriminação e superação, relacionando-as à construção de memórias.

Em contraste com os esforços de inovação teórico-conceitual da produção norte-americana, a interseccionalidade cumpre, em todos estes trabalhos, uma função mais operacional, orientando a captura de aspectos específicos da identidade nas pesquisas empíricas. Nesse sentido, o termo "marcadores sociais da diferença", muito empregados por autoras como Laura Moutinho,[147] adequam-se a preocupações descritivas de variações identitárias. Os estudos sobre tais variações, contudo, configuram lacunas seja em termos de incorporação da vasta bibliografia sobre relações raciais desenvolvida no Brasil, seja na produção de reflexões sobre mulheres negras. É importante notar, ainda, que esta versão da interseccionalidade é despida do caráter programático que anima as intelectuais negras norte-americanas.

As pesquisas de Joaze Bernardino Costa[148] sobre o ativismo de trabalhadoras domésticas e seu papel na conquista de direitos trabalhistas pela categoria destoam dos padrões expostos, ao guardarem estreita sintonia com a proposta de Crenshaw e de Collins. Ele defende que o conceito

---

145 MONTEIRO, 2006.

146 FARIAS, 2011.

147 MOUTINHO, 2014.

148 COSTA, 2013; 2015.

de interseccionalidade pode ser empregado tanto para visibilizar processos de opressão, quanto para evidenciar agenciamentos, mobilizações democráticas e sujeitos políticos. Com isso em mente, o autor examina a maneira como raça, classe, gênero e idade funcionam como eixos sobrepostos de poder em um sistema hierárquico, produzindo opressões que se manifestam nas condições precárias de vida e nas formas de violência que as trabalhadoras que ele entrevistou relataram. No que toca à resistência, o autor registra a história da luta por direitos empreendida pela categoria desde os anos 1930, atentando para a formulação de uma agenda política em termos de raça, classe e gênero. Costa conclui que as articulações promovidas pelo movimento de trabalhadoras doméstica entre os eixos de poder raça, classe e gênero foram determinantes para o fortalecimento de reivindicações democráticas e do estabelecimento de elos com outros movimentos.

Na bibliografia nacional consultada, Joaze Costa Bernardino, Bruna Pereira e Cláudia Pons Cardoso foram as(os) pesquisadoras(es) que não somente utilizaram a interseccionalidade para identificar eixos de subordinação e formulações identitárias, como também promoveram uma releitura das relações sociais ao atentar para configurações específicas das dinâmicas sociais brasileiras, conectando padrões individuais e de interações face a face pinçados nas falas de trabalhadoras domésticas, mulheres em situação de violência doméstica e ativistas a uma matriz de dominação mais ampla.

Em síntese, ao revisitar a bibliografia sobre interseccionalidade do país, é possível observar que ela é perpassada por projetos políticos formulados dentro e fora da academia, caracterizando-se pela heterogeneidade de atores e abordagens. Dentro desta multiplicidade, pelo menos duas tendências podem ser observadas: de um lado, a preferência de pesquisadoras feministas pelas teorias pós-estruturais do sujeito desdobra-se em análises de subjetividade e diferença, no interior das quais a constituição de um sujeito "mulher negra" faria pouco sentido, por organizar uma identidade coletiva em torno de duas categorias sociais e identitárias que conotam algum grau de fixação. Em vez disso, estas autoras mostram-se mais inclinadas a explorar fronteiras e transições identitárias, o que as leva a priorizar a dimensão da agência e o plano descritivo de pesquisa sociológica e antropológica. Comprometidas com análises complexas dos diversos marcadores de diferença, o gênero aparece como eixo central, com os demais marcadores sendo invocados para deslocar o sujeito branco, burguês e heterossexual do feminismo de segunda onda. Por dispensar leituras estruturais de desigualdades, raça é usada como um marcador, dentre tantos outros, que só é levado em consideração quando explicitamente articulado pelos sujeitos da pesquisa. Ao absorver de maneira acrítica os construtos ideológicos que afirmam a existência de uma democracia racial no Brasil presentes nas falas dos sujeitos e em correntes específicas da antropologia nacional, esta vertente do feminismo tende a normalizá-la. Negligenciam, assim, percepções, agenciamentos, conflitos e discriminações que ela silencia – e cuja investigação requer a sua problematização e adaptações metodológicas, como mostram os trabalhos de Sheriff,[149] Ângela Figueiredo,[150] Goldstein,[151] Pereira[152] e Lia Schucman.[153] Consequentemente, as análises atualizam o que Kia Lilly Caldwell[154] caracterizou como a persistência de uma postura evasiva quanto à raça no discurso feminista brasileiro, e confirmam crítica de Sandra Azeredo[155] à recepção desigual do trabalho de feministas brancas e mulheres não brancas pelas acadêmicas no país. Resta investigar, então, se o deslocamento e a pluralização dos sujeitos formulados abstratamente logram produzir mecanismos de pesquisas que alcancem sujeitos e temáticas invisibilizados no feminismo de segunda onda, e se eles são acompanhados por um interesse renovado por fenômenos que concernem grupos sociais marginalizados ou se estão limitados a produzir derivações reificantes do sujeito hegemônico.

A segunda vertente dialoga diretamente com pautas empunhadas pelos movimentos sociais e, como eles, incorpora raça, gênero e classe como categorias que organizam hierarquias na vida social. Todos os estudos com ela identificados tomam como tema as mulheres negras, dedicando-se a analisar as suas condições de vida, acesso a direitos e esforços individuais e coletivos de resistência. É importante notar que tais iniciativas de formulação de versões de interseccionalidade e de matriz de dominação à brasileira elegeram como objeto temas convergentes com a agenda de Durban, vinculando-se em alguma medida às forças políticas envolvidas na transposição da ideia de interseccionalidade dos Estados Unidos para o Brasil. Assim, a compreensão do racismo como um sistema de subordinação e exploração a que estão submetidas todas as pessoas negras é um de seus componentes centrais.

---

149 SHERIFF, 2001.
150 FIGUEIREDO, 2002.
151 GOLDSTEIN, 2003.
152 PEREIRA, 2013.
153 SCHUCMAN, 2014.
154 CALDWELL, 2000; 2007.
155 AZEREDO, 1994.

No que toca às questões norteadoras deste estudo, indagações sobre a analítica do poder promovida pelo discurso do movimento de mulheres negras são inspiradas pelo encontro com posicionamentos epistemológicos, teórico-conceituais e políticos múltiplos e às vezes conflitantes, bem como pelas diferentes possibilidades de inserção das negras no interior do debate sobre interseccionalidade. Nutrindo-me dos achados de Cristiano Rodrigues[156] e de Cláudia Cardoso[157] que informam sobre a centralidade conferida pelas ativistas à articulação de gênero, raça e classe, proponho uma investigação substantiva da mesma, tentando compreender o lugar de cada uma das categorias e identificar as dinâmicas sociais a que elas se referem.

Contudo, antes de retomar esta tarefa no quarto capítulo do livro, apresentarei as configurações metodológicas observadas em minha pesquisa. Em seguida, buscarei delimitar o uso das representações sociais de mulheres negras que emergem na produção acadêmica conhecida como "pensamento social brasileiro" e também da tradição sociológica brasileira. Estes esforços tornarão possível localizar semelhanças e contrastes nas representações endossadas pelas intelectuais negras brasileiras.

---

156 RODRIGUES, 2006.
157 CARDOSO, 2012.

2
ASPECTOS METODOLÓGICOS

A investigação proposta neste livro é operacionalizada pela análise do discurso de ativistas do movimento de mulheres negras. Neste capítulo, descrevo conceitos e procedimentos empregados nas análises que apresentarei no terceiro, quarto e quinto capítulos, elucidando os aportes da Análise Crítica do Discurso (ACD), em especial nas versões promovidas por Norman Fairclough[158] e Teun van Dijk,[159] que guiam os estudo de elementos dos textos e do contexto histórico, sociológico e político em que eles são enunciados. Adicionalmente, ao me voltar ao estudo de formulações de atores políticos, coloco em evidência interfaces da ACD com as teorias dos movimentos sociais das quais a pesquisa se beneficia, particularmente no que toca a suas interpretações sobre a produção de significados o âmbito dos movimentos sociais.

ANÁLISE CRÍTICA DO DISCURSO

Os Estudos Críticos do Discurso, também denominados Análise Crítica do Discurso, constituem um tipo de pesquisa analítica que se dedica primordialmente "[...] à forma com que o abuso de poder, a dominação e a desigualdade são instituídos, reproduzidos e desafiados por textos e conversações em contextos políticos e sociais."[160] Esse tipo de pesquisa difere de outras áreas correlatas, como a sociolinguística, a pragmática e a retórica, por rejeitar o preceito weberiano de que a ciência deve se despir de juízos de valor, aderindo, alternativamente, a vertentes críticas

---

158 FAIRCLOUGH, 1992.

159 VAN DIJK, 2008a; 2008c.

160 Em inglês: "[...] the way social power abuse, dominance, and inequality are enacted, reproduced, and resisted by text and talk in the social and political context."Cf.: VAN DIJK, 2008b, p. 352. (tradução minha)

que situam os discursos acadêmicos como componentes da estrutura social, produzidos no bojo de interações sociais. As interpretações subsidiadas pela ACD partem de uma derivação gramsciniana da relação entre discurso e poder. Simplificadamente, isso significa que elas se ancoram no suposto de que força, dinheiro, status, conhecimento e controle de instituições são recursos sociais escassos, acessados em graus variáveis por grupos sociais privilegiados. Essa abordagem é sensível ao fato de que o poder de um grupo social sobre outro e sua capacidade de exercer o controle nem sempre são expressos em atos violentos, podendo manifestar-se no acesso privilegiado e no controle do discurso público, desdobrando-se na reprodução de formas e conteúdos discursivos que influenciam a interação e o discurso de indivíduos e grupos, e instituindo uma hegemonia. Munidas(os) desta leitura, praticantes da ACD detêm-se sobre formas específicas de discurso, como a mídia e a ciência, enquanto recursos de poder.

A dominação, todavia, nunca é exercida de forma absoluta, o que significa que o poder de um grupo sobre outro pode confinar-se a esferas sociais ou a grupos específicos.[161] No mais, as possibilidades de reação dos grupos subjugados são múltiplas, abrangendo um leque de respostas que vão desde a interiorização e a aceitação de construtos ideológicos hegemônicos até o desenvolvimento de esforços individuais ou coletivos de contraposição. Van Dijk[162] reconhece que as tramas do poder são mais complexas do que tais noções esquemáticas, mas ressalta que, sem pretensões exaustivas, ela serve aos propósitos da ACD de estudar as formas abusivas de poder e as relações entre grupo sociais – e não todas as suas manifestações, tampouco todos os aspectos discursivos de nível microanalítico.

Por este motivo, mais do que uma descrição das estruturas discursivas, ela almeja subsidiar explicações sobre as mesmas em termos de propriedades da interação e da estrutura social. Fairclough e Wodak[163] elencam oito princípios norteadores da ACD:

1. a ACD enfoca problemas sociais;
2. as relações de poder são discursivas;
3. o discurso constitui a sociedade e a cultura;

---

161 FAIRCLOUGH, 1992; VAN DIJK, 2008a; 2008c.

162 DIJK, 2008c.

163 FAIRCLOUGH; WODAK, 1997.

4. o discurso tem papel ideológico;
5. o discurso é histórico;
6. a conexão entre texto e sociedade é dada por intermediações;
7. a análise do discurso é interpretativa e explanatória;
8. o discurso é uma forma de ação social.

Assim, o predicado "Crítica" refere-se a um posicionamento normativo, com a aplicação da ACD sendo orientada ao entendimento, visibilização e contraposição de injustiças sociais, o que a coloca como um tipo de pesquisa explicitamente política.

Tanto o engajamento na superação de injustiças quanto os recursos teóricos e metodológicos oferecidos pela ACD alinham-se a abordagens que vêm sendo adotadas nos últimos trinta anos no estudo de formas de resistências e de conhecimentos produzidos por grupos socialmente subjugados. Em convergência com as feministas e as(os) teóricas(os) da colonialidade do saber, Patricia Hill Collins[164] avalia que os pontos de vista de grupos subjugados pelas hierarquias sociais são descreditados e invisibilizados pelos discursos científicos e sociológicos, que lhes atribuem a rubrica, carregada de conotações inferiorizantes, de "senso comum". No que tange às mulheres negras, ela aponta que as condições de subordinação econômica, política e ideológica em que estas encontram-se imersas operam no sentido de suprimir ideias produzidas por intelectuais desse grupo, seja porque resultam em obstáculos para a aquisição de educação formal, seja porque a discriminação racial impede que negras qualificadas profissionalmente tenham acesso a posições de poder e decisão em instituições sociais de validação do conhecimento, como universidades e associações profissionais.

A exclusão da presença seria traduzida também na exclusão das ideias – para usar os conceitos da teórica política Anne Phillips:[165] sem acesso a espaços de legitimação de conhecimento – a academia em particular –, reflexões sobre fenômenos que impactam suas vidas, ideias, debates, problemas e críticas elaborados por mulheres negras encontram pouco espaço em teses, livros, periódicos científicos e outros gêneros discursivos associados à legitimação social do conhecimento. Partindo dessa constatação, a autora demonstra que outros gêneros mais acessados por grupos subordinados, como discurso político e poesia, são igualmente

---

164 COLLINS, 2000.

165 PHILLIPS, 1995.

portadores de ideias e construções discursivas que dão vida a tradições intelectuais próprias. Seu livro *Black Feminist Thought* consolida esforços de capturar prioridades, recorrências e estratégias identificadas em músicas, ensaios e intervenções públicas de mulheres negras norte-americanas e operacionalizá-las segundo os parâmetros da teoria social.

Inspirando-me largamente no trabalho de Collins, e buscando averiguar a existência de elementos distintivos de um pensamento social e político nos discursos das ativistas brasileiras, respaldo-me na capacidade da ACD de oferecer recursos combinados para interpretação de *texto* e de *contexto*. Para van Dijk,[166] mesmo sem privilegiar metodologias específicas, a ACD deve estabelecer conexões entre o nível microanalítico, em que estão situados o uso da linguagem, as interações verbais e os discursos, e o nível macroanalítico, que comporta o poder, a dominação e a desigualdades entre grupos sociais. Ele acredita que a compreensão dos elos entre os níveis micro e macro pode ser particularmente favorecida pela observação dos seguintes processos e construtos: elaborações identitárias sobre o pertencimento de indivíduos ou coletividades a grupos específicos; contribuições de ações de atores individuais para ações de grupos e processos sociais; inscrição de aspectos conjunturais localizados em uma estrutura social mais abrangente; convergências entre cognições pessoais e sociais evidenciadas em repertórios de memórias, conhecimento e opiniões. Como mostrarei adiante, a priorização destes aspectos propicia algumas aproximações com conceitos da teoria dos movimentos sociais que têm por finalidade descrever a produção e da difusão de significados pelos mesmos.

Na visão de Fairclough,[167] a ACD é uma perspectiva teórica da linguagem e da semiose – processo de produção de significado – enquanto momentos do processo social material, que permite analisar a linguagem e a significação como partes do processo social. Ele defende que a ACD é também um método que pode ser usado para pesquisas científicas em ciências sociais. Seja na qualidade de método ou de teoria, ele acredita que ela se desenvolve dialogicamente em relação a outras teorias e métodos. As transposições entre micro e macroanálises são descritas como a alternância de foco na estrutura e foco na ação, foco em mudanças na estruturação social da diversidade semiótica e foco no trabalho semiótico produtivo realizado em alguns textos e interações particulares, guiadas pela investigação de mudanças na forma como gêneros, discursos e estilos se articulam.

---

166 VAN DIJK, 2008a.

167 FAIRCLOUGH, 2001.

Fairclough define discurso da seguinte forma:

> A semiose das representações e autorrepresentações de práticas sociais constitui o discurso. Discursos são diversas representações inerentemente posicionadas da vida social– atores sociais posicionados diferentemente "veem" e representam a vida social de forma diferente, discursos diferentes. Por exemplo, as vidas de pessoas pobres e desfavorecidas são representadas em diferentes discursos por meio das práticas sociais do governo, da política, da medicina e da ciência social, e por meio de diferentes discursos no interior de cada uma destas práticas, correspondendo a diferentes posições dos atores sociais.[168]

Assim, ele toma o discurso por um elemento da vida social que interage com outras esferas e elementos. *Ordem do discurso* é a expressão que designa configurações de gênero, discurso e estilo que integram a dimensão discursiva de uma rede de práticas sociais. O *discurso* constitui uma forma particular de representar o mundo, incluindo atores, ações e relações sociais. Se o discurso se refere aos significados representacionais, os *gêneros* dizem respeito à dimensão da ação social. Eles são modalidades de ação e interação linguística que estruturam os textos em formatos específicos – um boletim de notícias obedece a uma estrutura composta por título, parágrafo de apresentação que resume a notícia e parágrafos satélites que acrescentam detalhes. A faceta identitária do discurso é capturada pelo termo *estilo*, que comunica diferentes formas de ser e aspectos de identidade social e individual. Mais especificamente, o estilo concerne à performatização de determinadas posições sociais. Além dessas dimensões do próprio texto, a ACD volta-se também para a interação do texto com elementos externos a ele, inclusive pressuposições compartilhadas por um conjunto de atores na produção de sentido. A incorporação, recontextualização ou dependência entre textos é designada pela palavra *intertextualidade*.[169]

---

168 No original: "Semiosis in the representation and self-representation of social practices constitutes discourses. Discourses are diverse representations of social life which are inherently positioned – differently positioned social actors 'see' and represent social life in different ways, different discourses. For instance, the lives of poor and disadvantaged people are represented through different discourses in the social practices of government, politics, medicine, and social science, and through different discourses within each of these practices corresponding to different positions of social actors."Cf.: FAIRCLOGH, 2001, p. 123. (tradução minha)

169 FAIRCLOGH, 2003.

Tais conceitos aplicados ao texto servem de elementos secundários a serem levados em consideração na análise mais focada em relações sociais, que aqui proponho. Mais do que identificar elementos textuais, interessa aqui refletir sobre questões de poder e controle. Como lembra van Dijk,[170] os grupos dominantes frequentemente hegemonizam enquadramentos de temas, gêneros, estilos e representações, vinculando-os a elementos situacionais, como lugar, tempo, critérios de participação em ações de comunicação, papéis institucionais e sociais. Logo, o estudo de manifestações contra-hegemônicas pode levar em conta a manipulação de aspectos textuais e contextuais, atentando para referências intertextuais.

APROXIMAÇÕES ENTRE AS TEORIAS DOS MOVIMENTOS SOCIAIS E A ANÁLISE CRÍTICA DO DISCURSO

Muitos conceitos das ciências sociais promovem análises de construções discursivas dos atores sociais sem se engajar explicitamente em algum tipo de análise do discurso. Embora a ciência política tenha permanecido pouco permeável à análise do discurso, van Dijk[171] observa que alguns estudos sobre comunicação política e retórica apresentam convergências com a ACD, e, também, constata as sobreposições com o campo do estudo dos movimentos sociais. Acredito que essas sobreposições se fazem notar particularmente nos enfoques que se propuseram a observar processos de produção de significados nos níveis da interação face a face e societário.

A incorporação do conceito de *frame* às teorias dos movimentos sociais promoveu uma inflexão em abordagens anteriores, ao introduzir reflexões sobre processos culturais e identitários em vertentes que até então supunham que interações estratégicas e cálculos racionais motivavam e delimitavam o escopo das ações coletivas.[172] Sob influência do interacionismo simbólico, teóricas(os) das correntes denominadas novos movimentos sociais e estrutura de oportunidade política passaram a considerar a produção de símbolos e valores pelos atores sociais como parte da interação entre os movimentos e o meio em que se inserem.

O termo *frame* remonta à formulação do sociólogo Erving Goffman[173] sobre interação social. Para ele, os interesses e a atenção seletiva de uma pessoa fazem emergir diversos mundos que se tornam reais para ela, o

---

170 VAN DIJK, 2008a.

171 VAN DIJK, 2008a.

172 GAMSON, 1975; MCCARTHY, ZALD, 1977; KLANDERMANS *et al.*, 1988; COHEN, ARATO, 1992.

173 GOFFMAN, 1974; 1983.

que implica em reconhecer que é a experiência, e não as estruturas ontológicas do objeto, que constitui a realidade. A interação social, explica, é influenciada pela bagagem cognitiva já presente nos atores que dela participam e que têm noções pré-formuladas sobre os riscos e recursos que a interação social lhes oferece. As ações são ordenadas porque a experiência humana é organizada de acordo com pressuposições compartilhadas, que ordena as interações: o indivíduo adentra as interações sociais munido de recursos cognitivos, proporcionados pelo aprendizado acumulado ao longo de experiências anteriores e pressuposições culturais, que ele acredita serem compartilhadas. A(O) participante isolada(o) não é a(o) autora/autor da definição, nem renegocia todo o tempo a totalidade dos termos em que a situação se dá, uma vez que é possível acionar categorias elaboradas no bojo de interações anteriores para, em seguida, agir de forma quase mecânica dentro de parâmetros de coerência. A renegociação dos termos de definição da situação é uma possibilidade, mas, mesmo quando concretizada, é pontual.

Portanto, toda ação é influenciada e interpretada segundo elementos que lhe são externos e anteriores, fato que permite que o indivíduo sinalize o curso de sua ação e responda a sinalizações de ação de outras(os). A possibilidade de coordenação da ação é forjada de forma mais evidente pela fala, e também pela intensidade do envolvimento e o formato de suas ações, os quais permitem que a(o) outra(o) formule entendimentos próprios sobre a intenção e o propósito dos atores com os quais entra em contato. Disso resultam os usos e os arranjos que permitem que projetos e intenções sejam percebidos por meio do emprego impensado de formas processuais recorrentes. Para definir rapidamente o significado das situações em que se encontram, os participantes da interação social recorrem a *frames*.

Os *frames* são descritos como definições de uma situação que são construídas de acordo com princípios de organização que governam os acontecimentos sociais e o envolvimento subjetivo do indivíduo neles. Essa definição é então inserida em um contexto de interação, e pode ser presumida pela forma como o indivíduo procede, lidando com as questões que lhe dizem respeito.

Snow e Benford[174] utilizaram o conceito de *frame* no estudo dos movimentos sociais para retratá-los como agentes voltados à produção e manutenção de significados que são transmitidos a simpatizantes, antagonistas e observadoras(es) externas(os). Este processo de construção e elaboração

---

174 SNOW; BENFORD, 2000.

dos significados é denominado *framing* e refere-se a um fenômeno de construção da realidade. Seu desenrolar, afirmam, é desencadeado pelo trabalho de ativistas e movimentos dotados de agência e implica, muitas vezes, na criação de *frames* antagônicos aos que já existem. Os *frames* são entendidos como "esquemas de interpretação", que permitem aos indivíduos situar, perceber, identificar e rotular os acontecimentos de sua vida, ou ainda, que condensam e simplificam uma realidade complexa. É com base na classificação de eventos e acontecimentos que os indivíduos organizam suas experiências e direcionam suas ações, seja no nível individual ou coletivo.[175] A relação que estabelece um elo entre as orientações interpretativas dos indivíduos e as organizações de movimentos sociais é chamada de "alinhamento de *frames*". O referido alinhamento seria uma confluência de ideias necessária para a criação de laços de simpatia ou participação efetiva no movimento. Os *frames* de ação coletiva são construídos, inicialmente, quando seus membros negociam uma interpretação comum de uma situação problemática, atribuem responsabilidades por sua ocorrência, formulam arranjos alternativos e tentam ganhar adesão a sua causa.

Alberto Melucci[176] reconhece que a produção acadêmica acerca dos *frames* contribuiu para o estudo da forma como os atores definem suas ações. Todavia, discordando dos pressupostos das teorias do processo político, ele acredita que o estudo dos movimentos sociais deve ser inserido no bojo de uma teoria da ação coletiva mais ampla, e que não se pode considerar os cálculos estratégicos como motivação única dos atores. Para Melucci, a identidade se refere à forma como as pessoas se definem, e é orientada por laços afetivos e pela capacidade intuitiva de reconhecimento recíproco. Tendo isso em mente, o autor emprega o conceito de "identidade coletiva" para descrever o processo interativo por meio do qual diversos indivíduos ou grupos definem o significado de sua ação e decidem sobre seu direcionamento, e a partir do qual avaliam o campo de oportunidades e obstáculos em que tais ações ocorrem. As escolhas e ações dos indivíduos são orientadas pela referência a um *self*, constituído por uma combinação de necessidades, desejos e carências. Estas definições são dinâmicas, e são também constantemente renegociadas e reformuladas por meio da ativação das relações que ligam os atores. É no curso desse processo que as metas, os meios e o escopo de atuação de um dado movimento social são estabelecidos. Ao mesmo

---

175 SNOW *et al.*, 1986.

176 MELUCCI, 1996.

tempo, ele argumenta que a existência dos movimentos sociais depende também da existência de práticas e significados concretos que impeçam ou prejudiquem a participação de um grupo e a inserção de um tema na comunidade política, ocasionando uma inclusão marginal em processos econômicos, políticos, sociais e culturais.

A tendência é que a identidade se estabilize no interior do movimento e seja gradualmente traduzida em estruturas organizacionais, conjuntos de normas e relações de liderança. A própria noção de identidade, assinala Melucci, implica em uma certa cristalização, uma permanência ao longo do tempo, que é acompanhada da diferenciação de um determinado sujeito em relação aos demais e da possibilidade de se reconhecer e ser reconhecido. A identidade coletiva é o processo construtivo que permite que os atores ajam como sujeitos coletivos unificados e delimitados, que controlam as ações. Simultaneamente, a produção de definições e significados continua a operar em seu seio, mesmo que seja de forma pouco visível, o que ocasiona a possibilidade constante de transformação dos atores coletivos. Se existe alguma permanência, é só porque ela é constantemente produzida.

Timothy Gongaware[177] pensou a estabilização identitária dos movimentos com base na noção de memória coletiva. O autor argumenta que integrantes de movimentos sociais se engajam em processos comemorativos de narrativas do passado, as quais reiteram conexões entre ações e identidades pretéritas e presentes. Com a apresentação de disposições atuais como réplicas do passado, um dado movimento estabelece referenciais de uma trajetória, limita transformações desestabilizadoras e viabiliza a continuidade identitária. Em uma linha diferente da perseguida por seu homônimo no estudo de aspectos internos da ação coletiva, Timothy Kubal[178] enquadra a memória coletiva como recurso disputado por grupos subordinados na contestação e transformação de narrativas sobre o passado e sobre a nação, observando os impactos no ambiente político como um todo.

Tais impactos não passaram despercebidos por Sonia Alvarez, Evelina Dagnino e Arturo Escobar,[179] que apontam que o trabalho de ressignificação realizado pelos movimentos sociais atua na redefinição de processos de poder em toda a sociedade. Evidências disso seriam as transformações

---

177 GONGAWARE, 2010.

178 KUBAL, 2008.

179 ALVAREZ; DAGNINO; ESCOBAR, 1998.

produzidas pelos mesmos na agenda de políticas públicas e na expansão de fronteiras institucionais, assim como seus esforços para alterar noções de cidadania, representação política, participação e, no limite, da democracia. O engajamento dos movimentos sociais na transformação do contexto em que estão imersos foi intitulado pelas(os) autoras(es) de "política cultural", com o intuito de chamar atenção tanto para aspectos discursivos quanto para o contexto em que os mesmos emergem. Breno Bringel e Enara Echart[180] notaram que os esforços de ressignificação empreendidos pelos movimentos sociais impactaram na própria evolução do conceito de democracia, que é marcada por uma disputa entre duas formas de pensar sua efetivação. A primeira delas diz respeito a uma definição procedimental, circunscrita ao plano descritivo, segundo a qual a democracia seria um procedimento de tomada de decisões. Opõe-se a ela uma definição substantiva que coloca o exercício do poder popular no horizonte democrático, referindo-se, portanto, a um plano prescritivo.

As perspectivas teóricas de análise dos movimentos envolvidos em processos de reinvenção da política e da democracia seriam constantemente limitadas por fronteiras, inclusive aquelas de ordem disciplinar, metodológica e epistemológica. Ao defender uma abordagem compreensiva – em substituição de formulações explicativas – dos movimentos sociais, esse autor e essa autora argumentam que ela favorece a visualização de dimensões fundamentais para a compreensão dos mesmos, como subjetividades coletivas, convicções e intuições, possivelmente dando vazão a existência de racionalidades alternativas a partir de experiências silenciadas ou desperdiçadas. No limite, o olhar reivindicado sobre os movimentos sociais teria consequências epistemológicas, uma vez que permitiria identificar racionalidades silenciadas.

Malgrado as diferenças que estas múltiplas vertentes das teorias dos movimentos sociais guardam entre si, especialmente as oscilações em relação ao caráter instrumental dos movimentos sociais, gostaria de apontar que os conceitos de *frame* e identidade coletiva, bem como a noção de política cultural, concernem momentos e processos de produção e difusão de significados por atores sociais: a definição de Snow e Benford de *frames* de ação coletiva vislumbra o compartilhamento de interpretações sobre situações, formulações sobre o papel de atores sociais, proposição de arranjos alternativos e tentativas de persuasão; a identidade coletiva é vista por Melucci como um processo fundamental na definição do significado da ação coletiva e de seu direcionamento; "política cultural" é a expressão empregada para

---

180 BRINGEL; ECHART, 2008.

descrever a atuação dos movimentos sociais na definição de significados centrais na esfera do político. Todos esses dispositivos interpretativos contemplam uma dimensão discursiva, aproximando-se de questões propostas pela ACD, como elaborações identitárias, compartilhamento e dissonâncias cognitivas, poder e mudanças sociais. Dessa forma, recorro às ferramentas disponibilizadas pela ACD para situar construções discursivas que dão vida a *frames*, configurações identitárias e projetos de justiça social, atentando, ainda, para os desdobramentos epistemológicos propiciados pela afirmação de sujeitos socialmente subordinados como autores de proposições descritivas e prescritivas sobre a ordem social e sobre a política.

ANÁLISE

Meu uso da ACD como metodologia orienta dois movimentos analíticos. O primeiro deles diz respeito à enumeração de alguns aspectos do contexto em que são introduzidos os discursos do movimento de mulheres negras. A consideração destes aspectos é parcialmente prejudicada pela ausência de pesquisas histórica que permitam situar detidamente marcos, personagens e conceitos do movimento de mulheres negras frente a eventos políticos e sociais. Com isso em vista, procuro minimizar esta lacuna utilizando um mapeamento de articulações de gênero e raça utilizadas em obras referenciais brasileiras para caracterizar portadoras de sinais físicos diacríticos de origem africana ou de afrodescendência. Interessando-me pelo formato acadêmico enquanto um recurso que influencia formatos e conteúdos de discursos públicos, observo no terceiro capítulo construções circulantes nos textos escolhidos e atento para continuidades, interrupções e substituições. Esta investigação toma por objeto obras referenciais de autores situados em três momentos da tradição interpretativa das relações sociais no Brasil: o *pensamento eugênico*, o *lusotropicalismo* e a *abordagem sociológica*.

Os quarto e quinto capítulos adentram o cerne da pesquisa, apresentando análises de elementos extraídos dos discursos de ativistas negras, com foco nas questões centrais da tese. Nesse caso, o processo de seleção e organização de textos que integraram a amostra e o mapeamento de questões salientes envolveu maior grau de complexidade, conforme relatado a seguir.

AMOSTRAGEM

A pesquisa de documentos analisados foi realizada em caráter exploratório, uma vez que há ainda pouca sistematização da produção de textos políticos de autoria de mulheres negras. A identificação de um possível *corpus* de amostra iniciou-se com uma tentativa de mapear documentos impressos ou divulgados em meio eletrônico que estivessem explicitamente ligados ao ativismo de organizações e grupos de mulheres negras. Em uma primeira etapa, utilizei os parâmetros "mulheres negras", "mulher negra", "movimento de mulheres negras" e nomes de ativistas conhecidas para buscar documentos na internet. Em seguida, foram visitadas as seguintes instituições:

- Bibliotecas: Fundação Biblioteca Nacional (Rio de Janeiro), Universidade Cândido Mendes (Rio de Janeiro), Pontifícia Universidade Católica do Rio de Janeiro (Rio de Janeiro), Universidade Federal do Rio de Janeiro (Rio de Janeiro), Universidade de São Paulo (São Paulo), Universidade de Brasília (Brasília), University of Maryland (College Park, Maryland, Estados Unidos), Library of Congress (Washington D. C., Estados Unidos);
- ONGs: Criola[181] (Rio de Janeiro). A coleta de fontes junto ao Geledés[182] (São Paulo) revelou maiores dificuldades. Em 2014, quando busquei a organização, fui informada de que o escritório estava passando por reforma, o que inviabilizou a visita ao acervo. A escolha de organizações localizadas no Rio de Janeiro e São Paulo foi motivada pela proximidade geográfica e recursos financeiros. Dessa forma, foram excluídas organizações relevantes para o movimento de mulheres negras situadas em outras regiões do país.

Este esforço resultou na identificação de cerca de 300 documentos, cuja análise revelou-se inviável considerando limitações de tempo e do escopo do trabalho. Dessa forma, optei por reduzir a amostra recorrendo sucessivamente aos seguintes critérios:

1. *Inovação metodológica*: todos os estudos sobre o movimento de mulheres negras por mim consultados recorreram a entrevistas e observação participante na coleta de dados primários. Ao iniciar o levantamento de documentos, contudo, deparei-me com um volume considerável de textos com finalidade persuasiva, elaborados e di-

---

[181] Criola é uma organização não governamental fundada em 1992 e situada no Rio de Janeiro. A organização atua na defesa e promoção dos direitos das mulheres negras. Mais informações em: CRIOLA. Disponível em: <www.criola.org.br>. Acesso em: 4 set. 2019.

[182] Geledés – Instituto da Mulher Negra é uma organização não governamental de mulheres negras localizada em São Paulo. Fundado em 1998, ele atua na eliminação da discriminação que afeta este grupo social. Para mais informações, acesse: GELÉDES. Disponível em: <http://www.geledes.org.br>. Acesso em: 4 set. 2019.

vulgados pelas organizações. Esta constatação me levou a favorecer a inclusão de panfletos, jornais, boletins e livretos na amostra;

2. *Consistência da fonte:* foram eliminados panfletos e documentos demasiadamente curtos, ou aqueles que apresentavam repetição de textos veiculados em outros documentos;

3. *Diversidade de gêneros discursivos:* iniciei a seleção incluindo documentos cujo gênero predominante favorecia a leitura de públicos não especializados, como o *Boletim Toques Criola* e os *Cadernos Geledés*; posteriormente, seguindo recomendação de Flaircloug (1992),[183] busquei ampliar a amostra com a inclusão de outros gêneros, como artigos e teses acadêmicas e entrevistas;

4. *Abrangência temporal:* a bibliografia referencial aponta que o movimento de mulheres negras, em seu formato atual, consolidou-se nos anos 1970. Contudo, a maior parte dos documentos localizados foram produzidos nas décadas de 1990 e 2000. Para assegurar uma cobertura de debates que marcaram o período de estruturação do movimento, decidi incluir textos de Lélia Gonzalez na amostra, uma vez que ela foi apontada como uma referência central para um número grande de ativistas entrevistadas em trabalhos anteriores;[184]

5. *Filiação política:* como dito anteriormente, o movimento de mulheres negras organiza-se atualmente em duas principais redes nacionais: a AMNB[185] e o Fórum de Mulheres Negras.[186] Inicialmente, planejava incluir textos de organizações e militantes filiadas às duas redes e de

---

183 Com respeito à constituição de um *corpus* de amostras do discurso, Fairclough (1992) afirma que a mesma pode ser ampliada com dados suplementares. As entrevistas são um recurso utilizado com frequências para este fim, já que permitem estimular as interpretações sobre as amostras e experimentar problemas que vão além dos que estão nelas refletidos.

184 RODRIGUES, 2006; SANTOS, 2008; MOREIRA, 2011; CARDOSO, 2012.

185 A AMNB foi formada em 2000, no ano de 2015 era integrada por 27 organizações de todo o país. Ela tem como missão institucional promover a ação política articulada de grupos e organizações não governamentais de mulheres negras brasileiras, realizando o enfrentamento ao racismo, ao sexismo, à opressão de classe, à lesbofobia e à todas as formas de discriminação, a fim de contribuir para a transformação das relações de poder existentes no Brasil. Mais informações em: ARTICULAÇÃO DE MULHERES NEGRAS BRASILEIRAS. Disponível em: <http://www.amnb.org.br>. Acesso em: 4 set. 2019.

186 RODRIGUES, 2006.

outras sem vínculos específicos. Contudo, diante da dificuldade de localizar textos de autoras ligadas ao Fórum e o volume de textos de ativistas vinculadas à AMNB, optei por restringir a seleção. A opção alternativa, qual seja, a manutenção de alguns poucos textos relacionados ao Fórum e a autônomas, e de um número muito maior de textos da AMNB, poderia conduzir a uma análise que minimizasse diferenças de concepções e estratégias ou à utilização de passagens isoladas de maneira a exacerbá-las. Não sendo possível ignorar ou situar tais diferenças a partir das fontes, optei por incluir somente textos de organizações e pessoas ligadas à AMNB;

6. *Escolha de duas organizações e de duas ativistas que nelas atuam:* em meus esforços de ampliação da amostra, recorri a gêneros que não comportam a autoria institucional, como teses e artigos. Com isso, fez-se necessário identificar autoras prioritárias. Considerando que a maior parte dos textos localizados foi publicada pelas organizações Criola e Geledés, tomei estas organizações como referência. Em seguida, foram identificadas duas ativistas atuantes no interior de cada uma das ONGs, cujas contribuições foram acessadas com base em entrevistas semiestruturadas e segundo a disponibilidade de textos escritos disponíveis na internet: Nilza Iraci e Sueli Carneiro, do Geledés; Jurema Werneck e Lúcia Xavier, de Criola.

A aplicação dos critérios resultou na exclusão de mulheres com notável trânsito no tema, incluindo lideranças como Luiza Bairros, Valdecir Nascimento, Benedita da Silva e Edna Roland. As perdas ocasionadas por esta escolha, contudo, justificam-se pela busca de um *corpus* de amostras que abrisse espaço para ideias veiculadas na mídia impressa do movimento de mulheres negras, bem como pelas vantagens de reunir gêneros e estilos tão díspares quanto teses e livretos. Com isso, cheguei aos 49 textos que compõem a amostra, apresentados no **Quadro 1**:

Quadro 1 – Documentos inseridos no *corpus* da amostra

Data de Publicação/ Data de realização da entrevista	Filiação institucional	Autoria	Título	Formato
1979	-	Lélia Gonzalez	Cultura, Etnicidade e Trabalho: Efeitos Lingüísticos e Políticos da Exploração da Mulher	Trabalho apresentado em congresso acadêmico

Ano	Organização	Autora	Título	Tipo
1982	-	Lélia Gonzalez	A mulher negra na sociedade brasileira	Capítulo de Livro
1984	-	Lélia Gonzalez	Mulher Negra	Trabalho apresentado em congresso acadêmico
1984	-	Lélia Gonzalez	Racismo e Sexismo na Cultura Brasileira	Artigo
1985	-	Sueli Carneiro	Mulher Negra	Livro
1988	-	Lélia Gonzalez	A categoria político-cultural de amefricanidade	Artigo
1991	Geledés	Nilza Iraci (edição)	Mulher negra & saúde. Caderno I	Livreto
1991	Geledés	Nilza Iraci (edição)	Esterilização: Impunidade ou regulamentação? Caderno II	Livreto
1991	Geledés	Nilza Iraci (edição)	Não à pena de morte. Caderno III	Livreto
1991	Geledés	Nilza Iraci (edição)	Mulher Negra. Caderno IV	Livreto
1993	-	-	Declaração de Itapecerica da Serra	Livreto
1995	Geledés	Nilza Iraci (edição)	Cadernos Geledés: A mulher negra na década – a busca da Autonomia	Livreto
2000	Criola	Jurema Werneck	Cadernos Criola: Saúde da Mulher Negra	Livreto
2001	AMNB	AMNB	Nunca mais desconheça... Diga NÃO às múltiplas faces do RACISMO – Diagnóstico e Propostas da Articulação de Organizações de Mulheres Negras Brasileiras rumo à III Conferência Mundial contra o Racismo, a Xenofobia e Formas Correlatas de Intolerância	Livreto
2001	Criola	Jurema Werneck	Boletim Toques Criola, ano 4, n. 16.	Boletim
2002	Criola	Jurema Werneck	Boletim Toques Criola, ano 4, n. 17.	Boletim
2002	Criola	Jurema Werneck	Boletim Toques Criola, ano 4, n. 18.	Boletim

2002	Criola	Jurema Werneck	Boletim Toques Criola, ano 4, n. 6.	Boletim
2002	Criola	Jurema Werneck	Boletim Toques Criola, ano 4, n. 19.	Boletim
2002	Criola	Jurema Werneck	Boletim Toques Criola, ano 4, n. 8.	Boletim
2002	Criola	Jurema Werneck	Boletim Toques Criola, ano 4, n. 9.	Boletim
2002	Criola	Jurema Werneck	Boletim Toques Criola, ano 4, n. 10.	Boletim
2003	Criola	Jurema Werneck	Boletim Toques Criola, n. 11.	Boletim
2003	Criola	Sônia Beatriz dos Santos	Boletim Toques Criola, n. 12.	Boletim
2003	Criola	Solange Dacach	Boletim Toques Criola, n. 13.	Boletim
2004	Criola	Solange Dacach, Jurema Werneck, Lúcia Xavier	Boletim Toques Criola, n. 14.	Boletim
2004	Criola	Solange Dacach, Jurema Werneck	Boletim Toques Criola, n. 15.	Boletim
2004	Criola	Jurema Werneck, Solange Dacach	Cadernos Criola: Saúde da Mulher Negra 2 – para gestores e profissionais de saúde	Livreto
2004	Criola	Solange Dacach, Jurema Werneck	Boletim Toques Criola, n. 16.	Boletim
2005	Criola	Jurema Werneck	Boletim Toques Criola, n. 18.	Boletim
2005	Criola	Jurema Werneck	Boletim Toques Criola, n. 19.	Boletim
2007	Criola	Marta de Oliveira da Silva	Participação e Controle Social para Eqüidade em Saúde da População Negra	Livreto
2007	Criola	Jurema Werneck	O samba segundo as Ialodês: mulheres negras e a cultura midiática	Tese

2008	Criola	Marlise Vinagre	Cadernos Criola: Impacto da violência na vida das mulheres negras junto às comunidades das religiões afro-brasileiras	Livreto
2009	Criola	Thiago Ansel	Boletim Toques Criola, n. 7.	Boletim
2009	Criola	Thiago Ansel	Boletim Toques Criola, n. 8.	Boletim
2009	Criola	Thiago Ansel	Boletim Toques Criola, n. 9.	Boletim
2010	Criola	Thiago Ansel, Sarah Reis e Lúcia Xavier	Boletim Toques Criola, n. 10.	Boletim
2010	Criola	Criola	Políticas públicas para as mulheres negras. Passo a passo: defesa, monitoramento e avaliação de políticas públicas	Livreto
2010	Criola	Criola	Políticas públicas contra o racismo. Passo a passo: defesa, monitoramento e avaliação de políticas públicas	Livreto
2010	Criola	Criola	Saúde da População Negra. Passo a passo: defesa, monitoramento e avaliação de políticas públicas	Livreto
2010	Criola	Mônica De Roure, Paula Lobo, Lúcia Xavier, Maria Aparecida Patroclo e José Marmo da Silva	Mulheres negras e ação política: participação democrática nos processos de desenvolvimento, garantia de direitos e efetividade de políticas públicas	Livreto

2010	Criola	Jurema Werneck	Nossos passos vêm de longe! Movimentos de mulheres negras e estratégias políticas contra o sexismo e o racismo. In: WERNECK, Jurema. Mulheres negras: um olhar sobre as lutas sociais e as políticas públicas no Brasil. Rio de Janeiro: Criola, 2010.	Livreto
2012	AMNB	Jurema Werneck, Nilza Iraci, Simone Cruz	Introdução. In: Werneck, Iraci, Cruz. Mulheres negras na primeira pessoa. Porto Alegre: Redes, 2012	Seção de livro
2014	Criola	Jurema Werneck	Of lalodes and feminists: Reflections on black women's political action in Latin America and the Caribbean	Artigo
25/04/2005	Geledés	Nilza Iraci	Entrevista concedida a Cristiano dos Santos Rodrigues	Entrevista
29/04/2014	Criola	Jurema Werneck	Entrevista concedida a Ana Claudia Jaquetto Pereira	Entrevista
12/09/2014	Geledés	Sueli Carneiro	Entrevista concedida a Ana Claudia Jaquetto Pereira	Entrevista
13/03/2015	Criola	Lúcia Xavier	Entrevista concedida a Ana Claudia Jaquetto Pereira	Entrevista

Fonte: Elaborado pela autora.

EXPLORANDO A AMOSTRA

Na análise da amostra, utilizei a versão 7.5.10 do programa ATLAS.ti para codificar seções dos textos escritos. As categorias resultantes, expostas nas figuras a seguir, foram consolidadas em um processo iterativo de codificação de trechos significativos do texto, que envolveu a criação, a fusão e a eliminação de códigos ao longo de leituras sucessivas. A criação dos códigos obedeceu aos questionamentos centrais da pesquisa, enfocando aspectos relacionados à descrição das relações sociais, aos esforços de transformação de padrões sociais de hierarquias e à atuação normativa do movimento de mulheres negras. Também busquei identificar temáticas e representações (entendidas como descrições textuais de personagens, figuras históricas, categorias profissionais e outras atuações relacionadas à performance de papéis sociais) recorrentes.

Figura 1 – Mapa de códigos relacionados à temática da opressão

Opressão:
- Raça → Racismo
- Classe → Exploração
- Sexo → Sexismo/Patriarcado/Falocentrismo
- Orientação sexual → Heteronormatividade/Homofobia/Lesbofobia
- Etnia
- Idade/Geração
- Situação solológica para HIV

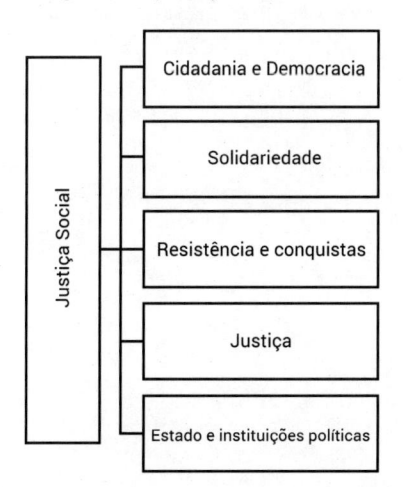

Intersecccionalidade

Violência

Etnocentrismo/Eurocentrismo/Colonialismo

Fonte: Elaborado pela autora.

A **Figura 1** mostra o mapa dos códigos relacionados à opressão, que foram aplicados a 159 trechos. Já os códigos relacionados à atuação política das mulheres negras e à justiça social, que aparecem na **Figura 2**, foram utilizados 272 vezes. Finalmente, os códigos empregados na identificação de personagens e figuras de conotação identitária, dispostos na **Figura 3**, foram atrelados a 42 trechos.

Figura 2 – Mapa de códigos relacionados à atuação política de mulheres negras e à justiça social

Justiça Social:
- Cidadania e Democracia
- Solidariedade
- Resistência e conquistas
- Justiça
- Estado e instituições políticas

Fonte: Elaborado pela autora.

Figura 3 – Mapa de códigos relacionados a identidades e representações sociais

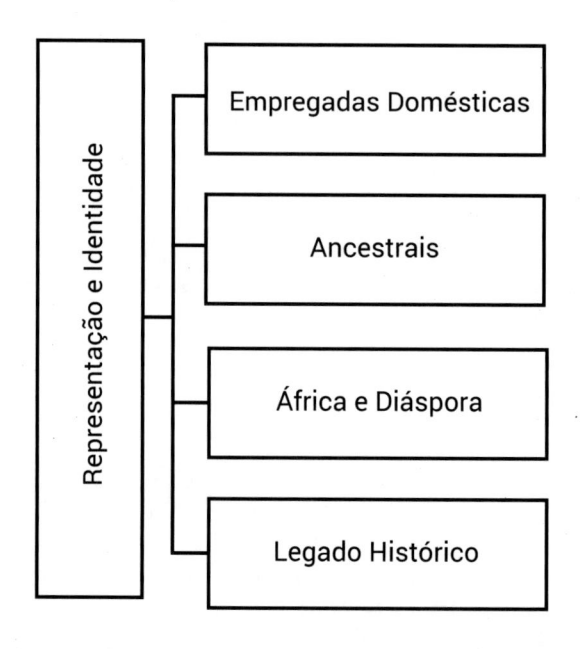

```
                    ┌── Empregadas Domésticas
                    │
Representação e     ├── Ancestrais
Identidade          │
                    ├── África e Diáspora
                    │
                    └── Legado Histórico
```

Fonte: Elaborado pela autora.

A aplicação dos códigos nos segmentos textuais teve como finalidade a identificação de tendências, recorrências e padrões. Uma vez finalizada, ela orientou as interpretações que apresento no quarto e quinto capítulos.

3
AS MULHERES NEGRAS EM DISCURSOS ACADÊMICOS HEGEMÔNICOS

Neste capítulo busco evidenciar alguns elementos que marcam o contexto em que são introduzidas as formulações analíticas e normativas do movimento de mulheres negras. Este exercício esbarra em uma limitação do campo de estudo sobre mulheres negras no Brasil: a escassez de pesquisas históricas que permitam situar detidamente marcos, personagens e conceitos do movimento frente a eventos políticos e sociais de amplitude nacional. Com isso em vista, procuro minimizar esta lacuna utilizando um mapeamento de articulações de gênero e raça utilizadas em obras referenciais brasileiras para caracterizar portadoras de sinais físicos diacríticos de origem africana ou de afrodescendência. Enxergando o discurso acadêmico enquanto formato privilegiado de reprodução de formas e conteúdos que influenciam a interação e o discurso de indivíduos e de grupos,[187] pretendo circunscrever aspectos representacionais de um referencial hegemônico frente ao qual os discursos ativistas se situam. Como mencionado no capítulo anterior, Fairclough[188] define o discurso como uma forma particular de representar o mundo e seus atores, ações e relações sociais. Em atenção à função representacional do discurso, recorro à proposta de Serge Moscovici[189] de que os sistemas de classificação, imagens e descrições circulantes na sociedade, incluindo as científicas, relacionam-se a um elo prévio de sistemas e imagens que continuam a ser ativadas, a mudar e a infiltrar experiências e ideias atuais. Esses sistemas e imagens, designados pelo autor "representações sociais", atribuem, por um lado, signos convencionais à realidade e, por outro, prescrevem o que imaginamos e o que percebemos, desdobrando-se, assim, em um ambiente real, concreto.

---

187 VAN DIJK, 2008c.

188 FAIRCLOUGH, 2001.

189 MOSCOVICI, 2007.

A intelectualidade brasileira atuante no desenvolvimento de discursos sociológicos hegemônicos ocupou-se de interpretar o Brasil e de subsidiar projetos de desenvolvimento e avanço da nação,[190] deparando-se, em sua empreitada, com questões despertadas pelo contato de grupos sociais organizados segundo ascendência, cor da pele e aparência física. Os direcionamentos dados à massa não branca foi objeto de preocupação das elites intelectuais no pós-Abolição, que articulou interpretações e prescrições a partir de imagens, funções e atributos associados a uma multiplicidade de sujeitos da vida social. Com isso em vista, perscruto as representações de mulheres africanas e mulheres negras que emergem em obras referenciais do pensamento social brasileiro e da sociologia no Brasil, atenta à concatenação de gênero, raça, hierarquia social e projetos de nação. Explorando um caminho trilhado anteriormente por John Norvell,[191] Sonia Giacomini[192] e Laura Moutinho[193] sobre a problemática de gênero, raça e miscigenação, e por Sonia Giacomini[194] ao revisitar a bibliografia sobre famílias negras, exploro escritos de Nina Rodrigues, Oliveira Viana, Paulo Prado, Gilberto Freyre e Florestan Fernandes.

As obras selecionadas inscrevem-se em três momentos da tradição interpretativa das relações sociais no Brasil: o pensamento eugênico, o lusotropicalismo e a abordagem sociológica. Assim, são cobertos escritos publicados entre 1894 e 1964, assinados por autores ideologicamente diversos, alguns de notável prestígio, como Gilberto Freyre e Florestan Fernandes, e outros de menor expressividade, como Paulo Prado. Mais do que uma análise exaustiva destes discursos ou de representações nas ciências sociais, proponho um olhar sensível a articulações múltiplas que dão vida às representações, visualizando padrões e a sua proliferação ou interrupção ao longo do tempo e em diferentes vertentes intelectuais.

A escolha dos autores abordados esteve amparada pela possibilidade de analisar concepções sobre a articulação de raça e gênero e representações de mulheres negras em produções inscritas em diferentes momentos históricos. Suas obras partilham do status canônico e figuram como bibliografia referencial no campo das ciências sociais – sobretudo quanto ao pensamento social brasileiro e as relações raciais. Além disso,

---

190 PÉCAUT, 1990.
191 NORVELL, 2001.
192 GIACOMINI, 1992.
193 MOUTINHO, 2004.
194 GIACOMINI, 2006a.

as análises de Norvell,[195] Giacomini[196] e Moutinho[197] sobre tais autores permitem identificar contiguidades entre suas formulações e imagens circulantes na sociedade mais ampla. Por fim, as produções analisadas têm em comum o enquadramento de questões concernentes à população não branca a projetos nacionais e a disposição de construtos de gêneros atrelados ao feminino, algo que em muitos autores excluídos da seleção permanece implícito.

Conquanto o significado do termo "negra" varie ao longo do tempo e entre autoras(es), aqui ele designa mulheres que exibem sinais físicos diacríticos de origem africana ou afrodescendência quando desacompanhado de aspas, abrangendo, desta forma, "mulatas", "africanas", "pretas", "crioulas", e outros registros semelhantes.

FACES DO IDEÁRIO EUGÊNICO: NINA RODRIGUES, PAULO PRADO E OLIVEIRA VIANA

Desde a transferência da Coroa Portuguesa de Lisboa para o Rio de Janeiro, em 1808, a composição da população brasileira esteve no centro dos debates sobre a identidade e o destino da nação.[198] Já durante o Império, a associação estreita entre cor branca e civilização levou o Estado brasileiro a adotar políticas de colonização e povoamento do país por imigrantes europeus/europeias e o próprio imperador Pedro II defendia que a degradação de um povo era dada em função da diluição do sangue ariano/branco devido à miscigenação.[199] A abolição da escravidão e a instauração da República deram novo fôlego às abordagens dos problemas nacionais, com a intelectualidade munindo-se de linguagem científica para fundamentar suas propostas sobre o ordenamento social e sua relação com características entendidas como atributos naturais.

A influência das análises sociais e científicas europeias eram evidentes. "Buckler, Kidd, Le Bon, Gobineau, Lapouge e vários darwinistas sociais eram largamente citados no Brasil por suas teorias sobre a inferioridade dos negros, a degeneração dos mulatos e a decadência tropical."[200] A

---

195 NORVELL, 2001.

196 GIACOMINI, 1992.

197 MOUTINHO, 2004.

198 STEPAN, 2004.

199 SEYFERTH, 2002.

200 STEPAN, 2004, n.p.

percepção de inferioridade brasileira era acentuada pelo emprego recorrente do país como exemplo de degeneração racial em nações tropicais racialmente híbridas por estes autores. Nesse contexto, a eugenia – ciência introduzida no século XIX por Francis Galton para o melhoramento da raça humana – emergiu como alternativa considerada viável para a superação do atraso: ao mesmo tempo em que inseria a nação em um debate internacional sobre ciência e modernização, munia as elites intelectuais de estratégias de manejo de uma população não branca vista como culturalmente atrasada e física e psiquicamente degenerada.[201]

Nancy Stepan[202] afirma que no Brasil o pensamento eugênico das primeiras décadas do século XX foi dominado pela vertente lamarckista, que insistia no controle das condições de saúde, higiene e educação das massas com vistas a produzir alterações no meio e no comportamento dos indivíduos, culminando no aprimoramento genético do "homem brasileiro". Esta versão da eugenia destoou das abordagens desenvolvidas no contexto anglo-saxão que, marcadas pelas teses da genética mendelianas, apregoavam o estrito controle da reprodução de grupos raciais inferiores, uma vez que acreditavam que o repertório genético individual não poderia ser alterado.[203]

Em termos concretos, o eugenismo lamarckista brasileiro desdobrou-se na produção de uma "doutrina do branqueamento", que postulava a inferioridade de negras(os), índias(os) e mestiças(os), mas esperava que procedimentos seletivos resultassem em uma população de fenótipo branco e espírito civilizado. Assinalava uma alternativa oposta ao pessimismo de Nina Rodrigues, para quem "o futuro pertenceria ao mulato"[204] – cujos escritos examino a seguir.

NINA RODRIGUES

Raimundo Nina Rodrigues é reconhecido no pensamento social brasileiro por ter se dedicado à minuciosas observações do comportamento e da anatomia de negras(os) e o que considerava serem reminiscências culturais da África no Brasil, munido de procedimentos científicos por meio dos quais tencionava deduzir leis gerais de funcionamento da sociedade. Sua obra influenciou estudos no campo da medicina forense, da antropologia e da psicologia.

---

201 DÁVILA, 2006.

202 STEPAN, 1991.

203 STEPAN, 1991; SEYFERTH, 2002; DÁVILA, 2006.

204 RODRIGUES, 1957, p. 98.

Caudatário das teses do racismo científico de Joseph Arthur Gobineau e Cesare Lombroso, que complexificou a partir de contribuições originais,[205] Nina Rodrigues[206] concebe uma divisão dos seres humanos em raças, às quais corresponderiam estágios evolutivos distintos. A espécie é dividida, primeiro, em grupos "puros" (não miscigenados): o grupo branco é composto por europeias/europeus, especialmente portuguesas(es), alemãs(es) e italianas(os); o grupo negro é integrado por africanas(os); a raça indígena ou vermelha é composta pelos "brasílio-guaranis selvagens". A mistura destes grupos dá origem a mulatas(os), mamelucas(os) ou caboclas(os) e curibocas ou cafuzas(os); pardas(os) são descendentes do cruzamento das três raças. A mestiçagem de negras(os) e brancas(os), à qual irei me ater, dá origem a três subgrupos: o mulato de primeiro sangue; o mulato claro de retorno à raça branca; o mulato escuro de retorno à raça negra. Para Nina Rodrigues, as qualidades psicológicas e comportamentais individuais são forjadas por uma combinação de hereditariedade racial e meio social, com tendência à deterioração da moral e maior manifestação do impulso criminoso não racional a partir grau de afastamento do grupo branco. Por esta razão, o autor defendia o advento de um regime penal diferenciado segundo a raça.

Uma pessoa branca, incidindo na criminalidade, poderia ser regenerada com a transferência "[...] para um meio fundamentalmente diferente daquele em que exerce sua atividade criminosa".[207] Negras(os) e indígenas seriam, em contraste, assombradas(os) por perturbações psíquicas e desequilíbrios causados por uma exposição abrupta de "[...] espíritos ainda tão atrasados a uma civilização superior", atestados pelo apego a costumes e procedimentos ancestrais.[208] No interior desses grupos seria possível identificar indivíduos de comprovada capacidade intelectual e moral, mas estes seriam casos excepcionais.

Já as(os) mestiças(os) são classificadas(os) em uma escala que vai dos indivíduos de capacidade mental superior até um "produto inteiramente inaproveitável e degenerado". Mulatas(os) de "primeiro ou segundo sangue" seriam inteligentes, mas desprovidas(os) de energia, moralidade e afetividade – um desequilíbrio ocasionado pela transmissão hereditária de raças tão "desiguais". A questão da mestiçagem é examinada pelo

---

205 CORRÊA, 1998.
206 RODRIGUES, 1957.
207 RODRIGUES, 1957, p. 139.
208 RODRIGUES, 1957, p. 129.

autor a partir de um paralelo entre o organismo social e individual, concluindo que ambos tenderiam a ser desestabilizados pelo cruzamento de grupos raciais acentuadamente diversos, produzindo uma multiplicidade indesejada de combinações possíveis entre atributos do grupo branco e do negro. O resultado seriam "[...] produtos moraes e sociais obviamente inviáveis [...]",[209] que não se adaptam ao modo de viver da raça superior, tampouco da inferior. Logo, as(os) mestiças(os) não se adaptariam à civilização superior por não gozarem de maleabilidade do caráter frente ao meio.

A descrição de padrões fisiológicos e comportamentais em Nina Rodrigues é colocada em função de medidas de ordenamento social que ele prescreve e que obedecem a um projeto civilizacional, a partir de hierarquias raciais e civilizacionais que acredita existir:

> A civilisação aryana estaá representada no Brazil por uma fraca minoria da raça branca a quem ficou o encargo de defende-la, não só contra os actos anti-sociaes – os crimes – dos seus proprios representantes, como ainda contra os actos anti-sociaes das raças inferiores, sejam estes verdadeiros crimes no conceito dessas raças, sejam ao contrario manifestações do conflicto, da lucta pela existencia entre a civilisação superior da raça branca e os esboços de civilisação das raças conquistadas, ou submettidas.[210]

No que tange a aspecto orgânicos, psicológicos e culturais, as representações sociais de negras e "mulatas" nos escritos de Nina Rodrigues estão associadas ao atraso, ao desequilíbrio, ao crime e à decrepitude moral e à inferioridade civilizacional. Havendo referências a indivíduos inteligentes e moralmente capazes, elas são empregadas para ressaltar seu caráter excepcional ou incompleto. De resto, estas são representações aplicadas ao grupo negro e "mulato" como um todo. Uma diferenciação a partir do gênero, porém, se faz notar quando o autor trata da temática da sexualidade.

Como nota Moutinho,[211] Nina Rodrigues adota uma estratégia argumentativa comum entre autores da época que problematizaram a mestiçagem. Projetando informações demográficas e ideias sobre a modernização da nação, ele evita destacar a dimensão sexual e íntima pressuposta em sua concretização. Quando abordada, ela é tratada a partir do registro da sensualidade das(os) negras(os), especificamente da mulher mestiça:

---

209 RODRIGUES, 1957, p. 133.
210 RODRIGUES, 1957, p. 170-171. A autora optou por manter a grafia original.
211 MOUTINHO, 2004.

A sensualidade do negro pode attingir então ás raias quasi das perversões sexuaes morbidas. A excitação genésica da classica mulata Brazileira não póde deixar de ser considerada um typo anormal. "Nunca se frizou bastante, diz o Sr. José Veríssimo (A educação nacional, Pará, 1890), a depravada influencia deste característico typo brazileiro, a mulata, no amollecimento do nosso caracter. "Esse fermento do aphrodisismo patricio", como lhe chama o Sr. Sylvio Romero, foi um dissolvente da nossa virilidade physica e moral. A poesia popular brazileira no-la mostra, com insistente preoccupação apaixonada, em toda a força dos seus attractivos e da sua influencia. O povo amoroso se não fatiga em celebrar-lhe, numa nota lubrica, os encantos, que elle esmiuça, numa soffreguidão de desejos ardentes. Canta-lhe a volupia, a magia, a luxuria, os feitiços, o faceirice, os dengues, os quindins, como elle diz na sua linguagem piegas, 'desejosa, sensual".[212]

É nestes termos que a representação já então popular da mulata enquanto ser exacerbadamente sensual ganhou em Nina Rodrigues as cores do cientificismo que caracterizam sua obra, inscrita em sua teoria da degeneração da(o) mulata(o).[213] Aqui, a mulata constitui elemento catalisador do "afrodisismo patrício", fazendo com que o homem branco sob sua ação seja submetido a uma volúpia descomunal. Uma volúpia que, na ausência da mulata, presume-se adormecida, embrionária, controlada pela razão, mas que com sua aparição desativa a masculinidade e a moralidade da vítima, interpretação compartilhada por Moutinho.[214] Ao enredar o ariano em sua sensualidade irresistível e fazer proliferar no país grupos raciais inferiores, a mulata seria um elemento-chave da permanência de "esboços da civilização das raças conquistadas ou submetidas" na nação e, portanto, de seu atraso. O grupo racial mulato – cuja ascendência negra é visível –, marcado pelo gênero feminino, é tomado como o polo ativo da corrupção, ao passo que o homem branco – e a própria civilização – representa o polo passivo. É importante enfatizar que estes termos não são estendidos ao homem mulato, que é associado à criminalidade e considerado "[...] violento nas suas impusões sexuais [...]",[215] sem que seja equiparado na qualidade de impulsor da volúpia branca. Tampouco são traçadas quaisquer conexões entre a sexualidade e as mulheres brancas.

---

212 RODRIGUES, 1957, p. 163-164.
213 GIACOMINI, 1992.
214 MOUTINHO, 2004.
215 RODRIGUES, 1957, p. 124.

Em suma, cabe ressaltar os principais registros simbólicos sob os quais a "mulata" é representada. Em primeiro lugar, ela figura como um ser relacionado ao feitiço, ao encanto, ao poder que exerce sobre outrem, como se habitasse a esfera do sobrenatural. Em segundo lugar, a magia que exerce sobre os homens brancos é associada a certa vivacidade como traço de personalidade (faceirice, dengo). Terceiro, ela é associada a imagens de conteúdo sexual (excitação genésica, atrativos, lubricidade, sensualidade, desejo). Complementarmente, a menção dos "quindins" alude, por um lado, ao desempenho de tarefas de cuidado atribuídas às mulheres – cozinhar –[216] e a um repertório do mundo dos sentidos. Finalmente, ela surge sob o registro negativo de corrupção de um projeto de nação – tipo anormal, sua depravada influência, dissolvente da virilidade física e moral. De forma mais abrangente, homens e mulheres portadoras(es) de traços diacríticos lidos como pertencimento a uma herança africana são representadas(os) como membros de civilizações inferiores, potenciais criminosas(os), desajustadas(os) psiquicamente, ainda nos casos em que demonstrem capacidade moral e intelectual.

A crítica da miscigenação encampada por Gobineau e Nina Rodrigues pouco vingou em solo brasileiro, prevalecendo, nas décadas subsequentes, a ideia de que o disciplinamento da miscigenação poderia levar a uma depuração dos atributos brancos, conduzindo a população brasileira ao branqueamento da nação. Vejamos, a seguir, como as representações sociais sobre negras são articuladas no interior de projetos concorrentes ao apresentado por deste autor.

PAULO PRADO

Menos assertivo em suas posições sobre a mestiçagem é o aristocrata Paulo Prado, para quem a mistura de raças no país já era um processo corrente e irreversível, a ser concluído no lapso de cinco ou seis gerações.[217] Seu trabalho mais conhecido, *Retrato do Brasil: Ensaio sobre a tristeza brasileira*, originalmente publicado em 1928, lança-se à investigação dos motivos dos fracassos da nação, que a levam a crescer como uma "[...] criança doente, no lento desenvolvimento de um corpo mal

---

216 "Cuidado", no sentido aqui empregado, alude ao conceito desenvolvido por teóricas e pesquisadoras feministas de diversas disciplinas com a finalidade de evidenciar que tarefas de atenção e cuidado de pessoas, bem como a manutenção de lares e outros ambientes da vida social, constituem trabalhos essenciais para a reprodução biológica e ao bem-estar. Cf. BORDERÍAS *et al.*, 2011.

217 PRADO, 1997.

organizado [...]", um país atrasado.[218] No tracejar da "história das representações mentais dos acontecimentos", sem pretensão de delimitar claramente ideias e conceitos, recorre a um método que ele compara à pintura impressionista e que destoa dos demais autores analisados por se aproximar menos de uma linguagem científica.

Sua genealogia do atraso brasileiro fia-se na ideia de que o colonizador português trouxe consigo para o Novo Mundo uma melancolia decorrente, de um lado, da avidez por riqueza e, de outro, da luxúria – par dinamizador da psicologia do descobrimento. Eclodindo a partir da Renascença europeia e da liberdade individual por ela propiciada, a luxúria dos portugueses e particularmente do tipo europeu que atuou na empreitada colonial – homem avessos à ordem e à civilização europeia, aventureiros e degredados, que não tinham origem superior ou passado limpo – é o motor da ocupação e do povoamento do território descoberto, a ponto de esta atingir um papel estruturante nas relações sociais emergentes. O meio também é um potencializador do excesso sexual: o clima tropical, a natureza selvagem e a ausência de instituições sociais moralizantes acentuam sentimentos latentes e eliminam barreiras à concretização dos desejos.

Outra condição imposta pelo meio, a ausência de mulheres brancas impede que o colonizador europeu encontre em seu par natural a saciedade da exacerbada lascívia. É no corpo da população nativa, então, que os homens brancos vão "esgotar a exuberância da mocidade". Abusando das descrições gráficas, Prado[219] retrata as(os) indígenas como "animais" lascivos, inclinados à sensualidade desenfreada e correspondentes às fantasias e incursões sexuais dos homens brancos. A mulher indígena, afirma, era submissa e admirava os europeus, buscando-os de maneira incessante. Em suma, "[...] era uma simples máquina de gozo e trabalho no agreste do gineceu colonial [...]".[220]

O efeito deste encontro é a corrosão de instituições sociais e morais civilizadas. Inúmeros "vícios", como a sodomia – sexo entre homens –, tribadismo – sexo entre mulheres –, e pedofilia erótica, desestabilizam a religião, uma vez que cooptavam até mesmo representantes religiosos para a vida desregrada. Além disso, seus efeitos perniciosos se faziam sentir na família e no casamento, que eram substituídos por relações de concubinagem e uniões sexuais que prescindiam de afetos ou outros sentimentos mais elevados, baseadas exclusivamente na "animalidade".

---

218 PRADO, 1997, p. 199.

219 PRADO, 1997.

220 PRADO, 1997, p. 89.

A introdução de escravas(os) africanas(os) nesse cenário é um fator agravante da sexualidade infrene do europeu. Em sua interpretação das "representações mentais predominantes", eis a forma como as africanas são retratadas:

> De fato, só o macho contava [na vida na colônia]. A mulher, acessório de valor relativo, era a besta de carga, sem direitos nem proveitos, ou o fator incidental na vida doméstica. Fenômeno androcêntrico, de origem português e indígena, que por tanto tempo perdurou na evolução étnica e social do país. *Não o modificou, antes o acoroçoou a passividade infantil da negra africana, que veio facilitar e desenvolver a superexcitação erótica em que vivia o conquistador e povoador, e que vincou tão fundamente o seu caráter psíquico.*[221]

Em Prado, ao contrário de Nina Rodrigues, o estado de superexcitação erótica é condição do colonizador, e não de africanas e "mulatas". Isso não impede que, novamente, o polo feminino negro figure como catalisador do "afrodisismo patrício", viabilizando e aprofundando a excitação erótica do branco. O autor afirma a "passividade infantil da negra africana" e ressalta que as mulheres deste grupo seriam mais afetuosas e submissas que a indígena, ao mesmo tempo em que vislumbra um papel ativo das mesmas, enquanto sujeitos sociais, na corrupção dos costumes que se alastra pelo corpo social das nações em que a escravidão é praticada. A(O) negra(o) sujeito ao regime escravocrata, e não o branco que o instituíra, aparece em suas formulações como agente deste fenômeno:

> O negro cativo era a base de nosso sistema econômico, agrícola e industrial, e, como que em represália aos horrores da escravidão, perturbou e envenenou a formação da nacionalidade, não tanto pela mescla de seu sangue como pelo relaxamento dos costumes e pela dissolução do caráter, de consequências ainda incalculáveis.
> [...]
> A vida dissoluta do africano e do mestiço invadia a melhor sociedade [da Bahia]. Tudo se fazia nesse abandono desleixado e corrompido que é a praga da escravidão. O traje ordinário das mulheres, no interior das casas, era uma simples saia por cima de uma camisa, em geral da mais transparente musselina, muito ornamentada e bordada. Muito larga no pescoço, ao menor movimento caía de um dos ombros, ou mesmo dos dois, descobrindo sem pudor os seios.[222]

---

221 PRADO, 1997, p. 90. (grifos meus)
222 PRADO, 1997, p. 150-154.

Em outra passagem, temos um exemplo de como a sexualidade emerge enquanto polo irradiador de práticas que moldarão o conjunto das relações sociais, simbolizadas pela família e pela Igreja:

> O mal, porém, roía mais fundo. Os escravos eram terríveis elementos de corrupção no seio das famílias. As negras e mulatas viviam na prática de todos os vícios. Desde crianças [...] começavam a corromper os senhores moços dando-lhes as primeiras lições de libertinagem. Os mulatinhos e crias eram perniciosíssimos. Transformavam as casas, segundo a expressão consagrada e justa, em verdadeiros antros de depravação. Muitos senhores, por mero desleixo, conservavam nas moradias da cidade dezenas e dezenas de mulatos e negros, em completa ociosidade, pelo simples fato de aí terem nascido. Da promiscuidade surgia toda a sorte de abusos e crimes. Senhores amasiavam-se com escravas, desprezando as esposas legítimas, e em proveito da descendência bastarda; outros não casavam, agarrados ao vício de alguma harpia que os sequestrava, ciumenta e degradante, por uma vida toda; eclesiásticos constituíam famílias com negras e mulatas, com inúmeros filhos a quem deixavam em herança as mais belas propriedades da terra.[223]

Esta representação simbólica é a pedra fundamental das interpretações de Paulo Prado sobre a nação. A contribuição dos senhores para a configuração das relações sociais resumia-se ao desleixo, por permitirem a convivência das famílias brancas com negras(os) e mestiças(os). A condição ativa cabe a estas(es). Inicialmente descritas(os) com gênero indeterminado – os escravos, mulatinhos –, as(os) negras(os) são gendrificados ao longo de uma narrativa em que as "negras e mulatas" praticam o vício, dão lições de libertinagem, amasiam-se com senhores casados e padres, tornam-se harpias ciumentas. A afirmação de que os homens eram sequestrados evidencia que o autor acredita que a aproximação resultava em uma alienação da condição ideal de casamento com mulheres brancas, sugerindo pouca ou nenhuma participação de sua vontade nesta decisão. As uniões entre brancos e negras são interpretadas como tendo "[...] origem patogênica provocada sem dúvida pela ausência de sentimentos afetivos de ordem superior [...]",[224] e as relações de parentesco como antíteses da família. As(Os) filhas(os) desta união eram bastardas(os) – os casais mantinham relações de concubinagem, ou seja, de status inferior ao casamento.

---

223 PRADO, 1997, p. 154-155.

224 PRADO, 1997, p. 141.

Enquanto fator social, a introdução das negras no "gineceu do colono" no lugar das indígenas e viabilizada pela luxúria, desleixo social e pela lendária sedução do colono europeu, impediu que se concretizasse no Brasil a segregação racial observada nos Estados Unidos. No que tange ao fator biológico, produziu uma mestiçagem àquele ponto irreversível. Para Skidmore[225] e Norvell,[226] Paulo Prado acredita no embranquecimento da população brasileira, ainda que exista nele certo ceticismo em relação à pureza racial. Da mistura emergem alguns "exemplares notáveis de inteligência, de cultura, de valor moral", aos quais opõe uma população fraca fisicamente e também o mulato, que, ao contrário do branco e do negro "feitos por Deus", é uma criação do Diabo. Não se trata de uma condenação absoluta da miscigenação, uma vez que o autor defende que escaparam ao estado geral de degenerescência algumas populações submetidas a uma mestiçagem adequada, qual seja, a que conduz ao embranquecimento do fenótipo e dos costumes.

Mesmo diferindo de Nina Rodrigues em seu diagnóstico das implicações da presença negra para o projeto de nação, algumas continuidades em relação aos registros simbólicos empregados por aquele autor na representação das negras podem ser notadas. A mais evidente é a associação entre mulheres negras e o sexo, conectando-as a uma espécie de força mágica exercida por elas na atração de homens brancos. Além disso, ao criticar a proximidade entre brancas(os) e negras(os), Paulo Prado remete a contextos de trabalho doméstico, referindo-se à convivência requerida em trabalhos de limpeza da casa grande e do cuidado das famílias brancas por negras(os). Da proximidade ocasionada pelo desempenho do trabalho reprodutivo irradia uma terceira representação, a da corrupção da nação, que tem início na degeneração biológica materializada na(o) mulata(o) e de instituições sociais basilares, como a família, a igreja e a herança. Uma ligeira variação se faz sentir no que toca à caracterização psicológica: em Prado, a mulata "faceira" e "dengosa" dá lugar a negras africanas submissas, afetuosas e passivas.

OLIVEIRA VIANA

O tema da mestiçagem adequada se repete na obra de Francisco José de Oliveira Viana, para quem a mistura de sangue branco ao indígena e ao negro era sinônimo de progresso e civilização. Em *Evolução do Povo Brasileiro* – lançado originalmente em 1923 – encontramos os argumentos

---

225 SKIDMORE, 1998.
226 NORVELL, 2001.

que orientam seu prognóstico de "arianização" do Brasil. As linhas gerais da proposta de Viana desvelam definições pouco precisas dos conceitos centrais de seus escritos, mas, em geral, o autor tende a atrelar "raça" a biologia e etnia a formação de "povos". Um grupo nacional determinado – brasileiro ou francês, por exemplo – seria composto por várias raças, delimitadas por atributos antropológicos únicos,[227] e tenderia a uma estabilização com o passar do tempo. Indivíduos inteligentes, íntegros e equilibrados, isto é, "eugênicos", seriam encontrados em todas as raças, mesmo nas "mais baixamente colocadas na escala da civilização". A superioridade ou inferioridade de determinada raça seria evidenciada na comparação com as demais, ao se avaliar principalmente a proporção de "tipos superiores" que ela produz. Quando raças desiguais em termos de fecundidade de eugênicas(os) compartilham um mesmo meio, as raças inferiores, que geram "as maiorias passivas e abdicatórias", tendem a ser absorvidas ou dominadas pela superior, da qual provêm as oligarquias dirigentes.[228]

Vejamos esta estrutura sociorracial em operação no caso brasileiro, no qual o povo seria resultado do encontro de três matrizes raciais, a branca ou europeia, a vermelha ou indígena e a negra ou africana, sendo as duas últimas exóticas e bárbaras. Cada uma das três raças seria dotada de estrutura antropológica e constituição psicológica própria, aos quais corresponderiam os lugares que ocupavam na estrutura social. As(Os) portuguesas(es), representantes da raça civilizada na colônia, comporiam o grupo étnico mais complexo do solo europeu, considerando os cruzamentos entre "iberos", "árabes", "celtas", "romanos", "gregos", "godos" e "suevos" que lhes deram origem. Como resultado dos cruzamentos, dois tipos distintos teriam surgido: um "dórico-louro", alto, de ímpetos conquistadores, predominante na aristocracia, que Viana sugere ser superior em termos civilizacionais; outro de cabelos escuros, baixo, sedentário e pacífico, maioria entre as classes médias e populares. As(Os) africanas(os) seriam de uma diversidade desconcertante, com as "tribos" apresentando qualidades morfológicas e atributos mentais – temperamento, moralidade, inteligência, atividade – variáveis. Enquanto "iebus", "caçanjes", "haussás" "[...] *têm a fealdade repulsiva* dos tipos negros puros [...]",[229] algumas nações mais belas, com destaque para "mina", "fula", "achanti" e "felanim", exibem traços suaves, formas proporcionais, cor mais clara e cabelos menos crespos, presumivelmente mais próximos de padrões

---

227 HOFBAUER, 2006.

228 VIANA, 1956, p. 153.

229 VIANA, 1956, p. 138. (grifo meu)

considerados brancos. De qualquer maneira, nenhuma pressão social ou cultural seria suficiente para que as(os) negras(os) puras(os) assimilassem a cultura ariana, mesmo que alguns indivíduos negros fossem capazes de imitar hábitos e costumes de brancas(os).

Os produtos da mestiçagem nada mais seriam do que uma mescla dos traços característicos de cada raça, podendo revelar combinações harmônicas ou desarmônicas, a depender das características mais dominantes das matrizes que lhe deram origem. Mestiças(os) superiores podem surgir de um cruzamento bem-sucedido entre um tipo negro superior com um branco "bem dotado de eugenismo", normalmente do cruzamento de brancos com negras "fulas" ou "felanins" – "mais próximas do tipo branco" –, caso a influência do branco prepondere. Esta não é, todavia, a regra: as combinações felizes seriam incomuns e, em geral, o encontro genético das raças resultaria em um tipo abaixo do tipo superior envolvido no cruzamento.

No que tange a classe social, as posições esquadrinhadas na obra seguem o que ele afirma ser "a especialização funcional na economia da sociedade colonial" de cada grupo racial. Os agentes desta seleção são os brancos, "[...] que sabem distinguir essas aptidões e orientar a distribuição e a fixação das duas raças inferiores no sentido de seu melhor aproveitamento [...]", obedecendo aos atributos mentais e morfológicos.[230] O tipo português louro, dada sua natureza ativa e desbravadora, é majoritário entre os colonizadores e ocupa um papel de destaque no seio da aristocracia rural brasileira. Mesmo aquelas(es) brancas(os) que se encontram entre as camadas mais pobres do campo não desempenham trabalho braçal, "[...] porque o trabalho enxadeiro é deprimente para o branco."[231] Negras(os) são os principais *instrumento* do trabalho agrícola, hábeis no manejo de ferramentas, e, nas cidades, exercem trabalhos mais rudes e braçais, que requerem pouca inteligência. As(Os) mulatas(os) superiores, por sua vez, são mais inteligentes, destras(os), vivazes e ladinas(os) do que as(os) negras(os) puras(os), o que as(os) qualifica para ofícios manuais que requerem habilidade, como a marcenaria, a alfaiataria e a sapataria.

A bifurcação do grupo negro segundo o gênero aparece no contexto da problematização da especialização profissional, com homens e mulheres alocadas(os) ao longo de eixos norteadores definidos pelos trabalhos subalternos atribuídos ao sexo feminino e ao sexo masculino. "Minas",

---

230 VIANA, 1956, p. 149.

231 VIANA, 1956, p. 152.

"fulas", "angolas" e "iorubas" do sexo masculino estariam inclinados às profissões de pedreiro, ferreiro, carpinteiro. No que tange às mulheres:

> Nos serviços domésticos, as negras "minas", dóceis, afetuosas e possuindo uma inata habilidade culinária, são preferidas como mucamas e cozinheiras. Elas e as de raça fula, porque são mais belas, elevam-se mesmo, às vezes, à condição de "donas de casa" ou "caseiras" [...] [232]

Temos aqui uma definição de "especialização funcional" que entrelaça as categorias raça, classe e gênero. Porque negras, essas mulheres são associadas ao trabalho manual, que para a(o) branca(o) é deprimente. Porque mulheres, o trabalho manual a elas atribuído é doméstico, ou, para usar o vernáculo feminista, o cuidado, a ser desempenhado com doçura e afeto. Porque exibem sinais de distanciamento da(o) negra(o) pura(o) – lembrando que "fulas" e "minas" são consideradas mais próximas do tipo branco –, são tidas como as mais belas, as mais dóceis, as mais afetuosas. A beleza, não correspondendo diretamente às funções de limpeza e cuidado de que são encarregadas mucamas e cozinheiras, revela-se um atributo requerido para atingir a condição de dona de casa ou de "negra caseira", posição que parece guardar relativo prestígio nos critérios estabelecidos pelo autor, uma vez que não cabia às mais escuras, de cabelo crespo, de intelecto limitado, mais brutas, mais próximas dos grupos negros por ele mais desvalorizados. A razão de a beleza constar entre os critérios para seleção de negras domésticas não é explicada.

Em outra passagem, a associação entre a preferência por atributos exibidos por fulas e minas e o desejo sexual de homens brancos, que somente pode ser inferida no trecho anterior, é assim explicitada:

> Tendo de cruzar-se com raças bárbaras, que absolutamente não primam pela beleza, os brancos procuram os exemplares menos repulsivos e que mais se aproximam do seu tipo físico. [...]. Em relação ao tipo negro, por exemplo, já vimos que os colonos brancos têm particular atração pelas negras de raça "mina", porque estas, como as "fulas", as "felanins", as "achantis", estão entre as mais bem dotadas no ponto de vista da beleza plástica: a cor não tem o negro retinto de certas tribos, mas um matiz agradável, tirado mais para o azeitona ou o bronze; os traços da fisionomia são harmoniosos e puros. Por outro lado, quando eles têm que escolher entre a negra e a mulata, escolhe esta última, porque está mais próxima do seu tipo [...] [233]

---

232 VIANA, 1956, p. 150.

233 VIANA, 1956, p. 187.

Viana argumenta que o impulso descrito equivale a um mecanismo de "seleção sexual" do homem branco, cuja predileção por "mulatas" e "caboclas" "[...] tem uma função superior na evolução da nossa raça, porque opera como um agente incomparável de aceleração no processo de clarificação do nosso tipo nacional."[234] Ele promove a substituição gradual das características das "duas raças feias" que se cruzam com o ariano, culminando na criação do "tipo antropológico brasileiro", que surgirá depois de um longo processo de seleção étnica e natural e consolidará a tendência à arianização – o aumento do coeficiente da raça branca – progressiva da população. A seleção sexual seria uma das faces da obra de civilização e construção que realizam as classes dirigentes brancas, na qual negras(os) e indígenas figuram como a "[...] massa passiva e improgressiva, sobre que trabalha, nem sempre com êxito feliz, a ação modeladora do homem de raça branca."[235] Nesse plano, a "especialização funcional" de africanas e brasileiras negras de pele clara comporta, juntamente com a dimensão profissional que também se faz presente para outros grupos, uma dimensão sexual e reprodutiva, qual seja, a de receptáculo das incursões sexuais de homens brancos, gerando a nova população brasileira embranquecida e, posteriormente, branca.

Na comparação com Nina Rodrigues e Paulo Prado observa-se uma importante inflexão no lugar ocupado pela mulata na ordem nacional. Deixando de ser o gatilho da volúpia do homem branco ou de agravá-la, no que representava uma ameaça à nação, a mulher miscigenada é convertida no instrumento passivo da melhoria racial. O par capaz de promover a depuração e o eugenismo, assinala Moutinho,[236] é o homem branco e a mulher miscigenada, ao que se pode acrescentar que ela é entendida como elemento integrante da massa passiva, improgressiva e hierarquicamente inferior sobre a qual trabalha o homem branco. É nessa condição que ela deixa de representar um empecilho ao progresso.

No pensamento de Oliveira Viana, as representações negativas sobre as africanas e suas descendentes brasileiras diluem-se de acordo com a proporção de atributos associados às(aos) brancas(os) que elas exibem. A passividade, a incapacidade de progredir e a fealdade são representações comuns atribuídas a "negras e "mulatas" – ou outros grupos de tez mais escura –, menos acentuadas nestas – "menos repulsivas" – do que naquelas. As "negras" aparecem sob registros que não foram ex-

---

234 VIANA, 1956, p. 187.

235 VIANA, 1956, p. 158.

236 MOUTINHO, 2004.

plicitamente empregados nas obras examinadas dos autores anteriormente considerados: a falta de inteligência e o trabalho braçal pesado. Obedecendo à gradação de cor, africanas e afrodescendentes mais claras figuram como vivazes e ladinas, aptas a atividades manuais elaboradas e aos serviços domésticos, inferiores, contudo, às(aos) brancas(os). Os repertórios concernentes, de um lado, ao sexo e, de outro, à doçura e ao afeto, observados nos autores revisitados anteriormente, voltam a surgir, com aplicação restrita às mulheres miscigenadas. Finalmente, um quarto registro simbólico que se faz notar, também com maior ênfase do que em Nina Rodrigues e Paulo Prado, diz respeito ao universo semântico do trabalho de cuidado, entendido como atividade de reprodução social e biológica. Neste ponto, gostaria de notar que as funções de trabalho doméstico emergem entrelaçadas à reprodução biológica, que têm como função social dar vida a uma população branca, bem como à satisfação do desejo sexual do "agente incomparável de aceleração no processo de clarificação do nosso tipo nacional", o homem branco.

O LUSOTROPICALISMO DE GILBERTO FREYRE

Casa Grande & Senzala: formação da família brasileira sob o regime da economia patriarcal, obra de Gilberto Freyre introduzida em 1933, diferencia-se das obras até aqui mencionadas por veicular uma imagem otimista da nação brasileira, na qual as relações inter-raciais são vistas como elemento de uma formação nacional única, e não como um obstáculo a seu desenvolvimento. Com seu clássico livro, Freyre almejou consagrar-se como autor do primeiro trabalho sistemático de cunho sociológico a romper com o racismo científico que até então dava a tônica da produção erudita sobre a mestiçagem e a nação, recuperando, para tanto, o que seriam atributos positivos introduzidos por negras(os) na formação do país.[237] A inspiração para a empreitada, enfatiza o autor, teria sido encontrada no trabalho de Franz Boas, de quem Freyre foi aluno e de quem teria herdado a noção de que a constituição genética do indivíduo deve ser diferenciada de fatores sociais, culturais e do meio. Com isso, ele acreditava ecoar o trabalho de seu mestre, que defendia uma separação fundamental entre raça e cultura.

A precariedade com que Freyre aplica os conceitos de Boas em sua obra tem sido problematizada por suas/seus comentadoras(es). Hofbauer,[238] por exemplo, aponta o emprego frequente dos conceitos de "raças chamadas

---

237 ARAÚJO, 1994.

238 HOFBAUER, 2006.

inferiores", "raças chamadas superiores" e "raças atrasadas" em seus escritos e identifica uma passagem em *Sobrados e Mocambos*[239] em que raça é definida como fonte de predisposições naturais que condicionam as especializações de cultura humana, sem as determinar de modo sistemático e uniforme. Teorizações que se afastam da proposição boasiana de que a constituição biológica não guarda qualquer relação com a cultura e de que não existem evidências científicas que embasem a crença nas diferenças entre as raças. Veremos mais adiante como essas teorizações modulam as representações das negras cristalizadas em seu trabalho.

"O português", "o indígena" e "o negro" são os três personagens enredados na criação da nação, descritos enquanto grupos que aportam características elementares do povo brasileiro, o qual é produzido pela mestiçagem dos três grupos.[240] Para Araújo,[241] a concepção da mestiçagem envolve a compreensão de um processo que não leva a uma síntese, não dissolve as matrizes originais, preservando, nos seres mestiços, traços distintivos das raças que lhes deram origem. Como observa Moutinho[242] ao aprofundar o debate, nesta concepção também está implícita a ideia de que as raças se organizam hierarquicamente e, portanto, a "mistura", correspondendo ao encontro entre o superior e o inferior, nunca será uma fusão de elementos equitativos e equidistantes. Daí que o português e, mais tarde, o senhor branco, emerja como protagonista da nação bem-sucedida imaginada por Freyre, um protagonismo cultural, econômico e social que se faz sentir também no campo da sexualidade e da procriação.

Casa Grande & Senzala parte da tese de que as relações entre brancas(os) e as "raças de cor" no Brasil foram condicionadas, em primeiro lugar, pela instituição da monocultura latifundiária escravagista como sistema de produção econômica e, em segundo lugar, pela escassez de mulheres brancas entre os conquistadores. A escravidão é vista como uma instituição repugnante e, no entanto, necessária para a concretização da colonização tropical. É creditada ao "grande senso colonizador do português" a percepção de que meios e circunstâncias exigem escravas(os), ou melhor,

---

239 FREYRE, 1985.

240 Uma descrição nuançada das qualificações de cada um destes grupos raciais segundo o gênero pode ser encontrada em Moutinho (2004) e Bocayuva (2001). Aqui, irei me ater à caracterização das mulheres negras.

241 ARAÚJO, 1994.

242 MOUTINHO, 2004.

"[...] o operário africano disciplinado na sua energia intermitente pelos rigores da escravidão", uma vez que indígenas se revelaram "incapazes e molengos.".[243]

A nação é gerada pelo impulso do português, homem branco híbrido e aventureiro. Hiperativo e insaciável a ponto de converter-se no senhor branco cujo "[...] corpo quase se tornou exclusivamente o *membrum virile* [...]",[244] é na esfera da sexualidade que ele extrapola a linguagem bélica no contato com outros povos, movido, no mais, pelo interesse de multiplicar a população e aumentar o número de braços disponíveis à empreitada colonial. Sua "plasticidade social" seria atestada pelo fato de sempre ter "[...] pendido para o contato voluptuoso por mulher exótica",[245] independentemente da presença ou da escassez de mulheres brancas. O corpo das mulheres não brancas é o espaço em que se manifestam conjuntamente os efeitos da conjuntura colonial, viabilizando a realização dos atributos do colonizador por meio do contato sexual. Isso porque é por meio da relação sexual entre brancos e negras que se vislumbra uma aproximação entre senhoras(es) e escravas(os), vencedoras(es) e vencidas(os):

> A miscigenação que largamente se praticou aqui corrigiu a distância social que de outro modo se teria conservado enorme entre a casa-grande e a mata tropical, entre a casa-grande a senzala.
> [...]
> A índia e a negra-mina a princípio, depois a mulata, a cabrocha, a quadradona, a oitavona, tornando-se caseiras, concubinas e até esposas legítimas dos senhores brancos, agiram poderosamente no sentido de democratização social no Brasil.[246]

Quando comparado aos autores analisados anteriormente, constata-se a pluralidade dos papéis atribuídos às mulheres negras e dos contextos de interação entre elas e os homens brancos. Como em Prado, a participação de escravas(os) na vida familiar da casa grande é destacada, mas em sentido um pouco diverso. A convivência intensa entre as crianças brancas, as(os) adultas(os) brancas(os), na condição de agentes civilizatórios, e as negras, na condição de escravas e subordinadas, teria incrus-

---

243 FREYRE, 2003, p. 322.
244 FREYRE, 2003, p. 518.
245 FREYRE, 2003, p. 265.
246 FREYRE, 2003, p. 33.

tado elementos "negros" no seio da sociedade fundada por portugueses nos trópicos, modificando, desta forma, a matriz europeia na qual ela se funda. Este molde interativo, sintetizado na expressão "equilíbrio de antagonismos" de que se vale a obra, é delineado já na narrativa sobre o translado forçado de africanas(os) para as Américas.

Predominariam, no Brasil, africanas(os) de características antropomórficas e cor da pele que acusariam a presença de sangue "hamítico", "árabe", "berbere" e "tuaregue", o que as(os) afastava das(os) "negros considerados puros". Ecoando Oliveira Viana, o autor afirma que "fulas(os)", ou "negros de raça branca" e outros povos da África oriental têm "Cabelo mais suave. Nariz mais afilado. Traços mais próximos dos europeus. Mais doces ou 'domesticados' como se diria em linguagem antropológica."[247] São negras(os) de "relativa beleza", diversas(os) das "tribos caracterizadas por sua fealdade." Enquanto nas colônias inglesas a importação de escravas(os) teria obedecido ao interesse da lavoura – "[...] O [negro] de energia bruta, animal, preferindo-se, portanto, o negro resistente, forte e barato."– ,[248] o colonizador português teria buscado capturar africanas(os) com conhecimento de técnicas de produção, assim como "mulheres" para os brancos. Além da "lama de gente preta" que trabalhava no campo, teriam sido traficadas(os) também: "[...] donas de casa" para colonos sem mulher branca; técnicos para as minas; artífices em ferro; negros entendidos na criação de gado e na indústria pastoril; comerciantes de panos e sabão [...]"[249] A proximidade com o grupo branco teria sido facilitada pelo fato das(os) negras(os) brasileiras(os) provirem de "estoques superiores", nos quais os atributos "mais característicos negros" encontrar-se-iam dissolvidos ou ao menos suavizados pela miscigenação prévia com brancas(os).

Afastando-se da associação entre mistura racial e degeneração, Freyre diverge de seus antecessores e contemporâneos. Ao mesmo tempo, a influência boasiana não é suficiente para eliminar as associações entre raça, cultura e biologia. De fato, o autor transita entre argumentos materialistas e argumentos racialistas. O materialismo é acionado quando, por exemplo, ele afirma que foi a escrava, e não a negra, que corrompeu a vida sexual da sociedade brasileira, defendendo que a depravação sexual é uma característica intrínseca ao sistema escravista, que motiva os senhores as multiplicar sua propriedade por meio da procriação das escravas.

---

247 FREYRE, 2003, p. 387.
248 FREYRE, 2003, p. 388.
249 FREYRE, 2003, p. 391.

Por enxergar a relação entre negras e brancos neste registro, as mulheres negras que travam relações de afeto ou sexuais com brancos são frequentemente chamadas de "caseiras" ou "concubinas". Todavia, ecoando Nina Rodrigues ao abordar o papel da biologia na propensão ao sexo, Freyre sugere uma inferioridade fisiológica das(os) africanas(os), especialmente dos homens, que teriam órgãos sexuais atrofiados e que buscariam artifícios como cultos fálicos, danças afrodisíacas e orgias para contornar a dificuldade de excitação, deslizando, assim, do paradigma materialista para uma concepção em que a raça e a cultura são determinadas geneticamente. No mais, a retomada da ciência do século XIX, segundo a qual as(aos) africanas(os) eram geneticamente inferiores e mais próximas(os) dos animais, fundamenta a ideia de que as negras teriam maior potencial para a amamentação do que as frágeis sinhás brancas.[250]

Coerentemente, a mobilidade social vislumbrada é circunscrita a espaços predeterminados por construções meta-teóricas raciais e de gênero que permeiam suas elaborações, mesmo que, por vezes, tais espaços pareçam amplos. Das finalidades do tráfico negreiro decorrem os inúmeros papéis que as negras ocupam na obra de Freyre. *Cozinheiras*, as negras e os "negros amaricados" introduziram ingredientes como o azeite de dendê, o quiabo e a pimenta, modificaram temperos e técnicas de preparação da comida portuguesa, disseminaram hábitos de higiene nas sujas cozinhas das casas grandes. Exercendo a profissão de quituteiras, as negras forras emergem no cenário urbano, no qual armavam seu tabuleiro e vendiam doces por elas preparados.

Mães pretas, seu estatuto superior era assegurado pela ação seletiva do tráfico negreiro, pela seleção funcional promovida pelos senhores e pelas relações afetivas travadas com brancas(os). Para o cuidado das crianças da casa grande eram escolhidas "as melhores da senzala", caracterizadas como "[...] as mais limpas, mais bonitas, mais fortes. [...] as menos boçais e as mais ladinas [...],"[251] cristianizadas, mais abrasileiradas e menos "renitentes no seu africanismo". A capacidade de servir e agradar à criança e à família branca é o critério utilizado para sustentar a afirmação da superioridade: são delicadas e afetuosas com as crianças – ninam, cozinham, dão banho morno –, mas também desempenham trabalhos que requerem disposição física e força – amamentam, limpam e cuidam da roupa. São agradáveis aos olhos e aos ouvidos brancos – são bonitas, contam histórias –, não destoam de seus padrões culturais por serem cristianizadas e

---

250 BOCAYUVA, 2001.

251 FREYRE, 2003, p. 436.

ocultarem práticas e tradições herdadas de suas/seus ancestrais. Entre elas e os "nhonhôs" forjam-se sentimentos *quase de mães e filhos*. Na medida em que correspondessem a este estereótipo servil, sua recompensa viria na velhice, quando se consolidaria seu lugar de honra na família patriarcal. Na narrativa freyriana, eram alforriadas e tratadas quase como senhoras brancas: "[...] os meninos tomavam-lhe a benção; os escravos tratavam-nas de senhoras; os boleeiros andavam com elas de carro."[252] Exibiam altivez típica de senhoras bem-nascidas, o oposto simétrico das escravas.

Mas as mulheres escravizadas que desempenhavam atribuições domésticas aparecem também como *vítimas*: elas figuram alvo de atrocidades, especialmente daquelas cometidas por mulheres brancas, que mandavam arrancar olhos, cortar seios, arrancar unhas, queimar faces, vender crianças a velhos libertinos, quebravam dentes. "O motivo", explica Freyre, "[...] quase sempre o ciúme do marido. O rancor sexual. A rivalidade de mulher com mulher."[253] Giacomini[254] notou que a conversão de ciúmes em violência era possibilitada pela condição assimétrica de classe que separava senhoras e escravas, cabendo a estas o papel de administradoras de escravas(os) domésticos e àquelas a condição de "coisa-mulher" numa sociedade escravocrata e patriarcal. Ressalta-se, ainda, a exclusão da figura do homem branco como perpetrador na construção da violência física como um fenômeno que seria supostamente motivado por ciúmes e rivalidade feminina.

Parceiras e objetos sexuais, inicialmente suprem a necessidade do homem branco por mulheres, escassas no contexto da colonização, além de atenderem ao gosto dos lúbricos portugueses por mulheres não brancas. Estas são relações que Freyre acredita serem de "pura animalidade". Posteriormente, com a instituição das casas grandes, as negras são elementos de configuração de ambiente voluptuoso nas casas grandes, "[...] cheias de crias, negrinhas, molecas, mucamas."[255] Sua presença desperta em jovens, adultos e idosos brancos o desejo sexual, algo que não é incitado pela presença das brancas, a quem não são dedicadas menções neste sentido.[256] De fato, o autor fala em um quadro de *prostituição das negras*.

---

252 FREYRE, 2003, p. 435.

253 FREYRE, 2003, p. 421.

254 GIACOMINI, 1988.

255 FREYRE, 2003, p. 401.

256 Em *Sobrados e Mocambos*, Freyre afirma: "[...] o bom senso popular e a sabedoria folclórica continuam a acreditar na mulata diabólica, superexcitada

Sua manifestação na esfera doméstica é referida no marco da iniciação sexual dos senhores, tendo em vista o notável "pendor pelas mulheres de cor" que atribui aos colonizadores. Digna de nota também é a alusão indireta à iniciação sexual das sinhazinhas, que introduzem nos mistérios do amor, conhecendo-lhes o corpo e a alma, como também notou Bocayuva.[257] A vertente comercial da prostituição seria promovida por "brancas desclassificadas", que não eram "senhoras de família".

A "mulata", mulher miscigenada, é a grande protagonista do enredo erótico da formação nacional. Como afirma Giacomini:[258]

> Embora reafirmando sua tese de que a razão social se sobrepões à razão racial, não exclui esta última. Seja como for, e isto não é objeto de dúvida, Freyre, fazendo coro ao "bom senso popular", reconhece na disponibilidade sexual ativa da mulata fator mais relevante do que os interesses econômicos do senhor, o ambiente moral, a miscibilidade lusitana e a carência de mulheres brancas. Importante insistir neste último ponto: às promessas de gozo acenadas pela mulata, e não à carência de brancas, dever-se-ia atribuir a escolha do homem branco. É a mulata que seduz, captura e enfeitiça o branco, e não este que seleciona aquela.

Quando o argumento racialista surge, grupos raciais branco, negro e indígena são delimitados e inseridos em uma ordem hierarquizada na qual a branquitude e ascendência europeia são sinônimos de superioridade biológica, cultural e social. Esta característica estabelece as condições em que as mulheres negras são inseridas no projeto de nação que Freyre vislumbra. Primeiramente, estão marginalizadas – excluídas do tráfico negreiro, confinadas ao trabalho no campo e ao contato esporádico com brancas(os) – neste projeto aquelas negras que não provenham de grupos populacionais já miscigenados com brancas(os) e aquelas que manifestem o que o autor acredita ser a cultura africana primitiva. Em segundo lugar, os termos em que Freyre valoriza a contribuição das negras ao projeto de nação podem ser contemplados nas seguintes imagens:

> Na ternura, na mímica excessiva, no catolicismo em que se deliciam nossos sentidos, na música, no andar, na fala, no canto de ninar menino por natureza; e não pelas circunstâncias sociais que quase sempre a rodeiam, estimulando-as às aventuras do amor físico como a nenhuma mulher de raça pura [...]. Por essa superexcitação, verdadeira ou não, de sexo, a mulata é procurada pelos que desejam colher do amor físico os extremos de gozo, e não apenas o comum." Cf.: FREYRE, 1985, p. 601-602.

257 BOCAYUVA, 2001.
258 GIACOMINI, 1992, p. 25-26.

pequeno, em tudo que é expressão sincera de vida, trazemos quase todos a marca da influência negra. Da escrava ou sinhama que nos emalou. Que nos deu de mamar. Que nos deu de comer, ela própria amolengando na mão o bolo de comida. Da negra velha que nos contou as primeiras histórias de bicho e de mal-assombrado. Da mulata que nos tirou o primeiro bicho-de-pé de uma coceira tão boa. Da que nos iniciou no amor físico e nos transmitiu, ao ranger da cama-de-vento, a primeira sensação completa de homem.[259]

No quadro pintado por Freyre, as negras inserem-se no projeto de nação a partir de uma *função cuidadora*, que cristaliza lugares hierarquizados entre as agentes cuidadoras e os objetos do cuidado. O sujeito ativo na narrativa do projeto de nação defendido pelo autor é o homem branco,[260] cujo banquete dos sentidos é simbolizado pelo repertório sinestésico que inclui o deleite do olhar, do paladar, dos ouvidos, do tato, culminando no prazer sexual. As negras domésticas constituem repositórios da "cultura negra", dos quais os brancos, ao escolherem as escravas domésticas, selecionariam quais seriam os elementos "exóticos" aportados na satisfação de suas necessidades de trabalho produtivo e de cuidado. Tal função de reprodução biológica e social é, no mais, peça fundamental do famoso argumento de Freyre de que a excepcionalidade brasileira residiria na "[...] liberdade do encontro, [n]a intercomunicação e até [n]a fusão harmoniosa de tradições diversas, ou antes, antagônicas [...]" e no fato de que o regime escravista brasileiro, por permitir a mobilidade vertical, seria democrático, flexível e plástico.[261]

Centro privilegiado de produção e reprodução da família branca, a casa grande é vista como ambiente de encontros, comunicação e fusão de tradições ao integrar as mulheres negras por via do desempenho de trabalhos de cuidado, que implicam em proximidade física e interação, entendida como transmissão de conteúdos culturalmente marcados. Esta mesma configuração engendraria o que o autor acredita ser um equilíbrio entre antagônicos no qual convivem sádicas(os) e masoquistas, senhoras(es) e escravas(os), doutores e analfabetas(os), indivíduos de cultura predominantemente europeia e outros de cultura africana e ameríndia, ciência europeia e emotividade primitiva. Logo, o desempenho do trabalho de reprodução social pelas negras é explorado a partir das ambiguidades

---

259 FREYRE, 2003, p. 367.

260 A apresentação do homem branco enquanto sujeito ativo nas narrativas do pensamento social brasileiro já havia sido notada por Norvell (2001).

261 FREYRE, 2003, p. 115.

sociológicas e emocionais que a proximidade física que ele pressupõe propicia, permanecendo menos ambíguos, contudo, seu lugar econômico, sexual e intelectual subordinado em uma ordem social hierarquizada.

A ABORDAGEM SOCIOLÓGICA DE FLORESTAN FERNANDES

A institucionalização da sociologia no Brasil alterou o curso das tradições interpretativas das relações sociais predominantes até os anos 1940. Àquela altura, o ensaísmo e o ecletismo que marcavam o pensamento sociológico brasileiro passaram a disputar espaço com pesquisas sistemáticas e reivindicações de rigor acadêmico. Florestan Fernandes foi uma/um da(os) autora(es) que promoveu a ciência como um valor, ocupando-se de discussões teórico-metodológicas e ético-políticas.[262] Seu livro *A integração do negro na sociedade de classes*[263] foi primeiramente apresentado como tese de titularidade à cátedra de Sociologia I da Universidade de São Paulo, contendo exposição sistemática das ideias pelas quais Fernandes tornou-se conhecido. Adepto da metodologia que atualmente se intitula histórico-estrutural, o autor propõe uma explicação sobre relações contemporâneas na sociedade brasileira fundamentada na investigação de padrões da relação senhora/escrava/senhor-escravo, sua integração ao modo de produção e interações entre a ordem econômica e ordem social.

Seu foco recai sobre a "[...] formação, consolidação e expansão do regime de classes sociais no Brasil do ângulo das relações raciais e, em particular, da absorção do negro e do mulato."[264] Alinhado com o estruturalismo, defende que o desenvolvimento de padrões de comportamentos e estilos de vida adequados à civilização urbana e industrial dependia da integração à sociedade de classes que se constituía. A unidade de observação escolhida para a investigação da transição do sistema servil para o sistema competitivo é a São Paulo do fim do século XIX e início do século XX, uma vez que esta seria a região do país mais desenvolvida em termos de elaboração socioeconômica do regime de classes.

Fernandes[265] defende a tese de que o desmantelamento do regime escravocrata esteve marcado pela ausência de assistência e de garantias que preparassem as(os) ex-escravas(os) na transição para a vida e o trabalho

---

262 ORTIZ, 1990; CARDOSO, 1996.

263 FERNANDES, 1964.

264 FERNANDES, 2008, p. 22.

265 FERNANDES, 2008.

na sociedade de classes. Sem que antigas(os) senhoras(es) prestassem qualquer apoio material ou moral às/aos libertas(os), e na ausência de iniciativas do estado, da Igreja Católica ou de qualquer outra instituição neste sentido, esta massa populacional não pode se preparar para o novo regime de organização da vida e do trabalho, tendo sua participação econômica, social e cultural na civilização urbana e industrial inviabilizada. Ao adentrarem a nova economia competitiva, as(os) negras(os) apresentariam disposições socioculturais e psicossociais que as(os) tornariam "um agente econômico deformado". A natureza da relação de negras(os) e mulatas(os) com o trabalho livre teria sido contaminada por interpretações herdadas do período pré-Abolição, manifestadas em posturas de resistência a aspectos que se assemelhassem à opressão pregressa. O rendimento do trabalho, as cláusulas do contrato e o nível da remuneração adquiririam um caráter secundário, sobrepujados pela preservação da liberdade de decidir como, quando e onde trabalhar. Tal comportamento, ao mesmo tempo em que constituiria uma tentativa de exercer a liberdade recém-conquistada, introduzia elementos de ordem moral na relação de trabalho, mostrando-se pouco adequado às relações da sociedade de classe em formação. Nesse sentido, o grupo se nortearia por uma postura pré-capitalista. O contraste com as(os) imigrantes europeias/europeus complementa a descrição:

> O imigrante repelia as condições de vida que não fossem "decentes", sujeitando os patrões deformados pelo regime servil a se enquadrar nas bases morais do regime do trabalho livre; mas cumpria à risca as obrigações decorrentes do contrato de trabalho, estimulado ainda mais pelo aguilhão de converter sua força de trabalho em fonte de poupança. O negro e o mulato pretendiam as mesmas condições de vida e tratamento concedidos aos imigrantes, porém se obstinavam em repudiar certas tarefas ou, o que era mais grave, o modo de dispor de seu tempo e energias.[266]

As(os) imigrantes são retratadas(os) como agentes modernizadores das relações de trabalho, atuantes na renovação do capitalismo. Ao transportarem da Europa técnicas e atividades inovadoras, bem como novas atitudes diante do trabalho, teriam forçado empregadoras(es) a superar os moldes pré-capitalistas e patrimonialistas com os quais estavam habituadas(os), difundindo, portanto, o trabalho assalariado. No mais, teriam impulsionado a acumulação capitalista com base na poupança e

---

266 FERNANDES, 2008, p. 46.

criado novos focos do capitalismo no campo e na cidade.[267] As atitudes contrastantes de negras(os) e imigrantes explicariam, em grande parte, a inserção desigual dos dois grupos na sociedade de classes, incluindo a maior facilidade com que o grupo branco experimentou a ascensão social.

A alegada inclinação da(o) imigrante a se adequar ao novo regime não seria calcada na superioridade moral e intelectual das(os) brancas(os) e europeias/europeus, defendida pelos os autores examinados anteriormente. Respondendo a "interpretações malévolas" de que africanas(os) e afrodescendentes seriam pouco afeitas(os) ao trabalho, Florestan Fernandes[268] argumenta que a escravidão atingiu "[...] o seu antigo agente de trabalho no próprio âmago de sua capacidade de se ajustar à ordem social associada ao trabalho livre [...]", uma vez que espoliou as(os) negras(os) não apenas material e moralmente, como também as(os) privou "[...] de meios para se afirmarem como uma categoria social à parte ou para se integrarem, rapidamente, às categorias sociais abertas à sua participação [...]".[269] Dessa forma, se sua atitude diante do trabalho assalariado era incoerente com o momento histórico, era porque não podiam proceder de outro modo. Eram movidas(os) por uma lógica própria, reativa à "sociedade de castas", que manifestava uma "revolta diante da degradação e da suprema humilhação decorrentes da escravidão", mas que se mostrou contraproducente e mesmo "irracional" – ou seja, em contradição com a ordem social competitiva, no que tange ao desenvolvimento de um proletariado negro.

As opções ideológicas, metodológicas e teóricas que balizam o trabalho de Florestan Fernandes fornecem aos estudos das relações raciais uma nova ótica para a caracterização da população negra e do exame de sua inserção social. Ao recuperar o que ele considerava ser "o ponto de vista crítico oferecido pelas condições de vida e trabalho dos oprimidos da cidade e do campo", Fernandes inaugurou um estilo de pensamento na sociologia brasileira, um estilo crítico que abrange teoria e história,[270] além de integrar o conjunto de estudos promovidos pelo Projeto Unesco que alçaram o estudo das relações raciais a um novo patamar de pesquisa e produção de dados empíricos. Seu trabalho produziu um ponto de inflexão nas interpretações sobre as relações raciais e também da condição social de

---

267 FERNANDES, 2008, p. 71.
268 FERNANDES, 2008, p. 46.
269 FERNANDES, 2008, p. 74.
270 FIANNI, 1996.

negras(os). Se, para Nina Rodrigues e Paulo Prado a inferioridade moral e intelectual das(os) negras(os) resultaria de disposições *naturais* e, para Gilberto Freyre, derivaria da combinação de disposições *biológicas e culturais*, em Fernandes elas são desencadeadas pela participação desigual em *padrões históricos de relações de produção*. Eliminou-se qualquer referência a atributos biológicos e naturais, pretensamente imutáveis e causados por fatores extra-humanos, e as diferenças passaram a ser entendidas como fruto de ações humanas e configurações histórico-sociais, de relações de opressão e de exploração, maleáveis no longo prazo.

O novo estilo de pensamento sociológico de Fernandes rompeu com as interpretações anteriores sobre as *causas* da subordinação das(os) negras(os) e com a prévia maneira de compreender os seus *efeitos*, contrapondo-se à abordagem celebratória da nação miscigenada. A configuração teórica que embasa a introdução de representações sociais hegemônicas de negras(os) nos escritos do autor está em sintonia, em grande medida, com influência de referenciais funcionalistas e estruturalistas das ciências sociais em sua obra, e muitas das representações por ele acionadas encontram correspondência nessas correntes. Ao absorver argumentos e construtos, ele replicou alguns dos termos utilizados por autores examinados anteriormente, especialmente aqueles relacionados à sexualidade desregrada, à inadequação para o trabalho regular, à inabilidade intelectual e a certa inépcia afetiva, designada pelo termo "egoísmo". A estas representações de cunho psicológico, soma-se, ainda, a ideia de que o grupo não exerceria qualquer tipo de protagonismo na condução de processos sócio-históricos.

Uma de suas influências funcionalistas, o sociólogo francês Émile Durkheim[271] considerou que o indivíduo é governado por uma consciência superior que o transcende, da qual depende a ordem social. A ocorrência de crises ou mudanças abruptas, ainda que positivas, transforma as relações estabelecidas entre diferentes partes da sociedade e elimina as regras tradicionais, gerando um vácuo temporário de ideias que orientem o julgamento de pessoas e coisas. Com isso, a influência do poder regulador da sociedade passa por um período de suspensão, no qual se observa o crescimento das paixões imoderadas, o desequilíbrio das aspirações individuais que não conhecem limites, as ambições ganham proporções incondizentes com os recursos disponíveis, um "desejo mórbido pelo infinito". Este estado é chamado por Durkheim de "anomia". O casamento cumpriria uma função reguladora da imaginação e do desejo no

---

271 DURKHEIM, 2005.

âmbito afetivo e sexual, impondo uma moderação que não é produzida pelo organismo humano. Ao forçar um homem a se ligar a uma mulher pelo resto da vida, a união monogâmica lhe atribuiria um objeto de amor definitivo, fechando as demais possibilidades. Na leitura de Fernandes, com a transição para o novo regime de organização da vida e do trabalho, descartadas as regras tradicionais da escravidão, as(os) negras(os) teriam experimentado um estado anômico, caracterizado pela imoderação que o autor busca retratar em situações ilustrativas.

Uma segunda influência provém do argumento de que a transmissão da pobreza ao longo de gerações decorre dos valores e comportamentos das(os) pobres, disseminado pela Escola de Chicago e, posteriormente à finalização de *A integração do negro na sociedade de classes*, popularizado sob o rótulo de "cultura da pobreza".[272] De acordo com Bonilla-Silva e Baiocchi,[273] os principais componentes da cultura da pobreza seriam a falta de participação em instituições; recusa a aderir a valores da classe média, como o casamento estável; o baixo nível de organização comunitária; a ausência da infância como um período estendido; os sentimentos de marginalidade, desamparo, falta de ambição e inferioridade. As mesmas temáticas são retomadas na argumentação empregada por Florestan Fernandes, embora os aspectos estruturais adquiram maior importância do que no argumento original: a hipertrofia sexual na vida da comunidade negra, a infância precocemente interrompida pelo sexo, a incapacidade de dedicação sistemática ao trabalho assalariado, a falta de visão estratégica na organização das finanças pessoais, o envolvimento com o crime, a irresponsabilidade dos homens para com suas/seus familiares são tratados em contrastes com padrões supostamente observados entre as(os) imigrantes brancas(os), que figuram como ordeiras(os), comprometidas(os), racionais no uso do dinheiro, integrantes de famílias equilibradas, atraentes ao mercado de trabalho. O comportamento desajustado à modernização em curso, reflexo da impossibilidade de absorver novos padrões de comportamento e do estilo urbano de vida, resultava na "[...] impossibilidade de 'ganhar a vida' de maneira segura, compensadora e constante."[274]

Em terceiro lugar, o pressuposto de que as configurações histórico-estruturais moldavam as disposições psicossociais parece ter desfavorecido o olhar sobre outras formas de organização econômica, social e política que não aquelas compreendidas como normais dentro de parâmetros vigentes

---

272 LEWIS, 1966.

273 BONILLA-SILVA; BAIOCCHI, 2008.

274 FERNANDES, 2008, p. 166.

entre certas camadas de sociedades industriais europeias. Seu interesse por projetos intelectuais e ideias circulantes entre negras(os) é explicitado pela aproximação com a imprensa negra e o recurso a entrevistas focalizadas e histórias de vida para embasar seus escritos. Ao mesmo tempo, indivíduos e atores sociais negros são tratados como *fontes primárias*, jamais como portadores projetos conscientes e autônomos. A concepção apriorística da categoria "agente histórico" ofuscou até mesmo o papel das(os) negras(os) na queda da escravidão enquanto instituição legal:[275]

> A participação do negro no processo revolucionário [abolicionista] chegou a ser atuante, intensa e decisiva, principalmente a partir da fase em que a luta contra a escravidão assumiu feição especificamente abolicionista. Mas, pela própria natureza da sua condição, não passava de uma espécie de aríete, usado como massa de percussão pelos brancos que combatiam o "antigo regime".[276]

Ou, como podemos constatar em outra passagem,

> o fato de o escravo e o liberto terem intervindo como o principal fermento explosivo na desagregação do sistema de castas não é, em si mesmo, um índice de participação revolucionária consciente e organizada em bases coletivas autônomas. Não existiam condições para que isso ocorresse [...]. Na medida em que a "situação de castas" envolvia um estado de heteronomia material, social e moral absoluta do escravo, nas condições imperantes na sociedade brasileira ele só podia emergir como "dissolvente" na cena histórica [...].[277]

---

[275] Este posicionamento quanto ao papel da mobilização social de negras e negros seria revisto por Fernandes, que em obras posteriores exaltou a importância do "protesto negro" para a abolição e o enfrentamento do racismo no país, chegando mesmo a dedicar um volume a esta finalidade. Em *O significado do protesto negro* (1989), o sociólogo paulistano afirma: "No meu livro *A integração do negro na sociedade de classes* dedico poucas páginas a essa contraideologia. Mas ela é uma produção cultural do maior valor histórico e político. Ela mostra que um grupo de oprimidos, de pessoas marginalizadas, excluídas e reduzidas à miséria, e graças à dedicação de intelectuais negros e mulatos tidos como de segunda categoria, enfrentaram o preconceito e a discriminação, despontando a ideologia racial dominante e apresentando a sua versão própria de sua negação histórica". Tais formulações, contudo, são mais conhecidas em círculos militantes do que acadêmicos, ao contrário de *A integração do negro na sociedade de classe*, que integra o panteão de clássicos da sociologia brasileira.

[276] FERNANDES, 2008, p. 30.

[277] FERNANDES, 2008, p. 63-64.

Convencido de que o protagonismo político, social e econômico estaria condicionado ao posicionamento do grupo na estrutura, Fernandes ofusca interpretações e projetos provenientes do grupo oprimido.[278] Fatos e eventos que pudessem sugerir o contrário são minimizados, abordagem explicitada, por exemplo, em um comentário acerca da imprensa negra:

> A variada e rica documentação contida na chamada "imprensa negra", por sua vez, retém mais os efeitos que as causas do drama do negro na cidade. Por isso ela fornece boas pistas mas poucos dados conclusivos para explicar o que aconteceu [para que o negro e o mulato não fossem reabsorvidos pelo sistema ocupacional urbano].[279]

Tendo como pano de fundo estas três influências, as longas descrições sobre os hábitos de lazer, atuação profissional e relações familiares que se fazem presentes em *A integração do negro na sociedade de classes* são emolduradas pelo argumento de que estes aspectos da vida eram determinados pela inserção desigual das(os) negras(os) na sociedade de classes. Para evidenciar o grau de desajuste das(os) ex-escravas(os) à sociedade de classes, o autor examina as múltiplas dimensões de sociabilidade da população em estudo, como o lazer, a sexualidade, a moradia, a família, a educação e o emprego, embasando-se em conceitos da teoria estrutural-funcionalista da Sociologia e da psicologia social. Emergem então as inúmeras representações de negras e negros em sua obra.

Quanto à *inserção no mercado de trabalho*, o autor observa que "[...] homens e mulheres começavam a trabalhar na mais tenra idade [...]; e trabalhavam duramente até o fim da vida, mal ganhando para o próprio sustento a alimentação dos filhos."[280] Em compensação, a relação das(os) negras(os) com o emprego era errática, resultando em empregadas(os) que "borboleteavam de serviço em serviço". Recusavam ocupações consideradas degradantes, como vender peixes e engraxar sapatos, que eram prontamente aceitas pelas(os) italianas(os); não se dispunham às privações necessárias e nem eram industriosas(os) o suficiente para fomentar a poupança ou se lançarem aos negócios; não ambicionavam acumular riqueza. As(Os) que alcançavam posição de melhor status, no funcio-

---

278 Em outra passagem, o autor afirma: "Terminadas as agitações, os escravos e os libertos sabiam bem, coletivamente, *o que não queriam*. Contudo, não tinham consciência clara sobre *o que deveriam querer coletivamente nem de como agir socialmente para estabelecer semelhante querer coletivo*." Cf.: FERNANDES, 2008, p. 63.

279 FERNANDES, 2008, p. 166.

280 FERNANDES, 2008, p. 170.

nalismo público por exemplo, engajavam-se em comportamentos "pré e anticapitalistas". Como resultado de tais "condições psicossociais", as opções das(os) negras(os) limitavam-se à incorporação ao lúmpen-proletariado urbano ou à adesão ao "ócio dissimulado", à "vagabundagem sistemática", ou à "criminalidade fortuita".

O gênero constituiu uma variável determinante das possibilidades de ocupação na análise da passagem do regime servil para a sociedade de classes. Fernandes sugere que o trabalho doméstico continuou a ser desempenhado em moldes bastante similares durante o período escravocrata e na São Paulo que se industrializava. Na medida em que as relações não estiveram, neste âmbito, submetidas ao mesmo processo intenso de modernização, as vantagens oferecidas pelas(os) imigrantes não se mostraram tão atraentes para as(os) empregadoras(es) quanto nas demais áreas de atividade econômica, o que determinou a permanência de sua agente principal, a mulher negra, nos postos de trabalho ao longo da transição para a sociedade de classes. Se comparadas aos homens negros, as mulheres negras seriam agentes de trabalho privilegiados por estarem integradas à rede de serviços urbanos, sendo as únicas dotadas de ocupações perenes e de um meio de vida estável.

As condições desiguais e atípicas da inserção de trabalho de acordo com o gênero, invertendo papéis tradicionais ao alçar mulheres à condição de provedoras principais do lar, instalaria um fenômeno de natureza sociopatológica: o "parasitismo" ou a exploração disfarçada das mulheres por seus companheiros do sexo masculino, caracterizados como "malandros" e "sedutores profissionais". Um segundo desdobramento seria a incompletude e a deficiência das famílias negras como "instituição social integrada", na qual deveria ter origem o "[...] influxo psicossocial e sociocultural na modelação da personalidade básica, no controle de comportamentos egoísticos ou antissociais e na criação de laços de solidariedade moral."[281] A ausência dos pais e o cuidado esporádico e deformado das mães provedoras com as crianças seriam obstáculos a sua formação como "pessoa", fazendo-as ignorar "[...] a existência e a utilidade de certos papéis sociais, em que adultos e imaturos se defrontam com 'pai', 'esposa-mãe', 'filho' e 'filha'."[282] A convivência com famílias brancas brasileiras ou italianas eram as únicas oportunidades de que indivíduos negros dispunham para aprender o comportamento familiar adequado, não sendo suficientemente sistemáticas para impactá-los enquanto coletividade. Os comportamentos

---

281 FERNANDES, 2008, p. 182.
282 FERNANDES, 2008, p. 251.

egoístas e desajustamentos alegadamente exibidos pelas(os) negras(os) daí decorrentes seriam fatores de perpetuação da desorganização social em que se encontravam.

O mesmo esquema explicativo é estendido ao estudo da temática da *sexualidade*, resultando em uma desestabilização das proposições encontrada nos demais autores. Florestan Fernandes descarta a noção de que negras(os) sejam natural ou biologicamente "mais quentes" ou "obcecadas(os) por sexo". Todavia, conserva a ideia de que o grupo estudado manifestaria sua sexualidade de modo desregrado, "promíscuo", e volta-se para a estrutura social em busca de fatores determinantes da organização da vida sexual. A violência sexual seria uma constante na vida do grupo, agravada pelas condições materiais de existência: nas moradias em cortiços, casas em que diversas gerações apinhavam-se sob o mesmo teto, frequentemente no mesmo cômodo, crianças da casa e vizinhas(os) presenciavam relações sexuais, padrastos e madrastas seduziam enteadas(os), pais relacionavam-se com filhas, tios abusavam de meninos e meninas; as crianças eram precocemente iniciadas na sedução, travando relações heterossexuais ou homossexuais com irmãs/irmãos, primas(os) e amigas(os). Paralelamente às condições materiais de existência em bairros pobres, concorria para esta situação outro fator de caráter histórico: o sexo teria sido uma das únicas fontes imediatas de prazer acessível às(aos) libertas(os), que não tinham como nem porque disciplina-lo. Tratava-se de um caminho possível para a redenção e para o amor, que garantia algum prestígio em determinados círculos, mas que, emergindo da "vida social anômica", desregrada, deteriorava o equilíbrio da vida doméstica das relações intergeracionais.

O desregramento não é visto como prerrogativa exclusivamente masculina:

> Os adultos do sexo masculino mantinham ou alardeavam os seus prestígios de "garanhões" – o senhor do prazer, o homem que "derruba" e "derrete" as mulheres, diante do qual nenhum "branco" pode aguentar confronto. As moças ostentavam o prestígio simétrico: atraíam os machos, fazendo-os "enlouquecer", para realizarem sua masculinidade através delas, em rosário, porque o sortilégio de seus corpos prende e perde a todos. As mulheres adultas por se sentirem, assim, na corrente da vida, dando e sentindo prazer, mantendo os homens em derredor de suas saias, submetidos à sua feminilidade e sucumbidos aos encantos de suas habilidades ocultas [...]. O que importa, aqui, é o fato elementar de que "o negro" foi despojado e excluído de tudo – menos do seu corpo e das potencialidades que ele abria à condição humana.[283]

---

283 FERNANDES, 2008, p. 179.

As análises sobre a ocorrência da prostituição entre negras são cercadas de ressalvas acerca da prevalência e das condições que as levariam a aderir à profissão. Tal com o sexo desregrado, a prostituição surgia como possibilidade de autoafirmação, bem como a alternativa "[...] menos cansativa, mais segura, confortável e divertida [...]"[284] do que as demais disponíveis no mercado. Conduzidas pela "vida social anômica" ao comércio do sexo, especialmente ao baixo meretrício, "mantinham certos pudores de dignidade" e rebelavam-se contra práticas que consideravam degradantes, ao contrário das prostitutas brancas. No caso da prostituição ocasional, Fernandes alega que "[...] constituía um expediente para enfrentar privações ou necessidades insuperáveis de outra forma."[285]

Por entender que as mulheres negras extraíam o máximo proveito de recursos escassos, ele as retrata como *verdadeiras salvadoras do povo negro*:

> [...] a mulher – e não o homem – constituía a figura dominante, onde persistia alguma sorte de desintegração dos laços familiares ou conjugais. A mulher negra avulta, nesse período, qualquer que seja a depravação aparente de seus atos, ou a miséria material e moral reinante, como a artífice da sobrevivência dos filhos, e até dos maridos e "companheiros". Sem a cooperação e as possibilidades de ganho, fornecidas pelos empregos domésticos, boa parte da "população de cor", teria sucumbido ou refluído para outras áreas. Heroína muda e paciente, mais não podia fazer senão resguardar os frutos de suas entranhas: manter com vida aqueles a quem dera vida! Desamparada, incompreendida e detratada, travou quase sozinha a dura batalha pelo direito de ser mãe, e pagou mais que os outros, verdadeiramente com "sangue, suor e lágrimas", o preço pela desorganização da família negra [...]. Ninguém pode olhar para essa fase do nosso passado sem se enternecer diante da imensa grandeza humana das humildes "domésticas de cor", agentes a um tempo da propagação e da salvação de seu povo". [286]

As representações sobre as negras empregadas no livro surgem como ilustração dos argumentos do autor: *ora vítimas, ora portadoras de predisposições psicossociais herdadas por seu grupo, inclusive das implicações que estas deficiências têm no que toca ao desempenho de funções correspondentes à masculinidade e à feminilidade, desdobram-se no cumprimento precário de papéis sociais de mulheres e de homens.* Em sua análise, classe, raça e gênero aparecem com relevância variada: classe surge como categoria

---

284 FERNANDES, 2008, p. 221.

285 FERNANDES, 2008, p. 218.

286 FERNANDES, 2008, p. 254.

fundamental de organização da sociedade e da economia, ao passo que raça, para a população negra, constitui uma variável determinante da inserção na sociedade de classes. Gênero, por sua vez, emerge como uma categoria normativa que prescreve funções específicas da masculinidade (trabalho produtivo) e da feminilidade (trabalho reprodutivo) na sociedade de classes. No caso das(os) negras(os), a impossibilidade de os homens corresponderem ao desempenho das funções masculinas de autoridade e provisão material instaura uma disfunção que é compensada pelo papel duplo exercido pelas mulheres, que passam a desempenhar precariamente funções reprodutivas e produtivas. A inserção em uma esfera do mercado de trabalho resistente à modernização lhes possibilita a continuidade de relações de trabalho e a sobrevivência de todo o grupo negro, mas a permanência em relações estranhas à sociedade de classes impõe seu preço, na medida em que elas são mantidas no exterior da vida econômica, social e cultural da civilização urbana e industrializada.

Se em Freyre as contribuições de "mulatas e negras" para a nação eram avaliadas com base no aporte de elementos culturais e no atendimento de necessidades de reprodução social e biológica das famílias brancas, em Fernandes outra inovação notável é o deslocamento do foco para seu papel na reprodução social e biológica e a provisão *material de famílias negras*. Mesmo assim, não deixa de guardar certa ironia o fato de que a atividade produtiva remunerada por elas desempenhada, o trabalho doméstico, também estivesse relacionado a trabalho de reprodução social e biológica, mas das famílias brancas. Esta ênfase no desempenho de papéis produtivos e reprodutivos por mulheres negras ao longo da história, ao lado da figura da empregada doméstica, constitui aspecto central da argumentação do ativismo contemporâneo das mulheres negras, a partir de referências conceituais diversas, como mostrarei mais adiante.

REPRESENTAÇÕES DO PASSADO, REPRESENTAÇÕES PRESENTES

Filiação ideológica, influências teóricas, escolhas metodológicas e, em alguns casos, lapsos consideráveis de tempo separam os escritos de Nina Rodrigues, Paulo Prado, Oliveira Viana, Gilberto Freyre e Florestan Fernandes. À primeira vista, o único aspecto compartilhado por estes autores parece ser seu interesse em compreender e explicar os padrões de interação entre africanas(os) e europeias/europeus na colonização, na formação e na modernização da nação brasileira, a partir do qual foram elevados a referências de relevo para a compreensão das relações entre brancas(os) e negras(os) no país. Como evidencia a sistematização apresentada no "Apêndice", na página x, um olhar mais cuidadoso para sistemas de classificação, imagens e descrições atreladas às mulheres negras predominantes nos trabalhos selecionados ajuda a delinear, no entanto, outras convergências entre eles.

A principal sobreposição entre os trabalhos considerados diz respeito à forma como as categorias gênero e raça são articuladas. Independentemente do lugar que as categorias classe e nação ocupam nas análises, gênero é pensado como bifurcação do grupo racial. Isto não quer dizer que não seja possível identificar atributos associados à masculinidade ou à feminilidade, que aproximariam mulheres brancas e negras de um lado e homens brancos e negros de outro. Contudo, os atributos das mulheres negras são invariavelmente apresentados como derivações de características de negras(os) e africanas(os) como grupos populacionais ou civilizacionais, afirmando-se, desta maneira, a raça como categoria determinante das posições na sociedade, da classe e na definição do futuro da nação. Ao mesmo tempo, elas figuram em um contexto gendrificado, ou seja, em que seus corpos se encontram imersos em uma ordem de gênero existente e nas relações de poder correspondentes. Sendo esta ordem patriarcal, elas são associadas ao cuidado, ao afeto e ao desejo sexual masculino. Sendo esta ordem racializada, sua feminilidade não corresponde aos padrões hegemônicos atrelados às brancas, cristalizando manifestações associadas ao desequilíbrio, ao desajuste, à disfunção, incluindo o cumprimento de funções tradicionalmente masculinas, como o trabalho produtivo e o papel ativo na sedução e na conquista sexual. As mulheres negras, como os homens negros, são vistas como destituídas a princípio da capacidade de desempenhar os papéis modelares de gênero.[287] E esta incapacidade, de caráter moral, intelectual, estética e sexual, é percebida como fator da inserção social subalterna da população negra na sociedade brasileira.

Em segundo lugar, o desempenho do trabalho de cuidado é, no mínimo, aludido por imagem de mulheres negras que surgem nas narrativas como cozinheiras, quituteiras, babás, concubinas, escravas domésticas, amas de leite, donas de casa, mães e empregadas domésticas remuneradas. Igualmente importante é a preocupação dos autores em discutir o exercício da sexualidade pelas negras, enfatizando sua excentricidade em relação ao restante da sociedade. A "mulata" de excitação genésica de Nina Rodrigues, as negras que "viviam na prática de todos os vícios" de Paulo Prado, as mestiças preferidas pelos brancos de Oliveira Viana, as escravas que iniciavam sexualmente os nhonhôs de Gilberto Freyre e as negras que se prostituem ocasionalmente por necessidade ou que têm no sexo

---

287 GIACOMINI, 2006b.

a única alternativa de lazer e prestígio de Florestan Fernandes formam uma cadeia de imagens na qual a feminilidade negra evoca menções ao sexo, especialmente em suas configurações consideradas moralmente condenáveis. Este achado parece estar em sintonia com representações sociais predominantes até os dias atuais. Em sua investigação sobre o mercado erótico-afetivo no Rio de Janeiro do início do século XXI, Laura Moutinho[288] identifica que a associação entre a condição de mulher negra, sensualidade e, por vezes, prostituição é algo sentido por suas informantes em seu cotidiano, levando-as a desenvolver estratégias contra esse estigma. Assim como nos clássicos estudados, em que as referências eróticas e reprodutivas geralmente envolvem mulheres mestiças e homens brancos, Moutinho afirma que a articulação entre "cor negra" e erotismo é percebida sobretudo na relação com homens brancos estrangeiros. A continuidade entre senso comum e temáticas exploradas pela academia é emblemática de como as narrativas acadêmicas, longe de estarem isentas de representações sociais hegemônicas, com frequência alimentam-se de seus signos e prescrições, inclusive na delimitação de seu escopo temático.

Uma quarta convergência diz respeito a uma lacuna: a ausência de menções a aspectos das vidas das mulheres negras que não são abordados pelos clássicos. Desde a década de 1980, a historiografia brasileira tem contribuído para uma maior compreensão de trajetórias de vida e da inserção política de "pretas(os)" e "pardas(os)" escravizadas(os) ou "libertas(os)", promovendo uma recuperação de projetos que até então permaneciam ofuscados na produção acadêmica. Nessas leituras, encontramos escravas que buscavam recuperar filhas(os) e irmãs/irmãos vendidas(os), que se apegavam ou se vingavam das crianças brancas que eram obrigadas a amamentar, alforriadas que deixavam heranças para outras negras, capoeiristas, africanas mina que tentavam se divorciar no século XIX, comerciantes que movimentavam a economia do contrabando ou que disputavam espaços nas ruas, assassinas, líderes de revoltas.[289] A opção pelo determinismo biológico, cultural e estrutural evidenciada no cânone implica na estabilização de imagens de sexualidade, de cuidado e de desajuste social, desdobrando-se na infiltração e na reprodução de representações sociais homogeneizantes que inviabilizam a contemplação de projetos de nação – sociais, culturais ou políticos – oriundos deste grupo.

---

288 MOUTINHO, 2004, p. 348.

289 GIACOMINI, 1988; XAVIER *et al.*, 2012; PEREIRA, 2015.

Esses quatros padrões observados em obras referenciais das ciências sociais brasileiras correspondem a elementos circulantes nos discursos sobre raça e gênero no Brasil. Participam, portanto, do contexto em que o trabalho intelectual das ativistas negras é realizado e interpretado. Ao colocar em evidência o fato de que as leituras clássicas das ciências sociais brasileiras não estão isentas de contribuir para a difusão de estereótipos e práticas hegemônicas que inferiorizam e inviabilizam coletividades e saberes subjugados, chamo atenção para o fato de que elas são enunciadas de um lugar de autoridade e poder de nomeação e legitimação do conhecimento, ao qual corresponde também o poder de desautorizar interpretações dissonantes. Por este motivo, servem de pano de fundo para situar propostas, questões e contra-argumentos catapultados pelas ativistas, como veremos nos capítulos a seguir.

4
INTERPRETANDO AS RELAÇÕES SOCIAIS: HIERARQUIA E OPRESSÃO DEFINIDAS PELAS INTELECTUAIS NEGRAS

Em capítulos anteriores, retratei múltiplas formas assumidas pelo debate sobre gênero e raça no âmbito da academia, observando as especificidades das diferentes vertentes em suas interpretações sobre o entrelaçamento destas categorias e a projeção que fazem da inter-relação com outras categorias, como classe social e orientação sexual. No primeiro capítulo, revisitei o emergente debate sobre interseccionalidade, apontando que a corrente feminista hegemônica tende a priorizar em sua produção a categoria gênero e conferir um lugar secundário às demais categorias; mostrei, ainda, que no Brasil, no debate feminista sobre interseccionalidade prevalecem questões identitárias, mas que correntes dissonantes voltadas aos estudos sobre mulheres negras têm reivindicado maior centralidade para questões relativas a desigualdades, especialmente as de cunho racial. Conforme argumentei anteriormente, uma destas vertentes dissonantes se desenvolve em interlocução direta com o ativismo, e se diferencia das demais por incorporar raça, gênero e classe como marcadores sociais que organizam eixos de poder no interior de um sistema hierárquico.

No terceiro capítulo, revisitei trabalhos emblemáticos das ciências sociais brasileiras, indicando que articulações de gênero e raça são componentes relevantes na configuração de representações sociais negativas de homens e mulheres negras(os) veiculadas no cânone. Em ambos os capítulos, indiquei a relação do debate sobre gênero e raça a projetos de nação ou de justiça social. Exploradas as facetas do debate na esfera estritamente acadêmica, resta, ainda, indagar como gênero e raça são articulados no âmbito do movimento social que teve origem na priorização destas duas dimensões da vida social.

Como mostraram as pesquisas sobre o movimento de mulheres negras, a constituição deste movimento social foi impulsionada pela percepção de que o foco exclusivo na questão racial ou na questão de gênero era insuficiente para concretizar um projeto de justiça social. Como alternativa, as intelectuais negras trouxeram as experiências e a condição de subordinação de seu grupo social para o cerne de suas interpretações, sedimentando novos *frames* que passaram a embasar ações coletivas de enfrentamento ao racismo e sexismo do movimento de mulheres negras. A constituição de um marco referencial próprio de atuação política suscita indagações acerca dos preceitos mobilizados na construção dos *frames*: quais conjuntos de proposições sobre o mundo social são veiculados em sua articulação discursiva? Qual o lugar ocupado pelas categorias gênero e raça nestas análises? Como elas se entrecruzam na subordinação das mulheres negras?

Ao responder a tais questões, busco, no presente capítulo, caracterizar aspectos do plano descritivo e prescritivo das reflexões formuladas no âmbito do movimento de mulheres negras, analisando construções discursivas que interpretam a opressão enquanto fenômeno social e mapeando categorias analíticas e eixos explicativos. Complementarmente, verifico as interpretações contidas nos textos da amostra, examinando o repertório teórico-conceitual que dá sustentação aos discursos sobre desigualdade e situando alusões intertextuais.

MARCADORES E DESIGUALDADES: A ORDEM SOCIAL
INTERPRETADA A PARTIR DA ASSIMETRIA ENTRE GRUPOS

A edição número 16 dos *Boletins Toques Criola*, dedicada à temática da trabalhadora doméstica, anunciava a presumíveis interlocutoras negras: "A presença do racismo, somado à discriminação em relação às mulheres, nos torna mais vulneráveis a trabalhos desvalorizados em relação aos demais grupos.[290] Quase uma década antes, uma edição dos *Cadernos Geledés* registrava impressões semelhantes:

> Se o homem negro sofre todo tipo de discriminação racial, as mulheres negras são ainda mais penalizadas. Desta forma, ser negra é viver uma realidade cruel, sobretudo diante do fato de que os modelos referenciais positivos importantes são os da mulher branca. [291]

---

290 WERNECK, 2001b.

291 IRACI, 1995.

Em contraposição às imagens de mulheres faceiras e de afeição no desempenho de trabalhos de cuidado reprodutivo que transbordam dos textos acadêmicos canônicos explorados anteriormente, as passagens exemplificam associações recorrentes entre a condição de mulher negra e experiências de sofrimento, vulnerabilidade, desvalorização e penalização. Elas ilustram um jogo de posições onipresente na produção das ativistas negras, que situa o grupo social de mulheres negras frente a outros grupos sociais, como homens negros e mulheres brancas. Não se trata, contudo, de considerar as posições sociais decorrentes de opções individuais ou preferências identitárias. A seguinte passagem permite aprofundar a compreensão de como as categorias sociais são mobilizadas no discurso analítico do movimento de mulheres negras:

> As diferenças entre as condições sociais, sexuais e raciais são sistematicamente transformadas em desigualdades, e conferem privilégios de uns sobre os outros: de patrões sobre trabalhadores, de homens sobre mulheres, de brancos sobre negros ou não brancos, das brancas sobre as negras. Isto é, as desigualdades se manifestam através de relações de poder e geram conflitos das mais diferentes ordens: materiais, sociais, espirituais, culturais, intelectuais etc. [292]

Aqui, as fluidas fronteiras identitárias das feministas influenciada pelo pós-estruturalismo cedem espaço para uma leitura de relações entendidas como hierárquicas e duradouras, cristalizadas com base em alguns marcadores sociais prioritários que, ao serem tomados como signos de superioridade ou inferioridade e organizarem padrões relacionais, operam a distribuição de poder e de bens simbólicos e materiais e engendram relações de superioridade e inferioridade entre os múltiplos grupos. Isso significa que esses marcadores delimitam coletividades, às quais são atribuídos lugares sociais assimétricos, traduzidos em acesso a bens, direitos e valor social diferenciados. Além de funcionarem como referenciais identitários, portanto, os marcadores refletem eixos prioritários de poder, que estão imbricados entre si.

Para identificar quais seriam os marcadores prioritários que organizam as desigualdades, tratei de isolá-los nos textos das amostras. A **Figura 4** traz uma lista de rótulos utilizados na codificação dos textos para identificação de categorias prioritárias. Isso levou à constatação de que, em todos eles, sejam aqueles produzidos em meados da década de 1980 ou os surgidos pouco antes da publicação da presente tese, "raça", "classe social" e "sexo" ou "gênero" – em alusão às relações sociais entre homens

---

[292] IRACI, 1995.

e mulheres –, surgem como eixos prioritários e inter-relacionados em torno dos quais a distribuição de poder está organizada. O exame das categorias permite observar o compartilhamento da perspectiva de que o mundo social se encontra ordenado com base em uma tríade de marcadores sociais de desigualdade, não excluindo a ocasional contemplação de marcadores adicionais, principalmente "orientação sexual".

Figura 4 – Marcadores sociais de desigualdades identificados na amostra

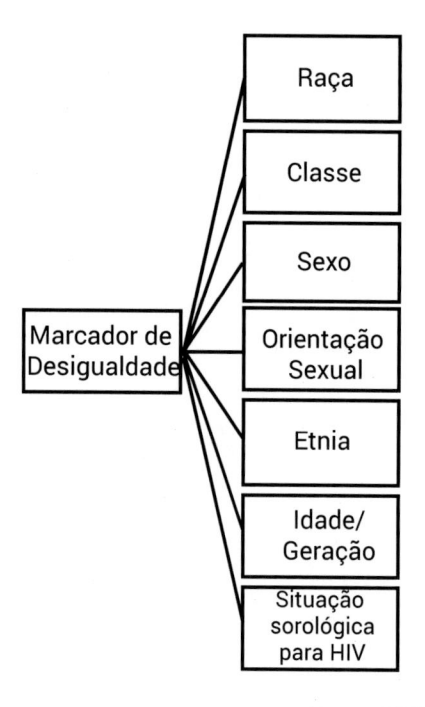

```
                    ┌─────────────┐
                    │    Raça     │
                    └─────────────┘
                    ┌─────────────┐
                    │   Classe    │
                    └─────────────┘
                    ┌─────────────┐
                    │    Sexo     │
┌──────────────┐    └─────────────┘
│ Marcador de  │    ┌─────────────┐
│ Desigualdade │────│  Orientação │
└──────────────┘    │   Sexual    │
                    └─────────────┘
                    ┌─────────────┐
                    │    Etnia    │
                    └─────────────┘
                    ┌─────────────┐
                    │   Idade/    │
                    │   Geração   │
                    └─────────────┘
                    ┌─────────────┐
                    │  Situação   │
                    │ sorológica  │
                    │  para HIV   │
                    └─────────────┘
```

Fonte: Elaborado pela autora.

O que ganha destaque nos textos das autoras é o lugar ocupado pelas mulheres negras na sociedade organizada segundo tais marcadores. Os textos incluídos na amostra considerada afirmam categoricamente ou reiteram de maneira implícita a ideia de que as condições de vida das mulheres negras, quando comparadas às condições de vida de indivíduos pertencentes a outros grupos sociais, distinguem-se pelo impacto cotidiano da violência, da exclusão, da discriminação e da marginalidade. Não é incomum que a comparação de padrões de diferença seja operacionalizada por metáforas visuais que, como "pirâmide social", aludem a uma ordem social transpassada por segmentações duráveis, como mostra excerto extraído do livro *Mulheres negras na primeira pessoa:*

[...] ser mulher, negra, indígena, lésbica, pobre, migrante, é viver de diferentes modos as assimetrias de gênero e raça que caracterizam a sociedade organizada sob as regras do racismo patriarcal. Em sociedades deste tipo, exatamente como a nossa, mulheres negras, em especial, são expostas a situações de grave subordinação e discriminação, que se traduzem em pobreza, violências e vulnerabilidades, sendo empurradas para as camadas inferiores, na base da pirâmide social. [293]

Com as considerações acima, quero apontar que conteúdos semânticos de conotação negativa empregados pelo movimento de mulheres negras na descrição de padrões sociais são indicativos da maneira como ele toma a alocação deste grupo no "mais baixo nível de opressão"[294] como um fato social. Juntamente com esta construção de ordem descritiva, aspectos do plano prescritivo das reflexões do movimento de mulheres negras são evidenciados pela sua caracterização das desigualdades. Para as intelectuais negras, as relações hierárquicas entre grupos sociais seriam *injustas* na medida em que são perpetuadas pela imposição de barreiras no acesso a bens materiais e simbólicos aos grupos subordinados, implicando em um reconhecimento tácito de que algumas vidas humanas são mais dignas de valor do que as demais, às quais cabe o ônus da desigualdade. A noção sociológica de *privilégio* emerge nestes discursos para designar vantagens sociais que são relacionais e opressivas, na medida em que a existência da opressão é condição necessária para que sejam desfrutadas:

> A melhoria das condições de saúde das mulheres negras no Brasil depende, sem dúvida, de mudanças sociais profundas que interfiram na distribuição injusta e escandalosa da renda no Brasil, em que a exploração dos trabalhadores, dentre eles os trabalhadores negros, e dentre eles as mulheres negras, garante os privilégios de poucos. [295]

> Raça é uma categoria política?
> Sim. Ela foi criada como instrumento de concentração de poder e privilégios nas mãos de determinados grupos, que detinham o poder de classificar quem era superior (eles mesmos) e quem era inferior (todos os diferentes deles), utilizando características culturais, aparência física ou mesmo o critério impreciso de pureza de sangue (branco). A partir daí, os grupos autodenominados superiores passaram a controlar os meios de produção, as posições de poder político, a economia, com

---

293 WERNECK *et al.*, 2012.

294 GONZALEZ, 1982a.

295 IRACI, 1991c.

um suporte fundamental do poder de controlar as polícias e o poder de violência e morte do Estado. [296]

No caso da maioria dos países da diáspora africana – no Brasil inclusive – este conceito [racismo institucional] aponta, além do privilégio branco, as ações impetradas por esse grupo para o controle, manutenção e expansão de seus privilégios por meio da apropriação do Estado, das instituições e organismos que o representam, que lhe dão operacionalidade. [297]

A criação do SUS [Sistema Único de Saúde] foi uma conquista da população, contra as injustiças e privilégios de pequenos grupos.[298]

A violência seria um mecanismo importante na manutenção de relações de hierarquia, uma vez que seu exercício no mundo social estaria relacionado à subordinação e à desvalorização da vida de indivíduos dos grupos socialmente inferiorizados. No limite, a própria desigualdade é vista como sinônimo de violência: Werneck, Iraci e Cruz,[299] por exemplo, falam em "[...] várias limitações que enfrentamos para superar a força com que o racismo patriarcal busca nos subordinar ou aniquilar [...]". A passagem abaixo convida as leitoras a refletirem sobre a recorrência da violência no cotidiano das negras e sua relação com a posição do grupo na sociedade:

> A violência é uma tática consciente para obter poder e controle sobre o outro. Aproveitando este ponto de vista, concluímos que existem outras formas de violência. Entre elas, a violência racial e a violência social, que atingem intensamente as mulheres negras.
> Quando ocorrem? Aqui vão alguns exemplos:
> – Quando há desigualdade salarial entre o homem e a mulher, ou entre a mulher branca e a mulher negra ocupando a mesma função.
> Quando exigem teste de gravidez ou atestado de ligadura de trompas para admissão no trabalho.
> Quando impedem a promoção no trabalho por ser mulher e negra.
> Quando exigem "boa aparência" para admissão.
> Quando há negligência no atendimento nos serviços público e privados.
> Quando a mulher é obrigada a usar elevadores e entradas de serviço por ser negra e/ou empregada doméstica.
> Existem outras situações. Quais você conhece?[300]

---

296 CRIOLA, 2010a.
297 WERNECK, 2009, p. 5-6.
298 WERNECK, 2005b.
299 WERNECK; IRACI; CRUZ, 2012.
300 WERNECK, 2001b.

Estabelecidos os marcadores prioritários e sua relação com as posições ocupadas na sociedade, convém investigar explicações sobre as dinâmicas sociais que os mobilizam na instituição e reprodução das desigualdades. Tais ideias sobre a ordem social são veiculadas em uma multiplicidade de formatos discursivos, nos quais podem ser encontradas terminologias indicativas de elos entre um marcador determinado e a existência de um sistema de produção de desigualdades – expressa em rótulos como sexismo, patriarcado, heteronormatividade, racismo, etnocentrismo e exploração – relação entre a classe dominante e a classe dominada no capitalismo. Mas um olhar sobre os textos selecionados confirma expectativas de que, também na produção das ativistas, a abertura para recursos explicativos e argumentativos dos gêneros discursivos acadêmicos favorece formulações sociológicas de maior alcance teórico-conceitual e a explicitação de referências intertextuais, às quais me volto neste momento.

CLASSE SOCIAL

Dentre as intelectuais analisadas, Lélia Gonzalez foi a que mais se dedicou a problematizar a categoria classe social. Ao tomar parte em debates políticos de sua época, ela ecoou o entendimento de que o "[...] desenvolvimento econômico brasileiro resultou num modelo de *modernização conservadora excludente*. Poderíamos considerá-lo, também, a partir da noção de *desenvolvimento desigual e combinado*."[301] A tese da modernização conservadora à qual ela recorre marcou a sociologia desenvolvimentista brasileira até os anos 1980, destacando fatores sociais, políticos e institucionais. De acordo com suas/seus defensoras(es), o país teria atravessado um processo de modernização econômica e social cujos subprodutos principais seriam a concentração de riqueza e a produção de uma massa de excluídas(os) e de padrões de desigualdade de renda.[302] A noção de desenvolvimento desigual e combinado, a seu turno, converteu-se em matriz interpretativa para os estudos de intelectuais acadêmicos de destaque nas décadas de 1960 e 1970, como Caio Prado Júnior e Florestan Fernandes,[303] herdeiras(os) da "lei de desenvolvimento desigual e combinado" de León.[304] [305] Para Trotsky, o capitalismo encerra uma totalidade contraditória, na qual o desenvolvimento das nações

---

301 GONZALEZ, 1984a, p. 3.

302 IVO, 2012.

303 DEMIER, 2007.

304 TROTSKY, 2007.

305 Cf.: LÖWY, 2010.

coloniais e semicoloniais estaria atrelado ao sistema capitalista como um todo. Na fase imperialista do sistema capitalista, o desenvolvimento obedeceria a processos desiguais, com as regiões atrasadas mantendo um ritmo próprio que se caracteriza pela coexistência de elementos modernos, assimilados das nações avançadas, e condições materiais e culturais arcaicas. Consequentemente, a entrada dos países atrasados na era industrial prescindiria da conclusão das "tarefas democrático-burguesas", como a questão nacional e a questão agrária. Ao empregar estes dois referenciais conceituais, a autora situa o Brasil em um contexto neocolonialista, ressaltando a vigência de padrões de desigualdades persistentes em âmbito nacional e internacional.

Além de replicar as interpretações da intelectualidade de esquerda de sua época, Gonzalez defende que os efeitos negativos deste modelo de desenvolvimento, o desemprego e o subemprego, estão distribuídos de forma heterogênea na sociedade brasileira, incidindo, sobretudo, na população negra. A sobrerrepresentação de negras(os) no interior da "massa marginal" evidenciaria a "eficácia estrutural" do racismo:

> [...] o racismo, enquanto articulação ideológica e conjunto de práticas, denota sua eficácia estrutural na medida em que remete a uma *divisão racial do trabalho* extremamente útil e compartilhada pelas formações socioeconômicas capitalistas e multirraciais contemporâneas. Em termos de manutenção do equilíbrio do sistema como um todo, ele é um dos critérios de maior importância na articulação dos mecanismos de recrutamento para as posições na estrutura de classes e no sistema de estratificação social. [306]

O trecho anterior explicita que a categoria social "raça" e a ideologia racista são determinantes na moldagem das classes sociais. Esta compreensão de que classe e raça são categorias intrinsecamente operantes na hierarquização deriva do entendimento de que o racismo regula o posicionamento de não brancas(os) no interior das relações de produção e distribuição, logo, no interior da sociedade de classes. Sendo o racismo estruturalmente eficiente, a alocação de brancas(os) na estrutura de classes estaria condicionada por privilégios materiais e simbólicos:

> [...] tanto brancos quanto negros pobres sofrem os efeitos da exploração capitalista. Mas na verdade, a opressão racial faz-nos constatar que mesmo os brancos sem propriedade dos meios de produção são beneficiários do seu exercício. Claro está que, enquanto o capitalista branco se beneficia diretamente da exploração ou super-exploração do

---

306 GONZALEZ, 1984a, p. 3.

negro, a maioria dos brancos recebe seus dividendos do racismo, a partir de sua vantagem competitiva no preenchimento das posições que, na estrutura de classes, implicam nas recompensas materiais e simbólicas mais desejadas. Isto significa, em outros termos, que, se pessoas possuidoras dos mesmos recursos (origem de classe e educação, por exemplo), excetuando sua afiliação racial, entram no campo da competição, o resultado desta última será desfavorável aos não-brancos. [307]

Embora a posição privilegiada de "capitalista" esteja associada ao condicionante "branco", aqui, a classe social sujeita à exploração capitalista emerge subdividida entre brancas(os) e negras(os). A operação por meio da qual essa subdivisão racial da classe explorada é articulada é particularmente notável: o privilégio racial branco extrapola a esfera material, na qual a divisão do trabalho e das recompensas materiais espelha a ordem racial hierárquica, transbordando para a esfera do simbólico. O grupo branco dominante – afirma, citando Carlos Hasenbalg – "[...] extrai uma mais-valia psicológica, cultural e ideológica do colonizador."[308] Com base nesta abordagem sistêmica, Lélia Gonzalez irá ressaltar que, ao longo do desenvolvimento capitalista brasileiro, "[...] o grupo branco foi o beneficiário da exploração dos grupos raciais [...]" e que este "[...] afirmou sua supremacia às expensas e em presença do negro."[309] Assim, embora a categoria "classe" estabeleça o contexto macrossociológico em que as relações sociais são travadas, a categoria "raça" surge como variável determinante das posições entre classes e intraclasses. Somente o grupo branco é alçado à condição de capitalista, enquanto no interior do grupo explorado – a classe trabalhadora –, o nível de sujeição à exploração é dado pela variável racial. Nesse sentido, seria possível falar em mais-valia racial e, também, em uma superexploração racial.

Nos escritos de Jurema Werneck, o sistema capitalista também emerge como elemento que organiza um sistema de posições sociais e desigualdades, manifestadas na conformação de classes sociais. Reiterando a perspectiva defendida por Gonzalez, o racismo é visto como um fator organizador da estrutura de classes, ao mesmo tempo em que atua na estabilização da subordinação do grupo negro, como ilustra o seguinte trecho de sua autoria:

> [...] na vigência do racismo, estruturas de classe vão ser delimitadas a partir da exploração econômica associada à hierarquização racial, atingindo diferentemente grupos e indivíduos. E mais, tendo as estruturas

---

307 GONZALEZ, 1979, p. 9-10.

308 HASENBALG *apud* GONZALEZ, 1979, p. 7.

309 GONZALEZ, 1979, p. 7.

de exploração econômica atuando como importante ferramenta para a produção e manutenção da hierarquização e da subordinação.[310]

A imbricação de classe social e raça é pensada a partir da leitura de Stuart Hall, um interlocutor frequente de Werneck. Hall[311] argumenta que as estruturas por meio das quais o trabalho negro é reproduzido dependem de classificações e hierarquias raciais. Considerando que as relações capitalistas articulam as classes de maneiras diversas em três diferentes níveis ou instâncias da formação social – o econômico, o político e o ideológico –, ele defende que a raça é uma dimensão intrínseca à forma como as classes trabalhadoras negras são constituídas em cada um destes níveis. A raça seria, para ele, o modo como classe social é vivida, o meio pelo qual as relações de classe são experimentadas, a forma com que classe é apropriada e enfrentada. A categoria raça, portanto, articularia algumas das divisões internas da classe trabalhadora, repercutindo na organização e no funcionamento do sistema de classes como um todo.

Finalmente, Sueli Carneiro introduz a categoria "classe" a partir de uma releitura do conceito de dispositivo. Foucault[312] considera que o dispositivo da sexualidade se estabeleceu simultaneamente ao processo de afirmação da burguesia, que coloca a valorização dos prazeres do corpo e sua proteção contra perigos e contato no centro de suas preocupações. Vigor, descendência e longevidade teriam passado a denotar respeito e poder, e a exibição de saúde e higiene projetaria a burguesia como um grupo distinto na sociedade. A supremacia burguesa, então, teria se estabelecido a partir da articulação da exploração econômica com a dominação física. Carneiro, longe de contestar esta formulação, defende que ela porta em seu interior um não dito sobre poder e racialidade: o processo de autoafirmação da classe burguesa não pode ser explicado sem que se atente para a operação do dispositivo da racialidade, o qual conferiu à cor da pele um novo estatuto. Em sociedades multirraciais de origem colonial, o racismo atua como:

> [...] um *disciplinador, ordenador e estruturador das relações raciais e sociais*. Enquanto dispositivo disciplinar das relações sociais, institui relações raciais como complexificação das relações sociais, *amalgamando às contradições de classe, as contradições de raça. Isso institui a pobreza como condição crônica da existência negra*, na medida em que a mobilidade de classe torna-se controlada pela racialidade.[313]

---

310 WERNECK, 2007, p. 14.

311 HALL, 1980.

312 FOUCAULT, 2010.

313 CARNEIRO, 2005, p. 70. (grifos meus)

Tal argumento é particularmente relevante para o estudo aqui desenvolvido, uma vez que introduz e qualifica a dimensão da classe social enquanto categoria útil para a apreciação da opressão. A racialidade constitui um "[...] instrumento de dominação, exploração e [...] de exclusão social.",[314] operando por meio do *disciplinamento,* da *ordenação* e da *estruturação* – que aparentemente conformam três momentos de sedimentação cumulativa de padrões de relações sociais. A permanência e o alcance destes processos e de seus efeitos são creditados à sua imbricação com a estrutura capitalista, resultando na instituição da pobreza como condição crônica da existência negra.

As elaborações de Gonzalez, Werneck e Carneiro sobre classe social obedecem a influências teóricas diversas e não chegam a constituir explicações unívocas. Uma leitura dos indícios elencados leva a crer que seu uso nos discursos de intelectuais negras adquire significados difusos, mas inscrevem as desigualdades em um contexto organizado pelo capitalismo a partir de um referencial marxista que influenciou em um primeiro momento correntes dos movimentos negro e feminista,[315] tendo sido posteriormente transposto ao movimento de mulheres negras quando de sua organização inicial. A provável influência do marxismo é ainda mais ressaltada quando a produção das negras brasileiras é comparada à versão da interseccionalidade desenvolvida por afro-americanas, em que "classe", quando mencionada, parece estar mais atrelada à noção descritiva de estratificação social do que a uma visão sistêmica sobre a exploração capitalista – ressalvando trabalhos de autoras como Angela Davis,[316] que participaram de movimentos pelos direitos civis e aderiram à crítica do capitalismo.

Outra influência relevante é a da crítica do colonialismo e da imbricação do racismo à exploração capitalista que tem como expoente Frantz Fanon – outro intelectual com importante circulação nos círculos do ativismo negro no Brasil.[317] Nesse sentido, as ativistas brasileiras se afastam da ausência de problematizações sobre classe racial nos estudos que recorrem ao termo interseccionalidade, constatada por Flávia Biroli e Luis Felipe Miguel[318] – ainda que esse entendimento se encontre de forma

---

314 CARNEIRO, 2005, p. 29.

315 SARTI, 2004; DOMINGUES, 2007.

316 DAVIS, 1981.

317 SILVA, 2013.

318 BIROLI; MIGUEL, 2015.

implícita em partes de suas formulações. Como não poderia deixar de ser, essa abordagem da classe social tem implicações para a forma como o entrecruzamento de gênero e raça são lidos, como indicarei a seguir.

RACISMO PATRIARCAL: LEITURAS SOBRE IMBRICAÇÕES DE GÊNERO, RAÇA E CLASSE

Assim como ocorre com classe social, as teorizações acerca de gênero e raça obedecem a influências múltiplas e preferências individuais das autoras. Lélia Gonzalez[319] aprofunda os escritos de Louis Althusser ao definir o racismo como "[...] uma articulação ideológica e um conjunto de práticas", retomando a proposta do autor de que, nas sociedades de classe, a ideologia é uma representação orientada e tendenciosa do real, cujo objetivo é manter as pessoas exploradas em seu "lugar" no sistema de exploração de classes. É, portanto, uma representação do real falseado,[320] que viabiliza a estabilidade do sistema baseado na exploração capitalista. Na leitura de Lélia sobre a sociedade brasileira, o entrelaçamento da "ideologia do branqueamento" com o "mito da democracia racial" teria proporcionado um alto nível de sofisticação e estabilidade do padrão de interação racial, traduzidos em expectativas quanto a lugares e funções. Esse processo estaria em fase tão avançada que permitiria que as funções anteriormente atribuídas a feitores e capitães do mato na sujeição de escravas(os) no passado fossem desempenhados na contemporaneidade pela introjeção do racismo em elementos do grupo racialmente subordinado, os quais teriam se convertido em "pretos de alma branca" e "negros que se põem em seu lugar" – expressões que aludem à internalização de uma ideologia detratora delas(es) próprias(os). Discorrendo sobre tal dinâmica, a autora refere-se ao ideário da democracia racial como um mito que afirma a existência de uma grande harmonia racial no país e enfatiza a igualdade de todas(os) perante a lei, malgrado as evidentes assimetrias raciais. Mito que estaria embasado em um "[...] silêncio ruidoso sobre as contradições raciais." [321]

No repertório conceitual da psicanálise, a autora buscou ferramentas para abordar o silenciamento em que acredita estar ancorada a ideologia enquanto elemento estabilizador da opressão de negras e negros. Em seu artigo mais conhecido, *"Racismo e sexismo na cultura brasileira"*, Gonzalez[322] dedicou-se a examinar os processos que levaram à cons-

---

319 GONZALEZ, 1979, p. 8; 1988c.

320 ALTHUSSER, 1996.

321 GONZALEZ, 1988c, p. 137.

322 GONZALEZ, 1984b.

trução e favoreceram a longevidade do mito da democracia racial. Sua interpretação é construída em torno de dois elementos que, na teoria psicanalítica, são apontados como componentes da *psique:* a consciência e a memória. Na proposta da autora, eles são usados como eixos que sedimentam e articulam discursos sobre o mundo social. A *consciência*, argumenta, organiza elementos que se fazem notar no discurso dominante em uma dada cultura, por meio da delimitação das proposições que são consideradas verdadeiras. Uma vez que restringe o que pode ser considerado verdadeiro, a consciência implica em seleção e rejeição e, nesse sentido, é o lugar do desconhecimento, do encobrimento, da alienação, do esquecimento. É, também, o lugar onde o discurso dominante e seus efeitos se expressam. A *memória* antecede a consciência, na medida em que é definida como o lugar em que emerge a verdade, em que residem inscrições que "restituem uma história que não foi escrita". A natureza dialética da relação travada entre memória e consciência ocasiona a emergência de elementos da memória por entre brechas causadas por falhas (*"mancadas"*) da consciência, os "atos-falhos". Logo, a memória tem o poder de restituir elementos que a consciência exclui.[323]

Aplicando esses conceitos à cultura brasileira – compreendida em termos amplos – a autora propõe um diagnóstico peculiar: "[...] o racismo se constitui como a sintomática que caracteriza a neurose cultural brasileira."[324] A(O) neurótica(o) – aquela(e) que constrói modos de ocultamento do sintoma porque isso a(o) libera da angústia de se defrontar com o recalcamento e, com isso, usufrui de certos benefícios, denotando neste texto de Gonzalez a cultura hegemônica – teria pouco a dizer sobre a mulher negra, os homens negros, suas famílias. A "crioulada", termo aplicado na escrita carregada de sarcasmo da autora para aludir à população negra, seria o elemento que a consciência da história brasileira insiste em esquecer, relegando-a à "lata do lixo da sociedade brasileira" – ao esquecimento, à ocultação, ao falseamento. Mais especificamente, elites intelectuais, incluindo cientistas sociais, endossariam uma ideologia dominante que atua no sentido de suprimir o reconhecimento da condição humana de negras(os) e seu papel na produção e reprodução de expressões da cultura brasileira que consideram dignos de louvor. A autora atribui manobras discursivas que rechaçam a condição humana de negras(os) à *insistência em esquecer* que africanas(os) e suas/seus descendentes, e

---

323 Para elucidações sobre a problematização da consciência perceptiva e da memória na teoria freudiana, cf.: FREUD E GABBI (1995; 1999).

324 GONZALEZ, 1984b.

que as mulheres destes grupos em especial, ao serem responsabilizadas por atividades de cuidado e reprodução biológica, contribuíram também para aspectos de reprodução social, infundindo, desta forma, valores e repertórios simbólicos associados à ancestralidade africana em uma cultura que se pretende (de fato ou como ideal) branca e europeizada.

Uma dinâmica de atração e repulsa engendraria mecanismos de ocultação do sintoma que resultam em descargas de agressividade contra negras e negros. A ocultação do reconhecimento do poder exercido por africanas(os) traficadas(os) para as Américas e por suas/seus descendentes enquanto sujeitos sociais, culturais e políticos – um poder manifestado pela reafirmação de sua humanidade, bem como pela preservação e reinvenção de legados culturais em um contexto de subalternidade – da consciência implicaria em operações de desumanização, de objetificação, essencialmente violentas, que convivem com deslizes por meio dos quais se permite vislumbrar registros deste poder inscritos na memória:

> Como todo mito, o da democracia racial oculta algo para além daquilo que mostra. Numa primeira aproximação, constatamos que exerce sua violência simbólica de maneira especial sobre a mulher negra. Pois o outro lado do endeusamento carnavalesco ocorre no cotidiano dessa mulher, no momento em que ela se transfigura na empregada doméstica. É por aí que a culpabilidade engendrada pelo seu endeusamento se exerce com fortes cargas de agressividade. É por aí, também, que se constata que os termos mulata e doméstica são atribuições de um mesmo sujeito. A nomeação vai depender da situação em que somos vistas. [325]

A agressividade que ela destaca se traduz em negação de acesso de negras(os) a lugares "chiques"; em acusações de racismo contra (os) negras(os) que denunciam a inexistência de uma democracia racial; em estereótipos que associam a negritude à irresponsabilidade, à incapacidade intelectual, à preguiça, ao crime; em naturalização e confinamento da população negra a favelas, alagados e cortiços. Ao mesmo tempo, não é suficiente para desvanecer manifestações da influência da cultura africana e afro-brasileira, como exemplificam "os despachos" – trabalhos religiosos – encontrados em praias e encruzilhadas, o reinado negro no carnaval, o legado negro no futebol, a celebração do frevo, do maracatu, do samba como elementos da cultura nacional. Da relação dialética entre memória e consciência emana a sobreposição entre celebração de elementos negros da cultura brasileira e condenação de negras(os) a ocuparem "lugares privilegiados de culpabilidade enquanto dominação e repressão"

---

325 GONZALEZ, 1984b, p. 228.

(hospícios, prisões e favelas). É nesse sentido que a autora irá afirmar que "[...] o *racismo* se constitui como a sintomática que caracteriza a *neurose cultural brasileira*."[326]

"Gênero" é a terceira e última categoria analítica primordial mobilizada por Lélia Gonzalez. Para ela, o sexismo constitui uma forma estrutural de exploração, assim como o racismo e, por isso, ela dirá que as mulheres negras estão sujeitas a um *sistema de dominação ideológico patriarcal-racista*.[327] Todavia, ao contrário da centralidade das categorias "classe" e "raça" na regulação do posicionamento no interior das relações de produção e distribuição, gênero aparece como um qualificador da experiência no interior dos grupos raciais, separando homens brancos de mulheres brancas, homens negros de mulheres negras. Posto de outra forma, o gênero é determinante na produção das desigualdades entre homens e mulheres de um mesmo grupo racial, mas não necessariamente na instituição de dinâmicas similares para homens e mulheres posicionados em grupos raciais distintos. Logo, a contribuição da variável "gênero" para os arranjos estruturais da sociedade parece estar condicionada às posições de raça e classe social do sujeito, mas é preciso enfatizar que a articulação entre as três categorias é complexa.

Desigualdades na inserção no mercado de trabalho ilustram a interação complexa entre gênero, raça e classe. Em sua visão, transformações observadas nas duas décadas que antecederam seus escritos não teriam favorecido todas as mulheres igualmente. O trabalho doméstico assalariado teria permitido a "liberação" de mulheres brancas que adentraram o mercado de trabalho formal, mas, ao mesmo tempo, as empregadas domésticas seriam exploradas por suas patroas, tendo como efeito colateral a opressão das negras. Além disso, Gonzalez chama atenção para o fato de que algumas mulheres – presumivelmente brancas – ainda buscam contratar jovens negras consideradas belas para trabalhar como empregadas domésticas, tendo como real intenção favorecer a iniciação sexual de seus filhos. Este seria um exemplo da "superexploração econômico-sexual" da mulher negra, uma vez que reforçaria o estereótipo de hipersexualidade das negras ao mesmo tempo em que relegaria a elas uma profissão sem prestígio, parcamente remunerada, exercida em condições precárias. Os dois exemplos evidenciam que não há simetria entre a condição da branca e da negra, uma vez que a mulher do grupo racial dominante figura tanto como potencial perpetradora da opressão racial, de classe e de gênero, quanto como vítima em potencial do sexismo. Por outro lado, os homens negros, subjugados pela opressão

---

326 GONZALEZ, 1984b, p. 224.

327 GONZALEZ, 1988.

racial que condiciona sua inserção na estrutura social, seriam portadores de machismo de caráter acentuado. Diante da humilhação imposta pelas práticas de inferiorização racial, sua resposta seria recorrer ao reforço do machismo como um mecanismo compensatório.[328]

As interpretações de Lélia Gonzalez reinscrevem a pluralidade de papéis sociais desempenhados por negras(os) descritas, por exemplo, por Gilberto Freyre, ao caracterizar a celebração da cultura negra e concomitante opressão de negras e negros como uma neurose cultural. No modelo psicanalítico e na figura de estilo do sarcasmo, ela encontra recursos para explicar como a possibilidade de convivência entre grupos raciais distintos e incorporação de elementos culturais pelo grupo hegemônico não implicou na consolidação de relações igualitárias. Além disso, sua narrativa sobre as empregadas domésticas aprofunda noções disseminadas na obra de Florestan Fernandes e identificadas no terceiro capítulo, ao chamar atenção para a marcante assimetria entre mulheres brancas e negras que a experiência destas profissionais coloca em evidência. Sua caracterização das relações hierárquicas e de opressão resultam em representações sociais de mulheres negras que, se não destoam essencialmente quanto às imagens empregadas por autores canônicos, são introduzidas em um novo cenário, no qual sua condição é explicada por relações de exploração e de violência.

Como Gonzalez, Sueli Carneiro nutriu-se de referenciais teóricos plurais em suas interpretações. Em um dos trabalhos inaugurais sobre a condição das mulheres negras na sociedade brasileira, *Mulher Negra: política governamental e a mulher,*[329] [330] a autora propõe que a organização do mercado de trabalho segundo uma lógica racista determina "vantagens

---

328 GONZALEZ, 1982b; 1984a; 1988c.

329 Em entrevista concedida a Cristiano dos Santos Rodrigues, a ativista negra Edna Roland (2006) relata que a produção do volume aqui referido esteve relacionado à promoção do Primeiro Encontro Estadual de Mulheres Negras de São Paulo, em 1984. De acordo com Roland, na ocasião, foram levantados dados socioeconômicos desagregados por sexo e raça para subsidiarem as discussões do Encontro. Posteriormente, diante da oportunidade oferecida pelo Conselho Estadual da Condição Feminina de publicar uma obra sobre mulheres negras, Sueli Carneiro, com autorização de Roland, expandiu os dados e os debates iniciais do Encontro e apresentou o trabalho que viria a se tornar uma referência importante para ativistas. Roland afirma que, apesar de outras autoras constarem nos créditos, Sueli Carneiro foi a pessoa que escreveu o livro.

330 CARNEIRO et al., 1985.

sociais" para o grupo social branco e que a ideologia machista, igualmente, garante vantagens aos homens, conclusão respaldada por um conjunto de dados desagregados por raça e sexo sobre educação, renda e mercado de trabalho. O grupo negro em geral seria o que se encontra em pior situação, seja por usufruir de menor acesso à educação, seja devido à atuação de "mecanismos socialmente instituídos de discriminação racial" no mercado de trabalho, que determinam rendimento inferior mesmo naquelas ocupações que lhes foram historicamente relegadas e que requerem pouca educação formal – como o emprego doméstico, a agricultura, a agropecuária e a prestação de serviços.

Logo, as desigualdades entre mulheres de grupos raciais diversos seriam mais significativas do que as desigualdades de gênero tomadas isoladamente: considerando indicadores que revelavam maior acesso à educação, à renda e às profissões de prestígio, as mulheres brancas seriam as principais beneficiárias da mobilidade vertical experimentada pelas mulheres nas duas décadas precedentes. As vantagens auferidas pelas brancas lhes colocariam em posição de vantagem inclusive frente aos homens negros, que compartilham com as mulheres negras a condição de vítimas da discriminação racial: "Os dados já apresentados são suficientes para demonstrar que os homens negros em geral e o designado preto em particular, encontram-se em situação de marginalização superior às mulheres brancas e amarelas."[331] As assimetrias de gênero, por sua vez, seriam mais pronunciadas no interior dos grupos raciais, beneficiando indiretamente segmentos masculinos dos grupos estigmatizados.

Ao sobrepor esses elementos, a autora denuncia a existência de uma divisão racial e sexual do trabalho que tem repercussões no âmbito da estrutura socioeconômica e cultural do país, forjando hierarquias sociais rígidas, que são descritas nos seguintes termos:

> 1º – A mulher negra não participa no processo produtivo em igualdade de condições com homens brancos, negros, amarelos e mulheres brancas e amarelas, situando-se assim na base da hierarquia social, penalizada em relação a oportunidades e mobilidade na estrutura ocupacional;
> [...]
> 3º – O quadro abaixo [**Figura 5**] representa o quociente de distribuição de oportunidades sociais/raciais no Brasil, onde, em termos de renda e educação, as mulheres brancas estavam melhor do que os homens negros em 1980, evidenciando o peso do privilégio da raça sobre a condição sexual.

---

331 CARNEIRO *et al.*, 1985, p. 37.

Figura 5 – Distribuição de oportunidades sociais/raciais no Brasil

	BRANCOS	NEGROS
Homens	1	3
Mulheres	2	4

Fonte: CARNEIRO et al., 1985, p. 50.

A centralidade da noção de hierarquia social baseada em marcadores de raça, classe e sexo como definidora da experiência negra na sociedade brasileira, expressa em *Mulher Negra*, perpassa a produção desta autora como um todo e foi posteriormente refinada em sua tese de doutorado, defendida no ano de 2005 sob o título *A construção do outro como não-ser como fundamento do ser*, já mencionada neste capítulo. No trabalho, Carneiro procedeu a adequação de um referencial inspirado em conceitos do filósofo francês Michel Foucault à perspectiva de hierarquia social na elaboração de uma abordagem do poder que contemplasse a dimensão racial. De acordo com a autora, a análise de Foucault sobre o racismo esteve focada quase que exclusivamente na experiência do holocausto judeu, mas seria possível adaptá-la para o contexto de sociedades multirraciais e pós-coloniais, como a brasileira. Ao fazê-lo, ela defende a tese de que, nas sociedades resultantes da colonização, o "dispositivo da racialidade" disciplina as relações raciais e as relações de soberania entre nações, inclusive no período pós-colonial. Nesse sentido, define o racismo "[...] enquanto dispositivo de poder de sociedades multirraciais nas quais ele opera como um disciplinador, ordenador e estruturador das relações raciais e sociais",[332] como dito anteriormente na análise sobre o uso da categoria classe.

Em *História da Sexualidade I: a vontade do saber*, Michel Foucault[333] contesta a ideia de que o discurso contemporâneo sobre o sexo estaria marcado por um movimento repressor, que o confinaria à vida reprodutiva do casal heterossexual e conflagraria o comportamento hipócrita da sociedade burguesa. Alternativamente, ele sugere que, a partir do século XVI, diante do tabu do sexo, uma crescente vontade de saber impulsionou a construção de uma ciência da sexualidade que teria desembocado em uma abundância de discursos sobre o tema, discursos estes que se multiplicariam nos espaços onde o poder é exercido e que servem de

---

332 CARNEIRO, 2005, p. 70.
333 FOUCAULT, 2010.

meio para seu exercício. Por um lado, aos indivíduos seria imposta a necessidade de falar de maneira incessante sobre a própria sexualidade; por outro, o discurso sobre o sexo estaria institucionalizado e organizado por mecanismos na esfera da economia, da pedagogia, da medicina e da justiça. Tamanha transformação seria acompanhada pela criação de dispositivos para ouvir, registrar, observar, interrogar e formular discursos. Assim, o sexo teria sido colocado em debate e ensejado uma explosão discursiva, viabilizada por técnicas de poder associadas à disseminação e à implantação de sexualidades polimorfas.

Tão importante quanto a explosão discursiva em si seria a instauração de um movimento de gestão e regulação do sexo por parte do poder público, complementado pela emergência de discursos analíticos sobre o tema. Os volumes de *História da sexualidade* reúnem as ponderações de Foucault sobre o regime de poderes, saberes e prazeres, e as técnicas polimorfas de poder que sustentam os discursos sobre a sexualidade humana, atentando para quem os enunciam, o que é retido e o que é difundido e autorizado, quais instituições os incitam e por meio de quais canais eles capilarizam-se até chegar à conduta individual.

A argumentação de Sueli Carneiro é construída em um movimento paralelo à analítica da sexualidade do autor. A racialidade teria se constituído como objeto de interesse discursivo no contexto da escravidão africana, reeditando no século XV uma longa tradição teórica sobre a escravidão humana em um momento em que cresciam as expedições de conquistas coloniais. O escrutínio da temática da racialidade acompanharia a difusão de valores e valorações que justificavam a escravidão africana pelo Ocidente por quase quatro séculos. Portanto, da mesma maneira que a sexualidade, a racialidade teria conformado um domínio a conhecer, porque relações de poder a "[...] instituíram como objeto do possível; em troca, se o poder pode tomá-la como alvo, foi porque esse tornou possível investir sobre ela através de técnicas de saber e de procedimentos discursivos."[334] Os esforços de Carneiro voltam-se, então, à localização de discursos que, ao articularem saberes, poderes e modos de subjetivação, instituem a racialidade enquanto dispositivo.

Com o emprego da analítica do poder foucaultiana, a noção de "dispositivo" assume uma função primordial, uma vez que é usada para delimitar seu objeto de estudo. Tal escolha é orientada, sobretudo, pelas possibilidades que o conceito encerra na contemplação de relações de poder e de correlações de forças na sociedade. A autora explica que a

---

334 CARNEIRO, 2005, p. 34.

aplicação de "dispositivo" obedece a pretensões heurísticas, proporcionando a compreensão de alguns discursos e práticas que configuram a racialidade como dispositivo de poder e saber. Conquanto Foucault nunca tenha apresentado uma definição do termo, podemos sintetizar, de forma esquemática, a visão de desigualdade e de opressão no trabalho de Carneiro utilizando como pilar três características essenciais que são atribuídas ao conceito foucaultiano:

1. o dispositivo é um conjunto heterogêneo discursivo e não discursivo, que engloba instituições, leis, decisões normativas, discursos, enunciados filosóficos, medidas de segurança, disposições arquitetônicas etc. Ele é a rede que se estabelece entre esses elementos;
2. o dispositivo obedece a uma função estratégica dominante, definindo-se como "[...] estratégia de relações de força sustentando tipos de saber e sendo sustentada por eles.";[335]
3. o dispositivo traz em seu interior uma *épistémè*, que é aquilo que permite escolher os enunciados que serão ou não aceitos no interior do campo da cientificidade como verdadeiros ou falsos.[336] [337]

Na contemplação da primeira característica – a operação de uma rede linguística e não linguística que reúne instituições, discursos, leis, proposições filosóficas – a autora desvela componentes do dispositivo da racialidade, elencando aspectos do aparato de segurança pública, do exercício do poder médico, do sistema educacional, do estado brasileiro e do arcabouço textual acadêmico sobre negras(os), relações raciais e desigualdades raciais. Aspectos centrais do dispositivo da racialidade são destacados pelo emprego da ideia de "contrato racial" apresentada pelo filósofo político norte-americano Charles Mills.[338] Segundo Mills, o contrato social descrito por autores contratualistas, como Thomas Hobbes John Locke, Jean-Jacques Rousseau e Immanuel Kant, aninharia em seu interior outros contratos de outra natureza, dentre os quais ele destaca o contrato racial. As benesses da conformação de um governo e da sociedade civil introduzidas pelo contrato social, incluindo a neutralidade estatal, seriam distribuídas somente entre suas/seus fiadoras(es) racialmente hegemônicas(os). A violência característica do estado de natureza seria imposta aos povos racialmente

---

335 FOUCAULT, 2006, p. 244.
336 AGAMBEN, 2005; FOUCAULT, 2006.
337 Para um texto ilustrativo da abordagem de "dispositivo" por Foucault (2010). Sobre a *História da sexualidade*, ver também: FOUCAULT, 2006.
338 MILLS, 1997.

inferiorizados, destituídos das benesses contratadas em razão de sua condição de desiguais. Logo, o contrato racial estabeleceria "[...] uma sociedade organizada racialmente, um Estado racial e um sistema jurídico racial.",[339] estabilizando a supremacia branca que se fortalece com a empreitada colonial e as expedições de conquista do imperialismo europeu. O recurso ao conceito de "contrato racial" permite a Sueli Carneiro descrever a operação do dispositivo em nível institucional e jurídico.

A produção acadêmica é arrolada como um dos componentes linguísticos do dispositivo. A associação entre *intelligentsia* brasileira e relações de poder que subordinam o grupo social negro é examinada a partir de construções teóricas que refinam e reproduzem o "mito da democracia racial". Carneiro ressalta que está implícita nessas construções o preceito de que a denúncia da existência do racismo e do preconceito racial instituiria a desagregação, a ruptura do *ethos*, do desejo de autorrepresentação e do projeto nacional. Ela aponta que suas configurações discursivas minimizam a opressão a que o grupo racial negro está submetido, aprisiona as reivindicações emancipatórias em termos antinacionalistas e recusa trocas culturais e políticas forjadas no âmbito da diáspora africana – trocas que, como veremos no quinto capítulo, são retratadas como primordiais nos discursos do das intelectuais negras.

A descrição dos elementos constitutivos da racialidade antecipa, em partes, a discussão sobre o caráter estratégico do dispositivo, sua segunda característica primordial. Para compreendê-la, retornarei brevemente para as formulações de Foucault. De acordo com o filósofo francês, a natureza do dispositivo é essencialmente estratégica, pressupondo

> [...] certa manipulação das relações de forças, [...] uma intervenção racional e organizada nestas relações de força, seja para desenvolvê-las em determinada direção, seja para bloqueá-las, para estabilizá-las, utilizá-las, etc..."[340]

Na tese de Sueli Carneiro, esta característica é abordada a partir da leitura de que, na instituição de polaridades sociais, a cor da pele é elemento relevante para a distribuição de privilégios e prejuízos, sedimentando hierarquias sociais de longa duração e de longo alcance:

> [...] a racialidade é aqui compreendida como uma noção relacional que corresponde a uma dimensão social, que emerge da interação de grupos racialmente demarcados sob os quais pesam concepções históricas e

---

339 MILLS, 1997, p. 13.

340 FOUCAULT, 2006, p. 246.

culturalmente construídas acerca da diversidade humana. Disso decorre que o ser branco e ser negro são consideradas polaridades que encerram, respectivamente, valores culturais, privilégios e prejuízos decorrentes do pertencimento a cada um dos polos das racialidades. [341]

O dispositivo, explica Sueli Carneiro, demarca o estatuto humano como sinônimo de brancura, redefinindo e hierarquizando todas as demais dimensões humanas segundo expressões de proximidade ou distanciamento deste padrão. No encontro do Eu branco com o Outro negro, forja-se uma *ontologia do ser* processada pelo agenciamento da razoabilidade, da normalidade e da vitalidade. O Outro, por oposição, inscreve-se na *ontologia da diferença* e permanece excluído dos atributos do Eu. O Outro negro é capturado na projeção essencialista dos atributos da loucura, da anormalidade e do signo da morte, situando-se no terreno da ameaça, do perigo, da convicção da culpabilidade, da animalidade, da sexualidade promíscua, da incapacidade cognitiva, da fealdade, da violência e da morte. Daí derivam os modos de subjetivação disponíveis a este grupo:

> [...] pai Tomás, mãe preta (os negros de alma branca, leais, submissos e portadores de lealdade bovina a seus superiores), o malandro e a mulata (negros espertos, portadores de sexualidade exacerbada, e moralmente flexíveis ou ambíguos), o menor e o marginal (expressões do negro como perigo, negros violentos e implacáveis), o negro *entertainment* (jogadores de futebol, artistas, os negros símbolos da democracia racial), os negros elitizados (aqueles que, à boca-pequena, os brancos dizem que os "macaqueiam"), o intelectual subalterno, o excepcional, o ativista com todas as multiplicidades de sujeições: à ética partidária ou corporativa, a uma identidade folclorizada, na fixação da identidade. [342]

A concepção inferiorizante do Outro seria naturalizada pelas trocas contínuas entre o social e o ontológico: no contexto de industrialização crescente no país, a política de importação de mão de obra europeia branca e a celebração da miscigenação pelo estado e pela sociedade teriam decorrido de uma compreensão específica acerca das predisposições raciais de cada grupo humano, sobre os corpos adequados para impulsionar o processo de desenvolvimento capitalista e sobre a adequação de cada grupo para o cumprimento de um projeto nacional definido em temos estéticos e eugênicos.[343] Esta análise está alinhada com as representações e ideias

---

341 CARNEIRO, 2005, p. 34.

342 CARNEIRO, 2005, p. 302-303.

343 Acerca do pensamento eugênico no Brasil e das vertentes defensoras da miscigenação como forma de embranquecimento da população, ver: DÁVILA (2006) e STEPAN (2004).

empunhadas por autores canônicos da tradição sociológica brasileira, como mostrei no terceiro capítulo, situadas no bojo de um debate de desenvolvimento nacional e atuação do estado e atrelada a uma leitura das estruturas de poder. No interior desse projeto, a pobreza crônica do grupo negro teria emergido como confirmação social de uma disposição ontológica, com a indigência, a marginalidade, a escolaridade inferior, o insucesso no acesso a estruturas meritocráticas, o adoecimento, a exclusão de espaços de poder e decisão, entre tantos outros fenômenos, simbolizando sua inferioridade. O expediente normatizador do dispositivo sancionaria as empreitadas contestadoras desta dinâmica, impondo-lhes constrangimentos por meio das demonstrações de inadequação.[344] As alegações de intelectuais brasileiras(os) hegemônicas(os) de que os questionamentos do movimento negro à ordem social seriam perigosos, ressentidas ou fruto de ignorância seriam, neste sentido, emblemáticas, seja por favorecerem a manutenção dos ordenamentos vigentes, seja por deslegitimarem projetos da intelectualidade negra contrários a esta ordem.

Uma última expressão do caráter estratégico do dispositivo enfocada pela autora diz respeito ao biopoder que, para ela, se manifesta segundo construções de gênero. Resumidamente, Foucault[345] defende que o biopoder funda-se na equalização do direito à soberania ao direito de fazer morrer ou de deixar viver, que inaugura uma tomada de poder desdobrada em tendência à estatização do biológico. Isso implica, segundo o autor, em considerar que vida e morte não são fenômenos meramente naturais, localizados no exterior do poder político, uma vez que o soberano pode fazer morrer ou deixar viver. O biopoder consolida-se com a inserção do racismo nos mecanismos do estado, que passa então a reivindicar que a morte dos indivíduos de raça ruim, degenerados ou anormais resulta em uma vida população sadia e mais pura para o restante da população. Portanto, o racismo é indispensável para a determinação da função assassina do estado, seja ela exercida diretamente, ou indiretamente pela exposição à morte, pela multiplicação de riscos de morte, pela morte política, pela expulsão ou pela rejeição. As primeiras áreas de intervenção do poder e do saber da biopolítica teriam sido a natalidade, a morbidade, as incapacidades biológicas e os efeitos do meio.

Na leitura de Carneiro, a racialidade no Brasil materializa-se em processos de saúde, adoecimento e morte distintos, alinhados às prerrogativas da branquitude ou da negritude e articulando gênero e raça no estabele-

---

344 CARNEIRO, 2005.

345 FOUCAULT, 1979.

cimento de perfis específicos para o "deixar viver" e o "deixar morrer". As teias do dispositivo da racialidade aprisionariam em seu interior o "corpo-alvo" racialmente inferiorizado, acionando componentes linguísticos e não linguísticos que se traduzem, para os homens negros, na violência como solo constitutivo da corporeidade e em altos índices de mortalidade por homicídio que são subsidiados pela inércia do estado na defesa destas vidas ou, mesmo, pela ação das forças policiais. "O 'deixar morrer' configura-se, nesse caso, no abandono a que estão relegados os jovens negros à guerra do tráfico de drogas, no qual eles comparecem como soldados destinados a morrer e matar [...]", afirma.[346] Para as mulheres negras, os efeitos observáveis surgiriam tanto na interface entre composição demográfica e projetos de nação, que se expressa no controle de sua capacidade reprodutiva a serviço de uma suposta evolução civilizatória, quanto na negligência social e institucional de suas vidas, materializada em serviços de saúde precários e discriminatórios que culminam em processos de "deixar morrer".

Chegamos então ao terceiro traço definidor do dispositivo, a veiculação de uma *épistémè*. Como disse anteriormente, Foucault[347] explica que o dispositivo cumpre um papel seletivo dos enunciados circulantes na sociedade, discriminando o inqualificável e o qualificável no domínio desinteressado e livre, porém sujeito às exigências do poder, do científico. Esse traço constitui um desdobramento da regra da imanência foucaultiana, sintetizada na máxima: "[...] entre técnicas de saber e estratégias de poder, nenhuma exterioridade [...].[348] No contexto colonial, a permeabilidade do saber às relações de poder é ressaltada pelo que Sueli Carneiro chama de *epistemicídio*, evocando Boaventura de Sousa Santos.[349] Este autor considera que a visão civilizatória que informou o empreendimento colonial, ao difundir formas de produção do conhecimento pautadas pelo modelo epistemológico da ciência moderna, teria promovido a eliminação, a supressão, a subalternização, a marginalização ou ilegalidade de formas de conhecimento que eram sustentadas por práticas sociais ou povos que lhe eram estranhos. Com isso, teria suprimido toda uma variedade de perspectivas, cosmovisões e conhecimentos dos povos e grupos sociais inferiorizados.

---

346 CARNEIRO, 2005, p. 91.

347 FOUCAULT, 2006; 2010.

348 FOUCAULT, 2010, p. 109.

349 SANTOS, 1995.

Na estruturação de uma analítica do poder de Sueli Carneiro, a autora aciona temas presentes nos referenciais canônicos, como a vida reprodutiva das mulheres negras, a pobreza e o contexto de violência que assolam as pessoas negras. Contudo, ela atribui as associações do grupo negro a atributos de ameaça, animalidade, promiscuidade, fealdade e inferioridade intelectual ao dispositivo da racialidade que orienta a atuação do estado, da sociedade, e da própria intelectualidade brasileira, que usa seu posicionamento estratégico para justificar e legitimar o exercício de um poder que perpetua a opressão a que estão submetidos os grupos racialmente inferiorizados.

Jurema Werneck, a terceira intelectual considerada nesta seção, salienta questões da ordem da representação social em sua tese de doutorado intitulada *O samba segundo as ialodês: mulheres negras e a cultura midiática*.[350] Buscando apresentar um estudo sobre mulheres negras no samba que confira espaço para o protagonismo de figuras femininas, a autora denuncia mecanismos de invisibilização social das mulheres negras que se fazem notar na historiografia e na memória social. Mecanismos estes que teriam origem na desvalorização das mulheres negras enquanto sujeitos sociais e na naturalização do racismo e do sexismo implícita no modelo interpretativo calcado na ideia de "democracia racial", os quais estariam repercutidos nas análises da cultura e da música popular circulantes no país. Tal modelo interpretativo, argumenta, reitera definições de uma nação que se pretende fundada na cultura europeia, na qual as contribuições africanas e indígenas exercem um papel subsidiário ou secundário.

Além disso, ele oculta a violência explícita que a escravidão e o racismo significaram e significam ao difundir as noções de "cordialidade", de "adoçamento" e de "trocas afetivas" nas relações sociais, buscando conferir um grau de legitimidade e aceitabilidade à dominação branca. Ao permitir a incorporação de traços culturais dos grupos racialmente inferiorizados, a(o) protagonista branca(o) da mistura de raças ofereceria a esses grupos uma forma de compensação pelas atrocidades do passado. Ao contrário das interpretações dos autores referenciais da tradição sociológica brasileira, para ela, trata-se de uma operação que reitera posições de opressão e desigualdade, uma vez que permite à população branca acessar elaborações culturais negras sem que seja necessário engajar-se em suas lutas de transformação social, reduzindo a negritude a modalidades de consumo.

---

350 WERNECK, 2007.

O recurso a estereótipos é um segundo fator elencado por Werneck na caracterização da inserção de negras(os) nos estudos da música popular. Ela retoma a proposta de Stuart Hall[351] de que, nas sociedades racializadas, o estereótipo é elemento chave do exercício da violência simbólica, posto que deriva do poder de representar alguém ou alguma coisa de certa maneira, inserindo-a(o) em um determinado regime de representação. Assim, a noção de estereótipo coloca em primeiro plano conexões entre representação, diferença e poder, que podem ser evidenciadas no privilegiamento de expressões culturais vinculadas, em um primeiro momento, às tradições sudanesas e, em um segundo momento, às tradições iorubás como modelo de definição da negritude brasileira. A valorização de expressões menos hibridizadas com tradições europeias ensejaria uma posição de alteridade absoluta frente aos modelos de branquitude associados ao projeto de nação brasileira, ofuscando a multiplicidade dos grupos africanos e afro-brasileiros presentes no país. Expressões que não se enquadrem nos construtos estáticos e reificadores do que seria a cultura negra seriam desvalorizadas, invisibilizadas e desconsideradas nos estudos da cultura brasileira.

No mais, Werneck afirma que o gênero também desempenha um papel relevante na sobreposição entre raça e classe, observando que as mulheres negras, quando comparadas às demais mulheres e aos homens negros, têm sido sobrerrepresentadas nos grupos sujeitos à pobreza e à indigência ao longo da história colonial e pós-colonial. Vale notar, no entanto, que o gênero é pensado como um elemento qualificador da opressão a que é submetido o grupo negro, o que leva a autora a identificar as mulheres brancas como integrantes do polo de poder e imposição de violência.[352] Ela reivindica que as condições de produção de inferiorização do feminino na sociedade patriarcal são agravadas quando associadas à raça e, parafraseando Stuart Hall, afirma que "[...] gênero é a forma como a raça é vivida."[353] Para o polo masculino do grupo racialmente inferiorizado, isso implica na possibilidade de acesso a mecanismos de poder baseados no gênero que podem ser acionados em tentativas de recompor, ainda que de modo frágil e insuficiente, privilégios patriarcais negados aos homens negros pelo racismo, mas que seriam, ocasionalmente, acionados mediante o grupo feminino negro. Em contraste, o acesso ao poder econômico e político é dado prioritariamente aos homens brancos.

---

351 HALL, 1997.

352 WERNECK; LOPES, 2009.

353 WERNECK, 2007, p. 15.

As sambistas negras estariam, portanto, envoltas em um arcabouço de representação social insuficiente e desfavorável às mulheres negras, que "[...] se dá a partir dos interesses e necessidades envolvidos nas disputas de poder entre diferentes segmentos sociais, onde têm primazia a população branca e o sexo masculino".[354] Aproximando-se da famosa teorização da historiadora norte-americana Joan Scott[355] sobre gênero,[356] resumida na noção de que gênero é uma elaboração cultural binária e hierarquizante sobre diferenças sexuais dadas pela natureza, Werneck entende que a inferiorização das mulheres negras é um desdobramento da valorização cor da pele e do sexo para embasar sistemas de hierarquização social, definidos como racismo e sexismo.

A preocupação em contemplar gênero, raça e classe como categorias analíticas de poder e desigualdades é acompanhada da ênfase nos efeitos combinados desta configuração. Werneck chama atenção para o fato de que as mulheres negras "[...] vivenciam simultaneamente graus extremos de violência decorrente do sexismo, do racismo e dos preconceitos de classe social, em um bloco monolítico e tantas vezes pesado demais."[357] Esta leitura do mundo social é sintetizada pelo epíteto "racismo patriarcal", usado para designar a impossibilidade de dissociar os diferentes componentes da dominação ocidental: o patriarcado, o racismo, o colonialismo e o capitalismo.[358]

ELEMENTOS DE UM PLANO DESCRITIVO DAS REFLEXÕES DAS MULHERES NEGRAS

Retomando a constatação de que os textos da amostra como um todo lançam mão das categorias "raça", "classe" e "gênero" em interpretações sobre as hierarquias e dinâmicas sociais, os escritos acadêmicos de Lélia Gonzalez, Sueli Carneiro e Jurema Werneck desvelam algumas possibilidades em termos de sustentação de uma perspectiva analítica do entrelaçamento de gênero e raça que diverge de abordagens do pensamento social brasileiro e de leituras do feminismo acadêmico revisadas em capítulos precedentes. Em primeiro lugar, nesta configuração o poder é vislumbrado como um atributo dos grupos. Isso significa que, embora

---

354 WERNECK, 2007, p. 2.

355 SCOTT, 1986.

356 Joan Scott é conhecida por sua formulação de que gênero é uma elaboração cultural sobe as diferenças sexuais, hierarquizando essas diferenças dentro de um esquema dual. Cf.: SCOTT, 1986.

357 WERNECK, 2001a.

358 WERNECK, 2014b, p. 100.

ele possa ser exercido individualmente no contexto de relações interpessoais, os sentidos, as possibilidades e os resultados das interações são informados por disposições da estrutura social, ao mesmo tempo em que podem desafiá-la ou reforçá-la. Mais do que vivências individualizadas ou episódicas, as experiências que denotam inferiorização social são situadas em um quadro interpretativo de relações sociais amplas. A denúncia da subordinação tem como pano de fundo a proposta interpretativa da ordem social fundamentada na ideia de que, nas sociedades contemporâneas, o poder está organizado com base em marcadores sociais de desigualdades, entendidos como características individuais que adquirem significados relevantes na interação e organização sociais.

O trecho reproduzido a seguir, circulado em uma edição do *Boletim Toques Criola* de 2004, resume em breves linhas múltiplas manifestações do exercício de poder de um grupo sobre outro:

> Costuma-se dizer que não existe racismo no atendimento à saúde da população na rede pública de saúde.
> Mas nós sabemos que, para além dos resultados numéricos que mostram a inexistência de uma atenção igualitária à saúde da população, existem manifestações racistas, em diversos níveis de atenção à saúde. E podem ser constatadas na diferença de tratamento que negros recebem em relação a brancos no sistema. Exemplos destas diferenças você já conhece: Há mais serviços e profissionais nas regiões onde vivem os brancos e menos nas periferias; os serviços de saúde não desenvolvem programas voltados para os principais problemas enfrentados pelos negros (e o caso da anemia falciforme ressalta isto); maus-tratos que os negros enfrentam por parte de todas as especializações da saúde.[359]

O trecho problematiza, no campo do exercício coletivo e institucionalizado do poder, a ação do Estado, que assegura à população branca mais acesso a profissionais e serviços de saúde ao priorizar doenças prevalentes neste grupo e planejar e executar as políticas públicas a partir de suas necessidades e favorecendo sua localização geográfica. No campo interpessoal, ganha destaque a relação de profissionais e usuárias(os) dos serviços, que oferecem tratamento diferenciado a depender da cor da pele e maltratam as(os) negras(os). O enfoque utilizado para retratar o poder nos textos das ativistas associa as duas dimensões, associando os maus-tratos de profissionais, situado no nível microssociológico, a todo um repertório vigente em uma ordem macrossocial que inferioriza a negritude. Este achado aponta, em síntese, para uma *abordagem do poder prioritariamente macroanalítica*, que toma como unidade de aná-

---

[359] DACACH *et al.*, 2004.

lise a relação entre grupos sociais e que enfatiza processos coletivos aos quais a esfera do indivíduo encontra-se subsumida. É caudatária dessa perspectiva a noção de que o exercício coletivo e sistemático do poder, organizado com base em grupos socialmente marcados, converte a diferença em desigualdade, cristalizando hierarquias.

Os textos acadêmicos proporcionam, ainda, oportunidades para observar que o emprego do marcador "classe" alinha-se a matizes marxistas do conceito, segundo as quais as posições dos indivíduos na sociedade são determinadas por suas relações com os meios de produção e a relação entre classe dominante e classe dominada configura-se como "exploração".[360] Neste sentido, Lélia Gonzalez e Jurema Werneck falam em "exploração econômica" e Sueli Carneiro alude a "contradições de classe", expressando a tônica crítica do capitalismo. No mais, as autoras compartilham com o marxismo o enfoque estrutural e sistêmico, fato que fornece elementos que reiteram a percepção expressada anteriormente acerca da primazia de uma *abordagem macroanalítica do poder*. A centralidade do marcador "raça" na organização do capitalismo, contudo, diverge do referencial marxista: os textos, em geral, colocam em primeiro plano aquilo que Lélia Gonzalez chamou de "eficiência estrutural do racismo", ao apontar a imbricação das estruturas de classe à hierarquização racial e a condição privilegiada do grupo branco no acesso à condição de classe dominante.

Em tais esforços de acoplamento de raça a classe, é digno de nota o papel atribuído à ideologia pelas autoras, patrocinado por leituras próprias de definições de estruturalistas franceses como Foucault, Lacan, Althusser e autoras(es) por eles influenciadas(os), como Stuart Hall.[361] Deve-se ter em mente que as similaridades não ofuscam as preferências conceituais e estratégias analíticas de cada autora: além dos referenciais da política negra, Lélia Gonzalez promove o exame de relações e símbolos nacionais com base na teoria psicanalítica, Sueli Carneiro inspira-se em Foucault para refletir sobre o entranhamento de hierarquias sociais nas mais diversas dimensões da vida social, e Jurema Werneck recorre aos estudos culturais para explicar e corrigir a invisibilidade das mulheres negras na produção cultural nacional. Todavia, a similaridade reside no fato de que as intelectuais retratam as configurações ideológicas como mecanismos que viabilizaram a inferiorização de toda simbologia associada a negritude,

---

360 MARX, 2007.

361 Além das explanações apresentadas ao longo do capítulo, informações adicionais sobre a ideologia em Althusser e sua influência sobre Stuart Hall podem ser encontradas em: HALL; SOVIK; RESENDE, 2003.

africanidade e afrodescendência, relacionando-as, ademais, a disposições estruturais. Tal compreensão motiva as autoras a escrutinar simbologias promovidas pelas elites políticas e culturais, especialmente aquelas que compõem o conjunto de ideias que elas chamam de "democracia racial", e relacioná-las a posicionamentos no interior de relações hierárquicas.

O marcador *sexo*, por sua vez, aparece como um elemento qualificador da experiência de indivíduos racializados. De certa forma, a introdução de gênero como categoria analítica aproxima-se da proposta de María Lugones,[362] para quem o colonialismo determinou formas específicas de representações sociais e papéis de gênero interligados, porém diferenciados para mulheres europeias, nativas americanas e africanas de pele escura. No caso das intelectuais negras, o foco sobre as desigualdades estruturais de raça e classe parece surgir de uma proposta de desestabilização de projetos emancipatórios centrados em representações sociais e experiências de mulheres brancas e de classe média e, também, de visibilização da opressão a que estão sujeitos os homens de grupos raciais oprimidos.

A importância conferida aos processos sociais de inferiorização das mulheres negras, no entanto, é expressada pela adoção de terminologias específicas para designar sistemas de opressão que combinam de maneira complexa marcadores de gênero, raça e classe, como "sistema de dominação ideológico patriarcal-racista" e "racismo patriarcal" – termos que também podem ser encontrados na produção não acadêmica. As comparações das condições socioeconômicas de mulheres negras a outros grupos sociais e as menções à opressão agravada a que estão submetidas cumprem função semelhante a tais expressões, conquanto sejam desprovidas da mesma sofisticação conceitual: ao reiterar que as mulheres negras "estão na base da pirâmide social" ou "são as que se encontram em piores condições" ou "sofrem triplamente", muitas ativistas estão remetendo a um conjunto de ideias que há décadas circulam e são renegociadas no interior do movimento de mulheres negras.

No limite, tais interpretações não se referem somente às condições de vida das mulheres negras, mas também às condições da nação de produzir processos inclusivos e igualitários para os sujeitos relegados a lugares subalternos. A descrição dos fenômenos é orientada pela percepção de que relações assimétricas de poder são injustas, que manifestações de discriminação e violência estão relacionadas a configurações estruturais e que a opressão de alguns grupos determina privilégios para outros. Como coloca Lúcia Xavier:

---

362 LUGONES, 2008a.

[...] ao analisar a realidade, vemos que as mulheres negras são as últimas. Até porque elas acabam revendo se essa democracia de fato é uma verdadeira democracia, ou se ela é a democracia da elite, uma democracia que não permite a vivência com diferentes grupos e ao mesmo tempo a partilha de poder com diferentes grupos. Então o fato de as mulheres ainda terem indicadores sociais reveladores de uma pobreza, de experiências violentas, com falta de recursos, incapazes de dar sustento a sua próxima geração, significa também que é uma sociedade que elegeu esse grupo assim... Como grupo desprestigiado. *Eu diria que é como se nós fôssemos o resumo do processo da violência e da discriminação.* Mesmo que na população negra, por exemplo, outros grupos que também sofram discriminação, violência, até morte, em número igual ou comparável com as mulheres ou maior que as mulheres, quando você olha para a realidade você vê que as mulheres negras têm os índices sociais, as condições de vida mais precárias.[363]

Consequentemente, a transformação almejada pelas ativistas não pode ser totalmente alcançada por atos de vontade ou comportamentos individuais, tampouco ignorar os aspectos da vida social que as condições opressivas a que as negras são submetidas evidenciam. Elas dizem respeito a um projeto de justiça que supõe a transformação de toda a sociedade. Para aprofundar a compreensão deste projeto, explorarei no capítulo seguinte as configurações discursivas do direcionamento de ações e identidades coletivas, apontando elementos de um plano prescritivo das ações do movimento de mulheres negras.

---

363 XAVIER, 2015.

5
HORIZONTES POLÍTICOS: ORIXÁS, IALODÊS E EMPREGADAS DOMÉSTICAS EM PROPOSTAS DE JUSTIÇA SOCIAL

Entre a direita e a esquerda, eu continuo preta.

Sueli Carneiro

Evidentemente não poderiam faltar críticas quanto ao caráter divisionista desta organização, oriundas sobretudo do movimento negro organizado. Acusadas de olharem o próprio umbigo, as mulheres responderam que esta é uma boa maneira de começar a olhar o próprio corpo e suas entranhas e, quem sabe, fazer surgir daí uma novíssima sociedade sem discriminação de espécie alguma.

Wânia Sant'Anna

Eu, Mãe Beata de Iemanjá, em nome de todas as mulheres negras, principalmente da CRIOLA, quero desejar, em nome de Olorum, em nome de Obatalá, que todas nós nunca deixemos de pensar em todo momento que somos mulheres fortes e guerreiras. E que a nossa luta não é com armas e sim com a força que os nossos ancestrais nos legaram. E nesse momento todas nós estamos confiantes neles. Que dia a dia a nossa força aumenta.

Quero dizer que Zumbi não está do lado de lá. Ele está com todas nós. Foi confiando nele, na sua força guerreira, que até hoje nós estamos aqui num momento tão sublime como é o desta grande Marcha, mostrando como o povo negro é forte.

Mãe Beata de Iemanjá

As três epígrafes que abrem este capítulo trazem mensagens de lideranças femininas negras sobre concepções de ativismo, ilustrando o uso que fazem de constelações de imagens religiosas e de personagens de um passado longínquo da cultura e história afro-brasileiras, mas também sua interpelação de instituições políticas contemporâneas. A emergência dessas imagens plurais em discursos políticos da contemporaneidade é sugestiva de uma articulação promovida pelas ativistas negras em seus esforços de formular intervenções que impulsionem mudanças sociais. Após analisar a crítica social das intelectuais negras no quarto capítulo, no qual apontei a recorrência de uma abordagem estrutural do poder, atenta aos marcadores de raça e classe enquanto dimensões prioritárias, e de gênero enquanto qualificador das experiências dos diferentes grupos inscritos nessa estrutura, volto-me aqui a um inventário dos construtos discursivos que tratam de estratégias para questionar arranjos estruturais por elas definidos como injustos, mitigar seus efeitos nocivos e, em última instância, subverter a ordem social calcada em desigualdades de raça, classe e gênero. Almejo, portanto, reunir elementos de um plano prescritivo dos discursos das intelectuais negras, com vistas a compreender os horizontes políticos para os quais elas apontam.

Com isso em mente, guio-me pelas seguintes perguntas norteadoras: quais são as ideias mobilizadas pelas intelectuais negras para legitimar suas ações e projetos? Como elas buscam se instituir enquanto sujeitos políticos em uma ordem social que julgam desfavorável? Quais elementos elas acionam na construção de uma identidade coletiva? Uma vez que padrões de relações sociais existentes são refutados, como elas enxergam sua interação com o estado? Ao reunir pistas para responder a estas indagações, coloco em evidência os ordenamentos sociais e políticos que os projetos de justiça social das intelectuais negras pretendem construir.

Neste capítulo, ocupo-me da investigação de configurações discursivas do direcionamento de ações e identidade coletivas. Para isso, recorro aos apontamentos das teorias dos movimentos sociais de que os *frames* permitem a construção de alianças com simpatizantes e desmobilizam oponentes, além de desvelarem esforços para ressignificar noções de cidadania, de representação política e da própria democracia.[364]

---

364 ALVAREZ *et al.*, 1998; BENFORD, SNOW, 2000; BRINGEL, ECHART, 2008.

RESISTIR: MANUTENÇÃO DA VIDA, QUESTIONAMENTO DA ORDEM E PROTAGONISMO POLÍTICO

A crítica social sedimentada pelas intelectuais negras denuncia um quadro de opressão que atinge diretamente as mulheres negras enquanto grupo social, inscrevendo-as no substrato inferior das hierarquias da sociedade brasileira. Os arranjos discursivos sobre a atuação política destas mulheres descrevem as estratégias e direções conferidas aos esforços para manejar e vencer esta ordem:

> São inúmeras as histórias contadas por filhas de santo sobre seus cotidianos, onde, seja pela intervenção direta dos orixás, caboclos ou erês, seja através dos conhecimentos auferidos na prática religiosa que lhes instrumenta a manipular as diferentes situações e problemas que a vida lhes coloca. A força do orixá, o conhecimento das forças contidas nos elementos naturais, os banhos de ervas sagradas, os ebós, etc., o medo que impõem aos leigos essas práticas carregadas e mistério, faz com que elas se sintam investidas de um poder que elas põem à prova em todas as circunstâncias de vida. [365]
>
> Somos aproximadamente cinquenta milhões de brasileiras vivendo um quadro opressivo que restringe nossa possibilidade de viver de forma confortável em sociedade, demandando de nós a ampliação de nossa capacidade de agenciamento para superarmos as infindáveis barreiras interpostas. Para, desse modo, atingirmos patamares de dignidade e de melhoria das condições de vida individuais e coletivas. E são estes agenciamentos, estas voltas por cima, que o livro expõe, ao lado das experiências difíceis e de nossas análises sobre elas. [366]

Ambos os trechos são emblemáticos da articulação de um discurso em que uma posição social inferiorizada é apresentada em contraste com as possibilidades de questionamento da própria ordem social. O trabalho de Lélia Gonzalez apresentado no encontro da Associação Nacional de Pós-Graduação e Pesquisa em Ciências Sociais (ANPOCS) em 1980, e publicado posteriormente, oferece uma oportunidade de contemplar detidamente a padronização de discursos sobre o exercício da agência como "volta por cima". Inicialmente, a autora descreve situações em que análises sobre relações raciais e cultura afro-brasileira enunciadas por negras(os) são desacreditadas, relacionando a invisibilização e subordinação social. Em determinado ponto, a argumentação sofre uma guinada, passando a

---

365 IRACI, 1991b.

366 WERNECK *et al.*, 2012, p. 15.

enfatizar não mais a subordinação, e sim a ação do grupo dominado para reverter a configuração desfavorável. O trecho reproduzido abaixo trata a elocução como um ato criativo e desafiador da hegemonia:

> Ora, na medida em que nós negros estamos na lata de lixo da sociedade brasileira, pois assim determina a lógica da dominação, caberia uma indagação via psicanálise. É justamente a partir da perspectiva proposta por Miller, ou seja: por que o negro é isso que a lógica da dominação tenta (e consegue muitas vezes, nós o sabemos) domesticar? E o risco que assumimos aqui é o do ato de falar com todas as implicações. Exatamente porque temos sido falados, infantilizados ("infantis" é aquele que não tem fala própria, é a criança que se fala na terceira pessoa, porque falada pelos adultos) que neste trabalho assumimos nossa própria fala. Ou seja, o lixo vai falar, e numa boa. [367]

A repetição desse jogo de contrastes se faz presente em muitos dos textos incluídos na amostra. Palavras como "superação", "resistência", "enfrentamento", "coragem" entram em cena e formam polos de tensão que reconfiguram posicionamentos ao complementarem os termos "barreira", "isolamento", "discriminação", "violência", "subordinação", "opressão":

> O isolamento a que foi condenada retrata a dificuldade de inserção da questão de gênero e raça na estratégia política, principalmente pelos partidos políticos, para pensar o Estado-nação, compostos por uma imensa diversidade. E por outro lado, a negação da mulher negra como sujeito político. Como estratégia para romper com o isolamento as mulheres negras têm buscado enfrentar conjuntamente estes elementos a partir de lutas para a melhoria das condições de vida e pela dignidade do povo negro. Rompendo também com o anonimato e o silêncio de milhares de mulheres negras duplamente exploradas e oprimidas, apontando as suas necessidades, bem como lutando pela realização do direito à vida, ao corpo, à dignidade, ao respeito, à individualidade e sobretudo ao direito de ser o que são: mulheres negras.[368]

A tônica de Lúcia Xavier, por sua vez, recai sobre as conquistas e sobre os processos coletivos de autodefinição e autorrepresentação das mulheres negras, chamando atenção para mudanças sociais desencadeadas num período histórico relativamente curto, que vai da Abolição da escravidão no país em 1888 aos dias atuais:

---

367 GONZALEZ, 1984b, p. 17-18.

368 AMNB, 2001.

> Eu vejo mulheres negras, mesmo que ainda em condições precárias, atuantes, participativas, disputando espaços de poder através de suas ações políticas, definindo ou querendo definir as ações do país, dizendo qual é a sua dimensão. [...]. Esse quadro se transformou em quase duzentos anos praticamente, ou cem anos, não sei calcular isso. Mas para quem começa o início da República com, basicamente, na sua maioria, domésticas, vendedoras ambulantes... E chega já em 2015 como doutoras, médicas, jornalistas, advogadas, deputadas, governadoras, mesmo que uma ou duas, mudou muito!
> [...]
> Você já lê gente negra escrevendo. Nós não estamos falando dos Estados Unidos, estamos falando do Brasil. [...]. Então, quando você olha essa larga produção de jornais, larga construção de instituições e organizações sociais, tanto religiosas, culturais, larga ação política de diferentes grupos, mesmo assim você vê a população tentando a duras penas alcançar outros níveis. Eu acho que, de certa forma, se a gente olhar, são vitórias grandiosas. Sair da abolição e em cento e poucos anos, um século e pouco, já ter dado a volta por cima de diferentes processos. É lógico, a gente está olhando, sabe que é um número muito pequeno em relação à população negra no modo geral, mas é assustador como essa população conseguiu dar a volta por cima. [369]

Werneck,[370] por seu turno, argumenta que a denúncia da subordinação das negras implica na necessidade de se considerar sua situação de desvantagem como dado fundamental para sua constituição enquanto sujeitos da diáspora africana. Em outras palavras, a subordinação é o contexto em que seus projetos e estratégias são geradas:

> Ao reconhecer a sociedade brasileira como permeada por práticas racistas e patriarcais, apontamos as mulheres negras como sujeito principal deste estudo, uma vez que estão expostas a diferentes demandas que podem resultar em sua subordinação. Ao mesmo tempo, *a desigualdade social produzida poderia exigir deste segmento particular o desenvolvimento de estratégias também particulares de resistência, autopreservação e confronto que dialoguem ou não com outras estratégias empreendidas pelos diferentes grupos que povoam o tecido social. Ou seja, as mulheres negras seriam provocadas a produzir práticas inovadoras que podem resultar em instabilidades, ou mesmo em mudanças (se pensarmos no longo prazo e na coexistência de outras estratégias contestatórias), do status quo.*
> [...]

---

369 XAVIER, 2015.

370 WERNECK, 2007.

A afirmação das mulheres negras como sujeitos subordinados não significa sua definição como vítimas inoperantes ou apáticas de sobredeterminações, despossuídas de ferramentas de contraposição e de reorganização em nome de sua sobrevivência individual e grupal. Ao contrário, o trabalho aqui desenvolvido recorre ao pressuposto de seu reconhecimento como sujeitos sociais e políticos, o que obriga a questionar a efetividade da chamada "ordem de silêncio" na produção do completo silenciamento não apenas das mulheres negras, mas destas em particular. [371]

A persistência do que Werneck chama de práticas inovadoras é o critério empregado para concluir que as mulheres negras atuam como "[...] agentes importantes na constituição do tecido social."[372]

O uso recorrente da figura retórica da antítese, visto nos trechos acima, é alcançado por meio da apresentação de elementos que descrevem a estrutura social injusta e desigual ("lata de lixo da sociedade", dispositivo da racialidade, ordem do silenciamento, ideário da democracia racial, dados socioeconômicos negativos, experiências de discriminação e violência) e a simultânea introdução de registros em que a agência desafia as sobredeterminações que ela impõe. O encontro de dois termos aparentemente opostos, a opressão e o protagonismo, propicia a emergência da ideia de resistência, viabilizada pela formulação e emprego de tecnologias de contraposição e reorganização social por um sujeito que, ao atuar na constituição e transformação do tecido social, torna possível a reprodução biológica, econômica, cultural, social e política do grupo subordinado. A aplicação da antítese sublinha que, frente às condições opressivas, a própria existência não é dada de antemão; esta reprodução depende da agência para ocorrer, reivindicando um reconhecimento da natureza contra-hegemônica das ações. Existir é subverter, formular e defender projetos políticos é contrariar as disposições opressivas; encontrar espaço para práticas culturais e religiosas e derivar delas estratégias de afirmação social é fazer política.

A peculiaridade dessa construção reside no enquadramento da agência enquanto um atributo que pode ser individualizado, mas que ganha sentido no bojo da estrutura social, sobretudo, quando é exercido com base na consciência das posicionalidades dos grupos sociais. No mais, a proposição da esfera da existência do cuidado corpo físico enquanto espaço de *resistência* e indissociável da esfera política ancora-se em uma abordagem particular.

---

371 WERNECK, 2007, p. 1; p. 16-17. (grifos meus)

372 WERNECK, 2007, p. 271.

No terceiro capítulo, ao revisitar obras canônicas da tradição sociológica brasileira, constatei a recorrência de representações das mulheres negras no exercício de funções de cuidado dos corpos brancos e de famílias brancas ensejados pelo trabalho realizado na esfera privada – figurando nas narrativas como cozinheiras, quituteiras, babás, concubinas, escravas domésticas, amas de leite, donas de casa, mães e empregadas domésticas remuneradas. Também apontei a associação promovida pelos autores entre as mulheres negras, o sexo e a reprodução, e a forma como estas representações são instrumentais na composição de um projeto de nação, que diz respeito à esfera pública. Tal distinção conceitual entre público e privado tem sido usada na teoria política, na economia e na sociologia para distinguir a vida não doméstica da vida doméstica e íntima, incluindo responsabilidades familiares, cuidado de pessoas dependentes e provimento de atenção e afeto, bem como atividades voltadas à reprodução social e ao bem-estar, como limpeza e preparo de alimentação.[373] Em geral, são relegadas à esfera privada atividades que têm sido tradicionalmente realizadas por mulheres e, no Brasil, por mulheres negras. Muitas das análises sobre mobilização social e sobre o Estado limitam-se a considerar o trabalho de cuidado como apolítico ou a pensá-lo como obstáculo para a participação das mulheres na vida cívica e política.

Atentando para as interpenetrações entre a esfera pública e a esfera privada no cotidiano dos indivíduos, algumas teóricas buscaram construir noções de participação no âmbito político mais adequadas à inclusão da experiências de mulheres.[374] Raia Prokhovnik,[375] por exemplo, sugere que o cuidado com filhas(os) deve ser reconhecido e valorizado na qualidade de obrigação cívica, enquanto Nancy Naples[376] afirma que mulheres ativistas tendem a basear suas identidades sociais e políticas nos múltiplos papéis que desempenham na sociedade, incluindo o da maternidade. Essa politização de aspectos da vida privada por movimentos feministas, abrangendo relações intrafamiliares, sexualidade e decisões reprodutivas, não passou despercebida pelas teorias de movimentos sociais, tendo sido constatada por autoras(es) como Alain Touraine[377] e Alberto Melucci.[378]

---

373 PATEMAN, 1993; OKIN, 2008; BIROLI, 2013.

374 VROMEN, 2003.

375 PROKHOVNIK, 1998.

376 NAPLES, 1998.

377 TOURAINE, 1989.

378 MELUCCI, 1996.

Em suas descrições das empreitadas de *resistência,* as ativistas negras também se alinham a esforços de politização do que seria a esfera privada, reivindicando, contudo, experiências e papéis que extrapolam aqueles tradicionalmente atribuídos a mulheres brancas. Com isso, atrelam a noção de resistência a uma forma do exercício do cuidado que precisa lidar com os efeitos devastadores da opressão racial e de classe sobre si e sobre a comunidade. De fato, há uma continuidade entre o que é entendido como resistência na esfera privada e as manifestações da subjetividade política coletiva das mulheres negras. E esta é uma formulação central em sua caracterização de uma identidade coletiva.

A proeminência do biopoder nas reflexões de Sueli Carneiro[379] determina um olhar sobre as estratégias de sobrevivência do corpo físico, bem como do descarte de ideologias dominantes:

> Se, como afirma Foucault, a todo poder opõe-se resistência, essa se dará em primeiro lugar em estratégias de sobrevivência física, posto que o anjo da morte do biopoder impõe, para a racialidade dominada, *o manter-se vivo como o primeiro ato de resistência. Portanto, ao permanecer vivo, seguem-se os desafios de manutenção da saúde física, de preservação da capacidade cognitiva e, por fim, o de poder compreender e desenvolver a crítica aos processos de exclusão racial e, finalmente, encontrar e apontar os caminhos de emancipação individual e coletivos.* Poucos são capazes de completar a totalidade desse percurso ou de percorrer essa difícil trajetória: de sobreviver fisicamente, libertar a razão seqüestrada e estabelecer a ruptura com a condição de refém dos discursos da dominação racial. A condição de marginalização social e de ignorância a que a maioria encontra-se submetida tende a mantê-la na esfera da luta pela reprodução básica da vida, na atenção aos instintos primários, em que a segurança alimentar é um desafio cotidiano.[380]

A *sobrevivência biológica* no interior de uma nação em que o dispositivo da racialidade dita os processos de nascer, viver e morrer engendra uma ação social transformadora. Isso não elimina, todavia, a existência de modalidades de ação de maior alcance e implicações para a estrutura social. Voltando-se à dimensão ideológica e política, a autora argumenta que a racialização do espaço público pela branquitude é um elemento essencial do dispositivo da racialidade. Ele dita as possibilidades de inclusão das(o)s negras(os) no projeto nacional, impondo arranjos que descartam o grupo enquanto portador de elementos civilizatórios e raciais

---

379 CARNEIRO, 2005.

380 CARNEIRO, 2005, p. 150.

úteis. Com isso, Carneiro vislumbra duas possibilidades de inserção de negras(os) na sociedade: a primeira é a inserção social individualizada, em reconhecimento a excepcionalidades atribuídas exclusivamente a pessoas de maneira isolada, ensejando uma mobilidade social episódica e consentida pelo grupo racial dominante – tão mais bem-sucedida quanto logre se desassociar de marcas físicas e simbólicas atribuídas à negritude; a segunda possibilidade é a instituição do sujeito coletivo demandador de direitos, que afirma a subjetividade política e promove a inscrição do sujeito político negro e a inscrição coletiva nos pactos sociais. Esta segunda possibilidade figura como ação social transformadora por excelência, na medida em que se contrapõe à naturalização e universalização do privilégio racial branco no espaço público:

> As tentativas de afirmação social dos afrodescendentes manifestam-se no plano das idéias, dos comportamentos individuais e da ação política por meio de um amplo leque de atitudes, variando entre pólos opostos. Podem apresentar, por um lado, forma despolitizadas, nem por isso inócuas ou inconsequentes, de adesismo e/ou conivência com os discursos e práticas historicamente constituídos em torno das relações raciais no Brasil, em formas violentas ou anti-sociais de reação à exclusão social. Por outro lado, expressam-se, também, pela constituição de sujeitos coletivos recortados por diferentes concepções políticas e partidárias, que expressam diferentes projetos de inclusão dos afrodescendentes em curso na sociedade brasileira.[381]

As narrativas sobre a resistência das mulheres negras conseguem reunir a esfera do cuidado do corpo e a esfera pública em um mesmo arcabouço discursivo, em contraste com vertentes acadêmicas que separam estas duas dimensões com base em papéis sociais de gênero predominantes na sociedade. Nilza Iraci[382] intercala atividades de cuidado e formatos tradicionais de mobilização em seus construtos sobre ação política. Esta intelectual elenca simultaneamente aspectos da mobilização política, do trabalho reprodutivo não remunerado e do trabalho remunerado como elementos desafiadores da ordem social que definem as ações políticas das negras. O cuidado emerge como um trabalho político e, portanto, que diz respeito à dimensão coletiva:

> Você tem hoje um problema gravíssimo que é essa coisa que está acontecendo com os homens negros, que é um genocídio dos homens negros reconhecido pela ONU [Organização das Nações Unidas]. Quem é que

---

381 CARNEIRO, 2005, p. 149.

382 IRACI, 2005.

cuida, quem é que fica, que é quem cuida dessas crianças, quem são as viúvas, quem são as mães, quem são as irmãs? Quem é que mantém isso? Quem é que mantém isso? São essas mulheres, esse movimento de resistência que é das mulheres negras que vão recolher seus mortos. [383]

Sobre a mobilização política, a ativista discorre sobre a formação de um sujeito político e também da identidade coletiva do movimento que integra, articulando estes mesmos elementos:

> Acho que já caminhamos bastante [enquanto movimento de mulheres negras]. Já se alcançou, por exemplo, um espaço de visibilidade impensável. Já conquistou uma identidade própria. Já se conquistou enquanto sujeito político.
> [...]
> Eu acho que o que determina isso [a constituição do movimento de mulheres negras], é exatamente, é o momento em que as mulheres negras resolvem se organizar enquanto sujeito político e enquanto identidade própria. É uma identidade de mulher negra, com voz própria, etc. O problema é que ela vem nessa perspectiva desacreditada pelos dois movimentos [movimento feminista e movimento negro]. Mas, através da competência, tem muita competência, das mulheres negras, da ousadia, da persistência e daquilo que a mulher negra carrega, que é trabalho. Da seriedade. Eu acho que a mulher negra tem isso. Ela traz aquela coisa do cuidado, mas ela traz também uma coisa da persistência, do trabalho cotidiano e da ousadia e da valentia. Ela emerge dessa maneira. De repente, quando as pessoas se deram conta, o movimento não recuava mais, as pessoas eram obrigadas a reconhecer esse movimento. A mulher negra estava presente nos espaços, né? O tempo inteiro dizendo: "Nós existimos, nós queremos isso, nós não abrimos mão, nós não recuamos".
> [...] O movimento de mulheres negras não é emergente. Ele sempre existiu. Ele toma diferentes formas, mas o movimento de resistência das mulheres negras, ele é um movimento. Quer dizer, quem é que resistiu depois da abolição, quem é que segura a onda da sua comunidade? [...] Não tem nenhum movimento emergente. Agora vem um movimento de mulheres negras que atravessou as fronteiras, rompeu limites e isso e o assusta um pouco, um modo de ocupar espaços [...].[384]

As representações emergentes e os elementos discursivos mobilizados no material analisado oferecem uma alternativa àqueles empregados pelos autores da tradição sociológica brasileira, sobretudo quanto à relação entre mulheres negras e o cuidado, e também quanto a sua participação no

---

383 IRACI, 2005.

384 IRACI, 2005.

projeto de nação e sua postura frente à opressão. Nas obras dos autores analisados, o cuidado é desempenhado por mulheres negras em favor de homens e mulheres brancas(os), sob regime escravista ou de forma remunerada, e diz respeito a supostas habilidades naturais ou possibilidades limitadas pelo repertório cultural das(os) negras(os) e pela estrutura social. Para o movimento de mulheres negras, o cuidado figura como um elemento da identidade coletiva, dada não apenas a perenidade com que as mulheres negras têm servido à sociedade branca, mas principalmente como cuidado de si própria(o) e de outro(s) indivíduo(s) negro(s), com base nos vínculos afetivos ou relações interpessoais, frente a um cenário de violência e condições socioeconômicas precárias. O cuidar de si e do outro constitui uma estratégia de enfrentamento à opressão.

Nos cânones, a incapacidade, o desequilíbrio, o desajuste e a disfunção marcavam a participação da população negra – mulheres negras inclusive – na sociedade brasileira. Desenvolver um projeto de nação significaria, nessa perspectiva, lidar com a população negra como um problema a ser superado. Já o movimento de mulheres negras reivindica a possibilidade de falar sobre si e sobre as transformações almejadas rumo a um ideal de sociedade. Seu projeto de nação está pautado por uma diversidade que se harmoniza com os direitos básicos de cidadania a todas(os), e que se contrapõe às configurações atuais, em que a possibilidade de inclusão na nação descarta a participação da população negra.

A ressignificação do cuidado e a consideração de sua dimensão de resistência pelas ativistas coexiste com o entendimento de que as mulheres negras têm sido relegadas a funções de cuidado em decorrência de configurações opressivas e à exploração de seu trabalho. Nesse ponto, elas destoam de argumentos como os de Prokhovnik e Naples, que tendem a solapar a diversidade existente entre as mulheres, exportando para o conceito de cidadania generalizações sobre experiências de maternidade de mulheres brancas, de classe média, heterossexuais, física, econômica e socialmente hábeis a gerar e cuidar. Eles enfocam a existência de vínculos afetivos e relações interpessoais, em detrimento do trabalho de cuidado exercido independentemente de laços parentais, colocam em segundo plano as atividades de limpeza e preparo de alimentos; negligenciam as escolhas limitadas de inserção no mercado de trabalho ou possibilidades de exercício de maternidade em moldes tradicionais por muitas mulheres ocupadas como babás, cozinheiras e empregadas domésticas; por fim, nada acrescentam sobre a experiência de exercer o cuidado de familiares ou membros de uma comunidade que enfrentam condições socioeconômicas precárias, o esfacelamento da unidade social pela violência ou mesmo pelo regime de escravidão. A politização da vida privada a partir de experiências emblemáticas para as mulheres negras esgarça a visão do privado como maternidade voluntária e exercida em condições ótimas, ajudando a pensar que o desenvolvimento de estratégias de resistência não substitui a reivindicação de regimes de cidadania que promovam a dignidade, a redistribuição de bens materiais e uma estrutura de cuidados em benefício das pessoas que exercem trabalhos de cuidado e de grupos racialmente subjugados.

O exercício de descrever situações opressivas que emanam de uma estrutura social hostil coloca em evidência a vitimização e crítica social, ao mesmo tempo em que se converte em estratégia para catapultar identidades, situar a agência de indivíduos de determinados grupos e inscrever experiências de grupos sociais oprimidos no âmbito da política. A afirmação do protagonismo das mulheres negras na deflagração de processos de manutenção da vida e de transformação social, abrangendo tanto estratégias de preservação da vida e da saúde quanto estratégias de ocupação de espaços políticos e posições de poder tradicionais, constitui, assim, um primeiro elemento distintivo do pensamento das intelectuais negras.

Este elemento ressalta percepções sobre oportunidades políticas e sucesso de ações coletivas dos sujeitos, favorecendo uma contextualização de oportunidades e obstáculos, objetivos e esferas de politização, como a existência física, os espaços de política tradicionais, o mercado de trabalho, enunciação e a subjetividade política.

Ao mesmo tempo, a amostra escolhida revela que, ao caracterizar as mulheres negras como um grupo social, mais do que um grupo identitário, forja espaço para a contemplação de sua diversidade. Com frequência as ativistas chamam atenção para a heterogeneidade das mulheres negras e dos projetos por elas encampados, alertando contra visões simplificadas. Nilza Iraci[385] evidenciou esta perspectiva ao tratar da questão da representatividade do movimento: "Eu tomo muito cuidado com representação. Em qualquer lugar que eu vou, eu digo: 'eu não represento as mulheres brasileiras'. Porque é muito amplo e muito perigoso". Indagações sobre a atuação política das mulheres negras foram respondidas com ressalvas e ênfase na pluralidade:

> Talvez o elemento que precise ser considerado nesse enunciado é que ele [o movimento de mulheres negras] não advoga a unicidade, a unidade. A unicidade sim, não a unidade, no sentido de um único. São diferentes

---

385 IRACI, 2005.

> discursos, de diferentes enunciados, querendo diferentes coisas. [...] tem de tudo um pouco, tem inclusive coisas com que eu não me alinharia.[386] Eu vejo mulheres negras, mesmo que ainda em condições precárias, atuantes, participativas, disputando espaços de poder através de suas ações políticas, definindo ou querendo definir as ações do país, dizendo qual é a sua dimensão. *Lógico que eu estou falando aí de um grupo.* Estou falando de mulheres que mudaram radicalmente as concepções que se tinha delas ao longo do tempo. *Vivemos num mar onde tem de tudo: ainda tem a famosa mulata Globeleza, mas também tem a doutora, tem a doméstica, tem de tudo...*[387]

Em nenhum lugar esta concepção de heterogeneidade parece ser tão explícita quanto em uma passagem em que a própria Jurema Werneck afirma peremptoriamente: "As mulheres negras não existem. Ou, falando de outra forma: as mulheres negras, como sujeitos identitários e políticos, são resultado de uma articulação de heterogeneidades [...]."[388] Ora, diante da refuta de uma visão uniforme dos projetos políticos pelas militantes, que ressaltam a existência de perfis múltiplos e variados de mulheres negras, cabe investigar quais são os fatores que possibilitam que ideias, experiências e projetos tão distintos, centrados em espaços de poder que vão do lar ao Congresso Nacional, sejam alocados sob o guarda-chuva da "subjetividade identitária e política das mulheres negras", a que alude Jurema Werneck. Mais do que isso, é importante compreender como tais esforços diversificados estão articulados a um grupo social mais abrangente de "mulheres negras", a que este movimento social faz referência, ao mesmo tempo em que recusa um discurso de representação do grupo social como um todo.

Ao ser indagada sobre as convergências na atuação política, esta mesma ativista aprofundou a percepção de que a reivindicação de um lugar de enunciação é o único elemento unificador de individualidades heterogêneas:

> Mas dessas [perspectivas], acho que tem em comum essa possibilidade, demanda e afirmação de protagonismo. E não é só um protagonismo feminino, ou feminista, no sentido de que as mulheres... "eu como mulher tenho direito de...". Mas é um protagonismo de que, onde quer que você se posicione, é preciso que você se responsabilize – e tenha condição de se responsabilizar – pelos enunciados que você faz.

---

386 WERNECK, 2014a.

387 XAVIER, 2015. (grifo meu)

388 WERNECK, 2009.

Compreende? Não é dizer que o horizonte político do Brasil é a democracia, ou é a ditadura, ou é o nazismo, mas que você tenha condição de colocar esses enunciados e se responsabilizar por eles. Eu acho que basicamente, é essa a coisa que têm em comum. O resto tem de tudo um pouco, tem inclusive coisas que eu não me alinharia. Mas eu acho que tem isso. É um protagonismo, e é uma responsabilidade que não é só da carga individual que tem isso – eu bato a mão na mesa para dizer que fui eu que disse – mas é falar em nome...[389]

ORIXÁS, LÍDERES E DOMÉSTICAS: REPOSITÓRIOS DE REPRESENTAÇÕES SOCIAIS E INSPIRAÇÃO DE IDENTIDADES COLETIVAS

Ao produzir discursos analíticos e justificar intervenções voltadas a alterar uma realidade imediata, as intelectuais negras inúmeras vezes elencam histórias, eventos e personagens como fonte de inspiração. Detendo um olhar sistemático sobre tais histórias, eventos e personagens na amostra de textos examinadas, pude identificar três representações predominantes: as imagens associadas às religiões afro-brasileiras; as relacionadas à liderança e à estratégia política; e aquelas inspiradas pela figura da empregada doméstica.

O conjunto de imagens associadas às religiões afro-brasileiras com frequência destaca as figuras de orixás e outras entidades religiosas femininas. Os dois trechos transcritos abaixo são emblemáticos da aparição das figuras sagradas das tradições afro-brasileiras nos textos das intelectuais negras:

> Os aspectos "anti-sociais" das orixás femininas são temíveis por todo povo de santo. A ira de Oxum pode provocar o desencadeamento dos aspectos contraários às suas qualidades. Dessa forma, enquanto provedora de filhos, quando irada pode trazer a esterilidade e os abortos sucessivos, as enchentes, os males do amor. Iemanjá igualmente representa no seu aspecto perigoso a ira do mar, a esterilidade e a loucura. Nanã, uma das deusas mais temidas, pode trazer consigo a morte precoce e trágica. Iansã pode desencadear a ira dos espíritos dos mortos que estão sob seu domínio, os raios e as grandes confusões. Ewá e Obá? Delas pouco se sabe, mas muito se teme... Dizem alguns sacerdotes que Ewá quando incorporada deve permanecer amarrada, pois quando na sua forma animal pode provocar feridas que levariam sete anos para serem curadas. [...]
> Cada orixá representa uma força ou elemento da natureza, um papel na divisão social e sexual do trabalho, e como desdobramento disto, a este papel estão associadas características emocionais, de temperamento, de voliçãoo e de ordem sexual.

---

[389] WERNECK, 2014a.

[...]
Iansã: De temperamento forte, intrépida, voluntariosa e sensual, Iansã é uma *deusa guerreira*. Ela luta ao lado de Xangô, seu marido, e domina os espíritos dos mortos (os Eguns). Deusa do fogo e das tempestades, assim como Xangô tem domínio sobre os trovões, ela controla os raios. Seus símbolos rituais são a espada e o eiru (arma com que Iansã espanta os Eguns) e sua cor é o vermelho vibrante.[390]

A tradição iorubá – dos povos africanos sub-saarianos, especialmente aqueles que vieram de onde se localizam hoje Benin e Nigéria a partir do século XIII, nos disponibilizou diferentes exemplos. Não deve ser coincidência estes mitos terem resistido à travessia transatlântica nas condições sub-humanas com que vieram, resistindo ao regime de aniquilamento e terror racial, às investidas do eurocentrismo cristão, à violência patriarcal, sendo preservados (e, é claro, transformados, pois se trata de culturas vivas) na tradição afrobrasileira do século XXI. Cito aqui algumas delas:
• Nanã: é a responsável pela matéria de que é feita todo ser humano, a terra úmida, a lama e o lodo. Insubordinada, recusou-se a reconhecer e aceitar a supremacia masculina de Ogum, o senhor dos metais e das guerras, sobre as demais divindades.
Esta recusa é simbolizada pela proibição do uso de metais em suas cerimônias até hoje. Nanã, mulher idosa, está ligada também à morte, ao passado e à preservação da tradição.
• Iemanjá: é a dona das águas do mar, mãe de todos filhos-peixes. Tem seios fartos e simboliza a maternidade acolhedora. Foi casada, mas seu marido desrespeitou uma das regras que lhe impôs (não falar mal de seus seios), rompeu com ele, saiu de casa, voltando para casa de sua mãe. *Aqui, reafirma a ligação e parceria entre mulheres e o poder da maternidade. Além de assinalar que o divórcio é também sagrado.*
• Iansã: é a senhora dos ventos e dos raios. Uma força guerreira, perigosa, insubordinada. É ela que, desobedecendo à regra que vedava às mulheres a participação no culto dos mortos, obteve o poder de penetrar suas cerimônias e dançar com eles. Compartilha seus mistérios. E ainda, é aquela que, apropriando-se dos poderes destinados ao rei – Xangô, seu marido – adquiriu o poder de cuspir raios e soltar fogo pela boca. Iansã é também a mãe que abandona os filhos, que serão criados por Iemanjá.
• Oxum: travou uma disputa com Orixalá, o rei, por seus poderes. Dessa disputa saiu vitoriosa, tornando-se a senhora do ouro e da riqueza. Como Nanã, é chamada de ialodê, a que fala pelas mulheres. Está ligada à fecundidade, à menstruação e ao futuro. E à instabilidade simbolizada

---

390 IRACI, N. (Ed). *Mulher Negra. Cadernos Geledés*, IV, São Paulo: Geledés, 1991b. p. 23-24.

pelo curso dos rios. Uma das características mais expressivas de Oxum é sua sensualidade, sua sabedoria em relação às artes e delícias do sexo.
• Obá: é corpulenta, *forte, especialista em luta corporal, através do que venceu todo os deuses e deusas.* Exceto um, Ogum, que só pôde vencê-la de forma desonesta. Ou seja, sua força só pode ser rivalizada pela astúcia. Temos também as tradições de origem nos povos bantus (especialmente onde hoje estão Angola e Moçambique), que foram os primeiros povos africanos trazidos à região. *Estas propagam também modelos de mulheres fortes, guerreiras, sensuais,* muitas delas com os mesmos nomes e atributos das divindades iorubás. Entre as diferenças, destaca-se as novas modalidades de articulação cultural que estabeleceram a partir de intercâmbios com outras culturas marginalizadas, e com as mulheres destas culturas, nas periferias urbanas do país e nas áreas rurais. Assim, ao lado das diferentes divindades de origem africana, cultuam também divindades indígenas, entre elas as índias *guerreiras* (chamadas de caboclas – a uma delas devo meu nome, Jurema), *as ciganas, as prostitutas, as que vivem nas ruas.*
Trabalhadoras, lutadoras, as que não estão subordinadas ao poder masculino, as que não têm ou não querem homens ou filhos (mas sem abrir mão do sexo), sensuais, voluntariosas, fortes. [391]

A valorização das figuras femininas das tradições religiosas é alicerçada na referência intertextual a discursos hegemônicos sobre a feminilidade, nos quais as representações do feminino são definidas por atributos como fragilidade física, castidade, dependência econômica, vocação natural para a maternidade e submissão ao masculino. E, também, a discursos que creditam o surgimento de feminilidades transgressoras exclusivamente ao feminismo, valorizando manifestações políticas europeias e norte-americanas e invisibilizando aquelas de origem afro-brasileira e africanas. Ao projetar as imagens de orixás, as ativistas destacam representações alternativas e marginalizadas do feminino que elas carreiam, trazendo para primeiro plano trajetórias, comportamentos e projetos que, de outra forma, poderiam ser compreendidos como inócuos, disfuncionais, anormais ou irracionais, como a recusa da maternidade, a agressividade, a insubordinação e a disputa de poder com o polo masculino, a força física e a autonomia sexual (seja para usufruir do sexo ou para dele abdicar). Merece destaque o fato de não ser incomum que os atributos de orixás femininos sejam apresentados no bojo de narrativas, pequenas histórias veiculadas pelas religiões de matriz africana, como uma lenda de Oxum transcrita de memória por Jurema Werneck, que reproduzo abaixo:

---

391 WERNECK, 2009, p. 76. (grifos meus)

> Estavam um dia reunidos todos os Orixás femininos e masculinos, quando passaram a debater qual, entre todos, era o mais importante. Discorreram largamente sobre a importância de cada um deles, seus talentos, seus poderes. Até que, em determinado momento declaram que, entre eles, Ogum era o mais importante. Nanã discordou veementemente. Os orixás presentes argumentaram então que é graças a Ogum, o ferreiro, o dono das ferramentas de metal que permitem o trabalho de arar, colher e comer, que todos podem garantir sua sobrevivência. Nanã mais uma vez discordou, afirmando que nenhum deles poderia ser considerado mais importante que os outros, uma vez que cada um possuía poderes e capacidades fundamentais para a sobrevivência de todos. Ogum, no entanto, contestou a visão de Nanã, insistindo que, uma vez que os demais deuses e deusas lhe rendiam homenagens, Nanã deveria fazer o mesmo. Firmemente, ela afirmou que jamais faria tal coisa. É assim que no culto a Nanã não entram metais, sendo utilizados somente instrumentos de madeira. [392]

Traços que nos autores clássicos examinados foram identificados como primitivismo ganham status de experiências sociais e possibilidades epistemológicas únicas, disponíveis somente em espaços em que a subversão temporária de hierarquia social tem lugar:

> Estes são algumas das possibilidades de sermos o que somos, alguns dos exemplos de nosso repertório de identidades, ou de feminilidades, que encontraram ressonância e pertinência entre nós ao longo dos séculos, sendo atuantes até hoje, século XXI.
> É importante assinalar que estes não são os únicos modelos que puderam ser apropriados, vividos ou identificados por nós: outras divindades femininas, masculinas ou ambíguas (não exatamente hermafroditas) também podem ser incorporadas por mulheres; bem como as crianças; velh@s; curandeir@s; guerreir@s; tudo está à disposição de todas e todos. [393]

Lúcia Xavier introduz um exemplo das reconfigurações do político vislumbradas a partir das referências religiosas:

> [...] ontem a gente estava conversando sobre duas cenas muito interessantes que a Jurema trouxe, que é uma cena de uma garotinha iniciada como Ekédi sacudindo o Adjá com toda a responsabilidade de uma criança e toda a responsabilidade do cargo numa criança, e sendo reverenciada como uma autoridade. E ao mesmo tempo ela falava de uma cena vivida por nós agora na semana passada, num ato da Marcha, onde uma garotinha que faz parte de uma companhia que dança Jongo

---

392 WERNECK, 2007, p. 68.

393 WERNECK, 2009, p. 79.

sai para dançar o Jongo com toda a autoridade de uma mulher adulta, dançando com responsabilidade, ela não tá ali pra brincar, ela tá ali pra dançar o Jongo, cumprir aquele processo... com toda autoridade que ela tem, né? Essa experiência não é uma experiência clássica, entendeu, da sociedade branca. É uma experiência da sociedade negra e dependendo de que grupo nós estamos falando. Que vai ter grupos que a criança vai virar criança e pronto acabou. E que lugar você convive com uma criança que tem autoridade sobre você, né? Em que lugar você dá espaço a uma criança pra dançar Jongo, ou pra entrar numa roda trazendo um Orixá, pra alguém se reverenciar a ponto de pôr a cabeça no chão praquela pessoa? [...] E ontem a gente discutia isso, se isso não é também uma inversão do processo de poder. Porque a ideia do Griô, aquele que traz o passado, é... é muito forte pra nós. Mas e aquela criança que vive o futuro hoje? Ela não vai esperar ficar velha pra dizer... ela já diz já nessa perspectiva, porque ela tá experimentando essa autoridade, ela tá experimentando essa autoridade mas ela também tá experimentando essas relações de poder, entendeu? Quer dizer, ela não vai aprender um dia isso, ela já aprende agora. E é certo que alguém em algum momento vai dizer: ela é uma criança, né? Para determinadas situações que ela não vai poder cumprir porque você sabe que vivemos também a experiência de diferentes culturas e diferentes direitos, e uma criança é uma criança, né? Mas eu não posso, ao saber que ela é uma criança, ignorar que ela é uma autoridade, por exemplo, ou ignorar que ela tem um conhecimento. Então esse é um aprendizado que está em outros espaços, não tá na academia por exemplo. Não é ali que eu vou perceber que uma criança tem a capacidade de vivenciar a autoridade sendo ainda uma criança.[394]

Na argumentação de Lúcia Xavier, a participação em determinadas comunidades construídas a partir de legados culturais afro-brasileiros proporciona para algumas meninas negras a experiência de exercício de poder que, de alguma forma, não estaria disponível a crianças, mulheres e negras(os), ocasionando momentos de socialização alheios aos padrões tradicionais de gênero, raça e geração. A instauração de círculos de convivência nos quais as disposições estruturais de poder podem ser reorganizadas, ainda que temporariamente, construídos como base em tradições culturais afro-brasileiras, proporcionaria às mulheres o desenvolvimento de experiências e padrões comportamentais *suis generis*:

> [...] este sistema de representações, particularmente as mulheres míticas, oferecem às sacerdotisas diferentes vivências que a sociedade patriarcal nega. Os deuses africanos legitimam transgressões que a moral judai-

---

394 XAVIER, 2015.

co-cristã, institucionalizada, condena; possibilitam ainda a compreensão e o reequacionamento de uma gama de conflitos oriundos da visão maniqueísta que esta mesma moralidade impõe. Parece-nos, pois, que neste espaço aberto para vivências diferenciadas das propostas socialmente reside fundamentalmente o interesse hoje pelo candomblé por outros segmentos sociais. O candomblé propicia à mulher abrir um espaço de competição com o homem e a sociedade machista, que a rigor não lhe é dado. [395]

No discurso das ativistas, tais possibilidades são acionadas de maneira estratégica ou política, com as imagens religiosas sendo elevadas a figuras arquetípicas de um projeto de transformação social, delimitando os parâmetros potenciais do feminino em sua expressão questionadora do sexismo estrutural, que também pode ser compreendido como componente dos *frames* de ação coletiva do movimento de mulheres negras. A infusão intencional de valores e normas culturais derivados das tradições religiosas afro-brasileiras em *frames* de ação coletiva pode ser apreendida em uma passagem de um manifesto do Coletivo de Mulheres Negras da Baixada Santista, reproduzido nos *Cadernos Geledés*:

> Nós, do Coletivo de Mulheres Negras da Baixada Santista, não abrimos mão da nossa postura feminista, apoiadas na tradição das orixás que nos legaram uma outra dimensão de mulher: a liberdade que não reconhece no homem o seu senhor; a ousadia que não se acomoda na fragilidade dita feminina, a sensualidade sem culpa, tão natural como a dança e o ritmo que a mulher negra leva à perfeição. [396]

Além da associação entre feminilidade e negritude a partir das imagens de orixás e entidades de religiões afro-brasileiras e a sua politização, constata-se a existência de um segundo repositório simbólico encontrado nos discursos das ativistas, que reverencia personagens e rememora episódios de associativismo político protagonizados por africanas e afro-brasileiras ou nos quais a sua atuação revelou-se determinante. No livreto *Políticas Públicas para as Mulheres Negras,* editado pela ONG Criola, as(os) leitoras(es) são apresentadas(os) a histórias de mulheres africanas que teriam exercido papéis socialmente relevantes em um passado remoto:

> As narrativas de nossas antepassadas se perdem no tempo do continente africano, mas guardam nomes como o das Candaces, rainhas guerreiras cujos registros mais antigos datam do ano 170 a.C e que controlavam

---

395 NILZA IRACI (Ed). *Mulher Negra. Cadernos Geledés,* IV, São Paulo: Geledés, 1991b.

396 COLETIVO DE MULHERES NEGRAS DA BAIXADA SANTISTA *apud* NILZA IRACI (Ed). *Mulher Negra. Cadernos Geledés,* IV, São Paulo: Geledés, 1991b.

vastos territórios onde hoje estão Etiópia, Sudão e o sul do Egito. Falam também de Ngola (Rainha) Nzinga Mbande ou Rainha Ginga que viveu entre os anos 1583-1663 e reinou sobre os antepassados da maioria do povo brasileiro, provenientes da região que mais tarde deu origem a Angola [397]

A rainha Jinga, ou Nzinga, também é relembrada por Lélia Gonzalez,[398] que a caracteriza como figura central na luta contra a colonização portuguesa em Angola, justificando assim o fato de emprestar seu nome a inúmeros coletivos de mulheres negras espalhados pelo Brasil. Em alguns momentos, resgata-se o associativismo motivado por construtos religiosos, ressaltando-se seus desdobramentos políticos:

> Há ainda relatos que apontam a existência e funcionalidade de sociedades secretas, como geledè e Eleekó, cujos registros em nossos dias são precários. Eram responsáveis pelo manejo do sagrado e das articulações entre mulheres em torno de seus poderes mágicos, transcendentais. *Estas sociedades, ainda que nem sempre de modo operacional ou explícito, tiveram funcionalidade no território brasileiro.* Ainda no âmbito das articulações políticas em torno do sagrado e do encontro entre matrizes culturais e religiosas ocidentais e africanas, foram criadas irmandades femininas negras. Estas eram associações religiosas abrigadas no interior dos rituais cristãos, especialmente na religião católica hegemônica no período escravocrata. *E tiveram grande importância no estabelecimento de condições materiais de subsistência para as mulheres de diferentes etnias africanas e para as afrobrasileiras. Bem como propiciaram as articulações necessárias para o confronto ao regime da época, inclusive para as ações e estratégias políticas de massa, como as revoltas urbanas.* Algumas destas são atuantes até hoje, como a irmandade da Boa Morte, no interior da Bahia. [399]

Jurema Werneck[400] sintetiza o entendimento das ativistas negras de que a atuação em círculos religiosos inspira formatos de protagonismo que transbordam a fronteira de tais comunidades ao recorrer à figura da "ialodê" como chave analítica de papéis, funções e relevância das mulheres em processos da cultura popular na atualidade. Conforme ela explica em sua tese, "ialodê" é a forma abrasileirada da palavra iorubá *Iyálóòde* ou *Iyálóde*, usada em tradições afro-brasileiras do candomblé como título de Oxum e Nanã, que se destacam por sua afronta ao poder

---

397   CRIOLA, 2010b, p. 10.

398   GONZALEZ, 1984a.

399   WERNECK, 2009, p. 79.

400   WERNECK, 2007; 2009.

masculino e a afirmação dos poderes das mulheres. Respaldando-se em estudos das(os) pesquisadoras(es) Pierre Verger, Juana Elbein dos Santos e Teresinha Bernardo, ela assinala que o título de ialodê, no mais, era concedido à mulher mais importante da comunidade *Iyálóde*, à qual era conferido assento no conselho supremo das(os) chefes urbanas(os), sendo considerada alta funcionária do estado. A ialodê usufruía da prerrogativa de convocar as mulheres para discussões públicas de seu interesse, distribuir armas, representar os interesses das comerciantes, arbitrar conflitos entre mulheres fora do tribunal e representar as mulheres da comunidade nos tribunais, conselhos e outras instância de poder locais. Já no Brasil do início do século XX, a ialorixá Mãe Senhora, influente sacerdotisa que teve um papel central em negociações que permitiram a prática da religião de origem iorubá na Bahia, e que promoveu trocas culturais com regiões iorubás na África, era também assim chamada. Ao se apropriar do termo, Jurema Werneck ressalva que não pretende delegar o título a mulheres que vivem em contextos outros, e sim ressaltar que a veiculação de valores e subjetividades expressas nas lendas e histórias circulantes em diferentes ambientes onde estas tradições afro-brasileiras são vividas preserva uma determinada visão do papel das mulheres na sociedade que irá informar ações de resistência. Tendo isso em vista, "ialodê" constituiria uma metáfora para designar uma manifestação específica de liderança feminina, enfatizando a ação política das mulheres negras; sua presença nas coisas "mundanas, porém não domésticas" – na rua, na cidade e em seus espaços –; a insubordinação frente ao avanço do patriarcado; a valorização da luta, da disputa e da instabilidade das posições de poder; e a responsabilidade das mulheres não somente em relação a si e a seus interesses frente ao patriarcado, como também diante do coletivo de mulheres negras enquanto grupo.

Destacam-se, ainda, personagens atuantes na luta pelo fim do regime escravista, chamando atenção para a contribuição de escravas(os), ex-escravas(os) e, principalmente, quilombolas. Uma das epígrafes que inauguram o presente capítulo reproduz o texto assinado por Mãe Beata de Iemanjá, veiculado em um *Boletim Toques Criola*,[401] no qual ela homenageia a atuação de Zumbi dos Palmares e sua influência no imaginário do ativismo negro brasileiro. Em outra edição, a celebração do dia 13 de maio, data em que é comemorado o encerramento oficial da escravidão, é assim abordada: "[...] quando a Lei Áurea foi assinada, [...] não havia mais escravos, uma vez que a população negra tinha posto fim ao regime de trabalho forçado através as fugas, dos quilombos, as revoltas

---

401 WERNECK, 2005a.

na cidade e no campo."⁴⁰² O papel das mulheres negras em processos que desencadearam mudanças sociais e legais é bastante explorado, ao se elencarem ações cotidianas de confronto com senhoras(es) ou escravas(os), fugas, assassinatos de escravocratas, motins e revoltas em fazendas e no meio urbano, onde algumas escravas e forras gozavam de relativa liberdade de circulação e dela se utilizavam para atuar como mensageiras e estrategistas.⁴⁰³

Dentre as lideranças quilombolas femininas são citadas Aqualtune, Acotirene, Tereza de Quaritetês, Zeferina e Mariana Crioula. O reconhecimento de modalidades de protagonismo social mais sutis, menos confrontacionais, pode ser vislumbrado na menção a Sabina das Laranjas,⁴⁰⁴ negra forra que vendia laranjas em frente à Faculdade de Medicina na região central do Rio de Janeiro e que parece ter conquistado certo prestígio entre estudantes e professores da instituição. Este prestígio, argumenta Werneck, teria sido usado "[...] não apenas garantir a venda de suas laranjas, como também a segurança e estabilidade que carecia no comércio de rua."⁴⁰⁵ Não faltam também exemplos de lideranças contemporâneas:

> Dona Zica assim como outras importantes lideranças femininas e organizações de mulheres Brasil a fora, participam ativamente de uma série de processos políticos que envolvem incidência, defesa de direitos, mobilização comunitária, reivindicação, contribuição para construção de políticas públicas, participação em conselhos e comitês, difusão de informações sobre políticas e leis existentes, entre outros. ⁴⁰⁶

O terceiro e último componente do leque de imagens aglutina narrativas sobre empregadas domésticas. A mulher negra encarregada do trabalho no lar alheio é figura recorrente nos textos de Lélia Gonzalez e, de fato, embasa sua análise sobre a imiscuição de elementos culturais afro-brasileiros na cultura brasileira, como vimos no capítulo anterior. Em sua função de mucamas, que lhes renderia nos lares brancos o título de "mãe preta", as negras teriam sido submetidas a dor e humilhação, às quais teriam retaliado com o desenvolvimento de "resistência passiva".

---

402 WERNECK, 2003.

403 GONZALEZ, 1988c; WERNECK, 2009.

404 O episódio em que um grupo de estudantes de medicina promoveu uma passeata após Sabina ser desalojada de seu posto de venda foi analisado em artigo assinado por SEIGEL e GOMES (2002), como informa Werneck.

405 WERNECK, 2007, p. 60.

406 ANSEL, 2009b.

No contato com as crianças brancas, teriam lhes transmitido categorias das culturas africanas de que eram representantes, introduzindo modelos comportamentais, intelectuais, linguísticos e mitológicos que eram estranhos ao grupo colonizador dominante. Assim, teriam propagado lendas como a da mula sem-cabeça e a história de Zumbi dos Palmares, e africanizado o português falado no Brasil.[407] O argumento freyriano de que as "mulatas" teriam sido *embaixadoras da senzala na casa-grande*[408] é transformado ao catapultar elementos culturais afro-brasileiros e estratégias de resistência, opondo-se ao elogio da miscigenação como sinônimo democratização social.

Para além de aspectos socioculturais, as intelectuais destacam formas tradicionais de organização política destas profissionais, divulgando iniciativas e protagonistas pouco conhecidas pela sociedade em geral:

> Com o fim da escravidão e do regime colonial, a luta das mulheres assumiu outras frentes, voltadas para a garantia de participação de negras e negros na sociedade brasileira em condições de equidade. *Um exemplo é a fundação da primeira associação de trabalhadoras domésticas no estado de São Paulo na década de 30 do século XX*, que teve como principal alicerce a ativista Laudelina Campos Melo, que também integrava a Frente Negra Brasileira, organização que visava à integração da população negra à sociedade brasileira pós-escravidão, sendo inclusive uma de suas financiadoras e articuladoras. [409]

> Trabalhadoras domésticas também se organizam e fazem política. Um dia, na década de 1930 do século passado, um grupo de mulheres criou a primeira Associação de Empregadas Domésticas, lideradas por Laudelina Campos Melo. As Associações, a partir da Constituição de 1988, tornaram-se sindicatos. Existem hoje, no Brasil, sindicatos em 45 municípios, incluindo o Rio e os vários municípios da Baixada Fluminense, além de diversos grupos e associações de trabalhadoras domésticas. Vale a pena entrar em contato, conhecer um pouco mais e buscar apoio para que seus direitos sejam cumpridos e novos direitos sejam criados. [410]

Os excertos acima realçam expressões políticas institucionalizadas capitaneadas por trabalhadoras domésticas. No trecho circulado no *Boletim Toques Criola,* o convite às leitoras para que entrem em contato, conheçam e busquem apoio junto a sindicatos de domésticas constitui

---

407 GONZALEZ, 1984b.

408 FREYRE, 2003.

409 WERNECK, 2009, p. 81. (grifos meus)

410 DACACH, WERNECK, 2004.

um elemento adicional da articulação do discurso das intelectuais, que evidenciam a intenção de atuar como uma ponte entre as supostas leitoras pertencentes a esta categoria profissional – presumidamente desejosas de encontrar auxílio para que "seus direitos sejam cumpridos e novos direitos sejam criados" – e eventos e instituições que são embutidos no discurso como elementos da resistência das negras, os sindicatos e associações de domésticas.

Já a dimensão *econômica* carreada nos escritos e falas sobre as domésticas pode ser antevista na introdução do livro *Mulheres negras na primeira pessoa*, onde se anuncia que serão dadas a conhecer "[...] histórias de [...] empregadas domésticas que trabalham horas a fio para possibilitar que crianças e jovens da família estudem, se formem, para que possam ter uma vida com menos dificuldade."[411] Passadas mais de quatro décadas da apresentação da tese *A integração do negro na sociedade de classes* por Florestan Fernandes, constata-se a persistência da representação da doméstica enquanto esteio econômico, não somente do grupo familiar, como também do grupo social negro, como fica evidente na passagem abaixo:

> A centralidade do trabalho doméstico na história econômica do Brasil refere-se ao fato de esta ser a principal profissão até hoje exercida majoritariamente por mulheres negras, num contingente atual de sete milhões de trabalhadoras. O trabalho doméstico teve e tem grande importância para o estabelecimento de condições materiais mínimas de sobrevivência para o grupo negro como um todo, o que dá a dimensão da participação das mulheres negras na vida econômica da população negra e do país.[412]

Desaparece, todavia, a caracterização da doméstica como "heroína muda e paciente", bem como a compreensão de que sua situação social decorre da "desorganização da família negra" e de configurações sociais arcaicas, presentes nos escritos do autor. Contudo, isso não significa uma ruptura completa, na medida em que são resguardadas as noções de que o exercício desta profissão socialmente desvalorizada teria elevado as mulheres negras à condição de "agentes da propagação e da salvação de seu povo", "artífice da sobrevivência dos filhos, e até dos maridos e companheiros", ecoando a tese de Fernandes.[413] Ganhando nova roupagem, o argumento é atualizado para incorporar mudanças institucionais, como a criação, em todo o país, de ações afirmativas para o acesso de negras(os) ao ensino superior. As domésticas emergem como propulsoras

---

411 WERNECK et al., 2012, p. 10.

412 WERNECK, 2009, p. 81. (grifos meus)

413 FERNANDES, 2008.

de condições socioeconômicas superiores às que elas próprias usufruem, a partir dos incentivos materiais ou imateriais que dão para que as(os) jovens negras(os) progridam na educação formal e, consequentemente, alcancem melhorias em suas trajetórias socioeconômicas.

A noção de que as domésticas tiveram um papel-chave na produção de condições materiais que permitiriam que gerações mais recentes de negras e negros avançassem na educação formal repete-se na entrevista concedidas por Jurema Werneck,[414] que afirma: "As domésticas fizeram a gente [pessoas negras] estudar. Agora que a gente está estudando. Elas que financiaram toda essa trajetória". Lúcia Xavier,[415] ao contrastar o desempenho político-econômico das domésticas às funções do lumpemproletariado vislumbradas por Karl Marx e Federich Engels,[416] destaca sua atuação na mobilidade social de uma porção da população negra:

> Seria inexplicável para Marx que domésticas fizessem em cem anos a transformação que fizeram nas nossas vidas. Elas eram um lumpemproletariado, entendeu? Então assim, não dá pra continuar falando desse jeito, porque elas fizeram essa mudança na nossa vida. [...] possivelmente os estudos sobre domésticas falam mais do processo econômico, da relação entre mulheres, do que necessariamente dos feitos. Quando se fala dos feitos só se fala de Laudelina [de Campos Melo], se fala dos ícones dessa ação política. Mas não necessariamente da ação delas. Porque eu por exemplo sou fruto disso e muitas pessoas são frutos dessa relação,

---

414 WERNECK, 2014a.

415 XAVIER, 2015.

416 No *Manifesto comunista*, Marx e Engels replicam a compreensão sobre o lumpemproletariado, que perpassa os escritos de Marx, acerca de suas inclinações reacionárias: "As camadas médias – pequenos comerciantes, pequenos fabricantes, artesãos, camponeses – combatem a burguesia porque esta compromete sua existência como camadas médias. Não são, pois, revolucionárias, mas conservadoras; mais ainda, são reacionárias, pois pretendem fazer girar para trás a roda da História. Quando se tornam revolucionárias, isso se dá em consequência de sua iminente passagem para o proletariado; não defendem então seus interesses atuais, mas seus interesses futuros; abandonam seu próprio ponto de vista para se colocar no do proletariado.

O lumpemproletariado, putrefação passiva das camadas mais baixas da velha sociedade, pode, às vezes, ser arrastado ao movimento por uma revolução proletária; todavia, suas condições de vida o predispõem mais a vender-se à reação."Cf.: Marx *et al.*, 1998, p. 49). A intervenção de Lúcia Xavier contradiz este entendimento, apontando a atuação das domésticas como agentes históricos de transformação social.

de construção de redes, de relações de compadrio, convivências, assim como as mães de santo também – não é tudo só sagrado, tinha também tudo muito político.

Uma característica marcante no emprego das imagens das domésticas é o efeito obtido por meio da vinculação de narrativas pessoais, intimistas até, a evidências sociológicas empíricas e transformações sociais de grande alcance. A alusão às estatísticas oficiais, que se fazem observar, por exemplo, no segmento em que Jurema Werneck afirma haver "sete milhões de trabalhadoras, majoritariamente negras", oferece elementos descritivos do contexto social em que a produção das intelectuais ocorre e projeta a significância, em termos numéricos, da categoria profissional retratada. As narrativas pessoais quase implícitas retratam parte do dia a dia destas mulheres, nos contam uma história sobre mulheres negras inseridas precariamente no mercado de trabalho, desempenhando atividades socialmente desvalorizadas, ilustram sua dedicação às famílias e às comunidades, presumidamente testemunhadas e certamente exercidas em benefício de um "nós" negro. Mulheres que cuidam, aconselham, pagam contas e que, por atribuírem grande importância à educação, "nos fazem estudar". Situando este enredo, que à primeira vista parece tratar de dinâmicas corriqueiras, em uma análise mais sofisticada das condições de sobrevivência e ascensão social de camadas negras, as ativistas articulam o cotidiano de indivíduos a processos sociais de média e longa duração, estabelecendo certa continuidade entre contexto social, ações individuais e desfechos macrossociológicos. Assim, por um lado, o lugar estratégico das narrativas pessoais na constituição da identidade coletiva é particularmente evidenciado no acionamento da figura da empregada doméstica, corroborando a ideia de Fine[417] de que a exemplificação dos *frames* ocorre por meio do compartilhamento de histórias entre membros de um movimento social, com o intercâmbio de experiências pessoais sedimentando os *frames* subjacentes às narrativas. Por outro, a importância desta manobra reside no fato de que ela introduz imagens de mulheres negras e experiências que são, se não unanimemente, ao menos amplamente compartilhadas por este grupo social[418] no interior de um discurso científico sobre a sociedade, oferecendo uma alternativa às representações e aos usos das categorias analíticas raça, classe e gênero encontrados nas obras examinadas no terceiro capítulo.

---

417 FINE, 1995.

418 Segundo dados oficiais, no ano de 2006, cerca de uma em cada cinco (21,8%) mulheres pretas e pardas economicamente ativas exerce a profissão de doméstica. Em 1995, o percentual da População Economicamente Ativa de pretas e pardas em ocupações domésticas alcançava 22,8%. Cf.: Marx et al., 1998, p. 49.

Se o olhar analítico justifica o exame das particularidades que envolvem a mobilização de cada uma das imagens separadamente, não podemos esquecer que, nos discursos das intelectuais negras, é a interpolação destas e de outras histórias, eventos e personagens que lhes confere significação. A coordenação entre elas é dada pelo fato de que as ações e estratégias de resistência, de que tratei no tópico anterior, são retratadas como atualizações de um repertório de formulações longínquas, que teriam assegurado a sobrevivência, o bem-estar e a relevância social e política das mulheres no continente africano, em um primeiro momento, e de africanas(os) e suas/seus descendentes em solo brasileiro, posteriormente. Para além de ecoar uma proposta de interpretação de fatos históricos, acredito que o enlace entre elementos do presente e do passado, de narrativas pessoais e de conteúdos analítico-científicos, de dados quantitativos e personagens, resulta na projeção de modelos de subjetivação psicológica, política, social e econômica alternativos às representações sociais hegemônicas, com o intuito de injetar novas possibilidades e impulsionar uma identidade coletiva de mulheres negras, subsidiária de representações sociais alternativas e direcionadas à promoção da justiça social.

Nesses modelos, gênero surge como categoria perene na construção da subjetividade, marcador social de diferença relevante num passado longínquo e na sociedade atual, com implicações variadas para a configuração de desigualdades segundo a época e a localidade. Classe e raça, contudo, figuram como categorias circunstanciais, intermitentes, a depender do sistema econômico e dos padrões de classificação e hierarquização que tomam por base a cor da pele e o fenótipo vigentes. Não é de se estranhar que as personagens oscilem em termos de posicionamento, com algumas das imagens exibindo mulheres em situação econômica proeminente, como as ialodês, embora a maioria remeta a condições de subordinação, como as experimentadas por empregadas domésticas, escravas e libertas.

Igualmente, em se tratando de protagonistas de enredos que têm como cenário o continente africano, não foram encontradas caracterizações explícitas de cor da pele ou fenótipo e implicações para o posicionamento na estrutura social, ao contrário das imagens que têm o Brasil como pano de fundo onde, como vimos no quarto capítulo, raça é mobilizada como categoria primordial. A dominação colonial e o projeto racial[419] que ela impõe são divisores de águas que demarcam a transição para a classificação e hierarquização racial e a mobilização da raça como elemento relevante para a constituição da identidade coletiva.

---

419 Nos termos definidos por OMI; WINANT, 2014.

Tecidas as a correspondência entre os posicionamentos sociais das agentes de hoje e as do passado, a interface entre africanas e negras brasileiras é instituída dentro de um discurso sobre formatos políticos, padrões culturais e comportamentais mais ou menos semelhantes, excluindo continuidades biologizantes. Em seu lugar, a delimitação da coletividade é promovida pelo uso das noções contextualizadas historicamente, como "herança cultural" e a "ancestralidade".

Tais formulações contrastam com as representações da tradição sociológica canônica anteriormente consideradas, as quais refletiam a suposição de que as mulheres negras, a partir da hipossuficiência dos homens de seu grupo social, os quais seriam incapazes de desempenhar modelarmente os papeis tradicionais de gênero, se veriam obrigadas a assumir posturas e tarefas consideradas masculinas. O acionamento de figuras de orixás femininos pelo movimento de mulheres negras, por sua vez, tem por finalidade promover imagens que, se com efeito destoam dos papéis tradicionais de gênero, o fazem como um desafio ao poder patriarcal, viabilizando, portanto, projetos subversivos do que são consideradas injustiças. Além disso, o emprego de orixás, de mulheres negras líderes e das trabalhadoras domésticas desestabiliza os lugares permitidos às mulheres negras: as mulatas erotizadas e as domésticas exploradas e subservientes são substituídas por representações e por narrativas que dão visibilidade a processos de organização coletiva, assim como a modelos de resistência. De problemas e vítimas, as mulheres negras são alçadas à condição de agentes, sem que por isso se minimize a importância dos processos de opressão a que se encontram submetidas.

MEMÓRIA COLETIVA, TEMPORALIDADES E TERRITÓRIOS: ANCESTRALIDADE E DIÁSPORA AFRICANA

Os marcadores de territorialidade e temporalidade exibidos nos textos estudados evidenciam a maneira como as intelectuais situam e conferem significado histórico às ações do movimento de mulheres negras. A referência às ideias, aos fatos e às personagens do passado como elementos determinantes para interações presentes e projeções sobre o futuro pode ser observada em textos acadêmicos, entrevistas e textos políticos, especialmente nos arranjos argumentativos que tratam de repertórios de ação política e de horizontes emancipatórios:

> [...] *temos lutado nestes mais de quinhentos anos da diáspora – e mesmo antes dela – contra forças muito maiores que nós. E temos seguido em frente, construindo comunidades e preservando nossa integridade.*

> *Esta visão se apóia na história que se desenvolveu muito antes da derrota africana para o colonizador – antes da escravidão – e que continuou ao longo dos séculos até os dias atuais. Uma história repleta de nomes de mulheres fortes, lutadoras, importantes, que fazem referência a coletivos organizados, poderosos ou insatisfeitos, mas capazes de agir. Lamentavelmente é uma narrativa conhecida e utilizada por poucas e poucos, mas com que nos identificamos.* Uma vez que em nossas famílias e nossas comunidades, sempre encontramos outras mulheres negras cuja força e liderança têm sido essenciais para todos e todas nós. Mas que permanecem invisíveis para o restante da sociedade. As narrativas de nossas antepassadas se perdem no tempo do continente africano, mas guardam nomes como o das Candaces, rainhas guerreiras cujos registros mais antigos datam do ano 170 a. C. e que controlavam vastos territórios onde hoje estão Etiópia, Sudão e o sul do Egito. [...] Temos também os nomes das que lutaram contra o regime da escravidão no Brasil, entre elas estão Aqualtune (PE), Acotirene (PE), Tereza de Quariterês (MT), Mariana Crioula (RJ), Zeferina (BA); as que refizeram e recriaram nossas tradições sagradas, como na Agotime, da família real do Daomé (jeje), que trouxe o culto dos voduns até nós no final do século XVIII; ou como Iya Nasso, que plantou a tradição iorubá que deu origem ao Cadomblé, através do culto as orixás. E ainda mulheres líderes no século XX, como Laudelina de Campos Melo (1904-1991), Lélia Gonzalez (1935-1994) e Beatriz Nascimento (1942-1995).
>
> Estas mulheres fazem parte de uma linhagem que se estende até os dias de hoje, que buscamos honrar e reverenciar. E mais, a que buscamos fazer parte.[420]

A referência a um passado compartilhado, não só com outras mulheres africanas e suas descendentes em território do continente americano, mas também em alguma medida com mulheres indígenas é introduzida por Lélia Gonzalez:

> Quando falo de experiência, quero significar um duro processo de aprendizagem na busca de minha identidade de mulher negra, no interior de uma sociedade que me oprime e discrimina justamente por isso. Mas uma questão de ordem ética-política impõe-se de imediato. Não posso falar na primeira pessoa do singular de algo que é dolorosamente comum a milhões de mulheres que vivem na região; refiro-me às ameríndias e às *amefricanas* (Gonzalez), subordinadas por uma latinidade que torna legítima sua inferiorização.[421]

---

420 CRIOLA, 2010b, p. 10.

421 Originalmente em espanhol: "Cuando hablo de experiencia, quiero significar um duro processo de aprendizaje em la búsqueda de mi identidade de

Este passado é reverenciado por comportar manifestações políticas que remontam à própria origem da nação, como podemos observar no trecho seguinte do informativo da organização Criola:

> A luta política empreendida por negras e negros pela existência de um Estado justo e igualitário *antecede a fundação do Brasil como nação. De fato, a mobilização negra percorre os vários séculos da história das Américas, uma vez que existem registros de ações realizadas ainda no período escravocrata*. Naquela época, revoltas, aquilombamentos, ações judiciais, campanhas jornalísticas e micro ações do cotidiano, que envolviam a negociação e a conquista cotidiana da liberdade, fizeram parte do repertório de ações empreendidas. *Tais movimentos de luta e negociação persistiram e persistem entre nós, desde a fundação da República até os nossos dias.* [422]

As citações anteriores são ilustrativas da forma como territorialidade e temporalidade são vislumbradas. No primeiro trecho são destacadas lideranças políticas inseridas em épocas e localidades diversas: rainhas guerreiras que controlavam porções do território africano há mais de vinte séculos unem-se a lideranças brasileiras na luta pelo fim da escravidão durante o período colonial e o Império, encontram-se com lideranças religiosas do culto a orixás e com ativistas e intelectuais do século XX. Múltiplos pontos espalhados no tempo e no espaço são levados a convergir em linhas sobrepostas forjadas a partir da ação protagonista de *mulheres fortes, lutadoras, importantes, que fazem referência a coletivos organizados, poderosos ou insatisfeitos, mas capazes de agir* e desaguando no principal sujeito enunciador, que é, também, o sujeito de "resistência" e da "luta" designado pelo pronome "nós". O segundo trecho da citação utilizada acima o termo *amefricanas* para caracterizar relações de proximidade e semelhança entre africanas ou afrodescendentes e americanas. O terceiro aprofunda variações desse discurso, afirmando, igualmente, conexões entre as ações políticas presentes e aquelas levadas a cabo em outras terras, embora tenha como cenário inaugural o continente americano pré-Abolição em vez do continente africano. Desses pontos

---

mujer negra, en el interior de uma sociedad que me oprime y discrimina justamente por eso. Pero una cuestión de orden ética-política se impone de inmediato. No puedo hablar primera persona del singular, de algo que es dolorosamente común a millones de mujeres que viven en la región; me refiero a las amerindias y a las amefricanas (González), subordinadas por una latinidad que hace legítima su inferiorización."Cf.: GONZALEZ, 1988c, p. 134. (tradução minha)

422 SILVA, 2007. (grifos meus)

nodais irradiam valores morais e horizontes normativos articulados a partir de referências a repertórios cosmológicos, políticos e culturais africanos e afro-brasileiros pouco visibilizados ou mesmo desvalorizados nos discursos hegemônicos, mas que são reapropriados na construção de projetos de sociedade, bem como as projeções do que seria um futuro livre de opressão. A complexidade e o direcionamento destas operações são explicados por Jurema Werneck da seguinte forma:

> As ações de posicionamento cultural desenvolvidas pelas mulheres negras tiveram e têm como base a atualização seletiva de elementos da tradição afrobrasileira e de diferentes modelos que conferiam à mulher negra o poder de liderança e de agenciamentos.
> [...]
> A trajetória das mulheres negras relatada de forma breve e perigosamente linear aqui não nos permite afirmar que houve qualquer espécie de continuidade histórica entre as diferentes organizações de mulheres negras se desenvolvem no Brasil na segunda metade do século XX e no século atual. Mas sim, que diferentes elementos circulantes e até então desconsiderados estiveram à disposição, estabelecendo nexos entre diferentes momentos e sujeitos, permitindo variadas singularizações.[423]

Gostaria de sugerir, a partir da análise dos textos, que a reapropriação de "diferentes elementos circulantes e até então desconsiderados" de tradições afro-brasileiras que ela menciona pode ser organizada com base nas noções de "ancestralidade" e de "diáspora africana", cujos significados adquiridos no bojo dos construtos das intelectuais negras investigo a seguir.

ANCESTRALIDADE E POLÍTICA

As palavras "ancestralidade" e "ancestrais", repetidas inúmeras vezes nos textos, acionam conexões entre presente e passado ao indicar uma ligação entre gerações atuais e gerações precedentes:

> Geledés é, dizemos nós, uma forma de garantir o vigor do poder e da *ancestralidade feminina, inserindo-o na modernidade do século XXI com decisão, honestidade e compromisso*. Tudo feito com competência e brilhantismo.
> [...]
> A nós, negras e negras, cabe o compromisso de não deixar de lutar nunca. De não desistir. *De fazer com que a sociedade vá mais longe na construção do que nossos ancestrais definiram como um mundo melhor.* Aquele em que as diferenças serão saudadas como matéria viva de construção da

---

[423] WERNECK, 2009, p. 83-84.

força e do axé de todos. Criola, neste espaço, reitera este compromisso. E sabe que *estará* lutando junto com você. [424]

Sueli Carneiro, por exemplo, menciona e existência de sujeito que encarnam a memória ancestral da resistência negra:[...] nesta Parte II não trataremos das diferentes modalidades em que vêm se manifestando historicamente a resistência negra no pós-abolição. Trataremos, todavia, de apreendê-la através de alguns sujeitos que encarnam, com suas vidas, uma memória ancestral, o processo tortuoso de construção da identidade, os enfrentamentos com o racismo e a discriminação, a tomada de consciência individual e da dimensão política e coletiva desse processo, a construção da crítica e da autonomia de ação e pensamento em relação aos efeitos de poder/saber produzidos pelo dispositivo. [425]

Da forma como estão empregadas nos textos, os termos "diáspora" e "ancestralidade" frequentemente funcionam como holofotes para aspectos e histórias pouco conhecidas sobre trajetórias afro-brasileiras e relacionam-se à difusão de conteúdos morais e normativos, como a premência do ativismo, da "resistência" e o comprometimento com a realização de determinados projetos de sociedade. Além disso, a escolha do termo "ancestralidade" parece decorrer de disposições contemporâneas da agenda política dos movimentos sociais negros. Conforme observa Ronaldo Sales Júnior,[426] os movimentos negros contemporâneos incorporam em suas narrativas as comunidades religiosas de matriz africana como elemento relevante para as lutas negro-africanas no Brasil, promovendo uma equivalência entre diversas identidades sociais, políticas ou religiosas do campo afro-brasileiro, caracterizada pela tensão entre tais termos.

Na versão mais fraca destas relações de equivalência, afirma-se uma aliança contingente entre vítimas de um mesmo sistema racista, na qual a ancestralidade emerge como relação entre "negritude" e "africanidade" por meio da incorporação da luta das religiões afro-brasileiras contra a intolerância religiosa à luta dos movimentos negros contra o racismo. Sem descartar as relações de equivalência forjadas a partir do entendimento de uma vitimização comum, apontadas pelo autor, os trechos sugerem a ampliação das bases de coalizão política a partir da valorização e incorporação de repertórios culturais e religiosos afro-brasileiros, bem como de seus processos de transmissão e reinvenção de tradições, enquanto elementos de formulação de propostas de intervenção no mundo e projetos de justiça social.

---

424 WERNECK, 2003. (grifos meus)

425 CARNEIRO, 2005, p. 150-151. (grifos meus)

426 SALES JÚNIOR, 2009.

Nesse sentido, convém lembrar que há registros do que a antropologia denomina práticas de "culto às/aos ancestrais" em diversos locais da África Subsaariana, e também como nas vertentes religiosas nagô, jejê e congo-angola praticada no Brasil. Em geral, o culto às/os ancestrais segue um padrão em que ancestrais desempenham um papel funcional na vida de pessoas vivas, instituições e relações sociais, exercendo sobre elas poderes místicos e autoridade.[427] Segundo Pierre Verger,[428] a obediência a rituais determinados serve como sinalização de afiliação emitida por pessoas iniciadas às potências ancestrais, que então as possuem. Neste momento, a(o) descendente torna-se a(o) ancestral e reitera o laço de interpendência estabelecido por este com a força da natureza, reatualizando, assim, a participação das(os) descendentes no pacto celebrada(o) pelo ancestral e transmitindo as benesses desta aliança entre as gerações. Irinéia Maria dos Santos[429] argumenta que, em casos específicos, pessoas que cultivaram valores morais e que obtiveram distinção social podem vir a alcançar o status de ancestrais cultuadas(os) após a morte. Ela defende que as(os) ancestrais são vistas(os) como mediadoras(es) entre a comunidade e o mundo sobrenatural, aptas(os) a prover orientação espiritual e poder ou, ainda, repreender quem as(os) negligencia com má sorte ou doenças.

Sem pretender reproduzir os procedimentos observados nas casas religiosas, os discursos das intelectuais negras sobre ancestralidade inspiram-se em tais formas religiosas de reverência ao passado, à comunidade, à identificação de pessoas de elevado status sociais e aos valores morais, introduzindo uma dimensão espiritual – mas nem sempre religiosa – em seu repertório político. A exemplo do que ocorre no contexto religioso, as mulheres negras são retratadas como beneficiárias de conquistas das(os) ancestrais, e também como portadoras de obrigações para com elas/eles. O mundo espiritual, para elas, é uma das fontes de recursos de mobilização, como motivação, poder, designação de uma comunidade de interlocução, objetivos, exemplos, narrativas e preceitos epistemológicos.

Este uso da ideia de "ancestralidade" que extrapola a designação de ascendência genética e a faceta estratégica da política, encetando a construção de modelos de subjetividade individual e coletiva estranhos aos modelos racionalistas do ocidente e que almejam expandir possibilidades de atualização da história no presente, desafia as problematizações das(os) estudiosas(os) dos processos de memória coletiva nos movimentos sociais

---

427 KOPYTOFF, 1971; LUZ, 2013.

428 VERGER, 1999.

429 SANTOS, 2009.

e instiga reflexões sobre a contribuição dos discursos das intelectuais negras para uma visão mais complexa e atenta a múltiplos níveis de observação e análise.

Muitas das reflexões acadêmicas sobre memória coletiva dedicam-se a interações face a face.[430] Em seus escritos sobre memória coletiva e movimentos sociais, Gongaware[431] conceitualiza o processo de ancoragem da memória coletiva como um processo coletivo interativo, no qual participantes atualizam o passado por meio da celebração de narrativas[432] e estabelecem conexões entre tais narrativas e elementos de identidades coletivas do presente – sejam eles objetivos compartilhados, estratégias, investimento emocional etc., de maneira que as disposições atuais sejam apresentadas como réplicas de formulações passadas. Os elementos contemporâneos, portanto, são representados como repetições do passado, produzindo a impressão de que a identidade coletiva é estabilizada e manifestada em inúmeros pontos de uma mesma trajetória. Ao analisar interações face a face e processos de ancoragem que referenciam um passado próximo e que se limitam a estratégias de ação coletiva, o autor conclui que o efeito destes procedimentos é a restrição de transformações na identidade coletiva, por meio da qual os movimentos estabelecem continuidades.

O emprego da noção de ancestralidade pelo movimento de mulheres negras, contudo, insta a uma análise de processos de ancoragem da memória coletiva em eventos situados em um passado mais distante e que exploram influências recíprocas exercidas por formatos políticos, religiosos, culturais, configurações sociais, políticas e econômicas na construção e manutenção de identidades coletivas, além de sugerir que o processo de construção da memória coletiva pode referir-se simultaneamente aos níveis do indivíduo, do grupo social e da nação. Esta abertura permite visualizar o procedimento de estabilização da identidade coletiva como parte de um processo de produção de narrativas históricas e, no caso dos discursos estudados, de questionamento de enquadramentos políticos racionalistas.

As limitações dos estudos de abordagens objetivistas dos movimentos sociais para a compreensão da produção de memória coletiva já foram apontadas, entre outras(os), por Timothy Kubal.[433] Este autor utilizou o modelo de processo político para abordar o papel de movimentos so-

---

430 Ver, por exemplo: FINE (1995) e POLLETTA (1998).

431 GONGAWARE, 2010.

432 O termo original é *narrative commemorations*.

433 KUBAL, 2008.

ciais na construção de uma memória coletiva sobre Cristóvão Colombo nos Estados Unidos, atentando para as formas com que o navegador foi retratado em discursos históricos por ativistas dos movimentos de nativas(os) americanas(os), de hispânicas(os), de italianas(os) e anticoloniais. Refletindo sobre o papel desempenhado por grupos subordinados na contestação e transformação de narrativas sobre o passado e sobre a nação, o autor conclui que a memória coletiva pode ser definida como um processo por meio do qual os grupos buscam institucionalizar sua versão do passado, adquirindo recursos em termos de status e poder. Logo, argumenta Kubal, o modelo de processo político, que em sua origem privilegiou elementos objetivos, deve incorporar componentes subjetivos de oportunidade política e mobilização de recursos.

A disputa de narrativas sobre o passado empreendida pelo movimento de mulheres negras converge com tal definição, apontando para a possibilidade de divulgação de figuras históricas e narrativas pouco conhecidas, de construção de identidades coletivas a partir de elementos culturais e do enquadramento de ações contemporâneas em uma narrativa conectada a eventos de um passado longínquo como operações produtoras de recursos políticos. Excertos como os reproduzidos a seguir favorecem a identificação de processos de conversão de narrativas históricas e propostas identitárias em recursos de poder. No excerto retirado dos *Cadernos Geledés*, encontramos:

> Esse passado de luta, determinação e resistência da mulher negra, marca profundamente o povo de santo, em especial suas mulheres. E essa mulher passou a ser o próprio símbolo da mulher de candomblé, sua autoimagem, ou talvez, o modelo que as leva a enfrentar as adversidades, sejam de que ordem for. [434]

O mesmo exercício pode ser notado no texto de autoria de Jurema Werneck:

> Este patrimônio [a confiança num futuro melhor], herdamos de nossas antepassadas – aquelas mulheres que lutaram contra a escravidão, contra a violência e a exploração e conseguiram, a duras penas, garantir a sobrevivência da comunidade negra, sem perder a dignidade e o compromisso de lutar sempre. [435]

Ou, ainda, no texto assinado por Mãe Beata de Iemanjá e publicado pela organização Criola:

---

434 IRACI, 1991b.

435 WERNECK, 2002a.

> Eu, Mãe Beata de Iemanjá, em nome de todas as mulheres negras, principalmente da CRIOLA, quero desejar, em nome de Olorum, em nome de Obatalá, que todas nós nunca deixemos de pensar em todo momento que somos mulheres fortes e guerreiras. E que a nossa luta não é com armas e sim com a força que os nossos ancestrais nos legaram. E nesse momento, todas nós estamos confiantes neles. Que dia a dia a nossa força aumenta.
> Quero dizer que Zumbi não está do lado de lá. Ele está com todas nós. Foi confiando nele, na sua força guerreira, que até hoje nós estamos aqui num momento tão sublime como é o desta grande Marcha, mostrando como o povo negro é forte. [436]

As(Os) ancestrais que lideraram movimentos políticos emergem ao lado de orixás, substituindo a tônica na docilidade e sensualidade dos clássicos pela transmissão intergeracional de uma história própria, de exemplos e de modelos psicocomportamentais insubordinados, dentre os quais se destacam elementos como a "força de Zumbi", a capacidade de "enfretamento de adversidades", a "confiança num futuro melhor". Lúcia Xavier problematizou em sua entrevista a maneira como a referência ancestral influencia concepções normativas que o movimento empunha:

> A partir dos nossos movimentos, os nossos movimentos mais contemporâneos, fomos dizendo que essa identidade, essa maneira de viver e pensar desde a experiência anterior à escravidão, na escravidão e depois da escravidão era a experiência ancestral. A experiência concreta – essa que não é mais ancestral. A força das rainhas dos reis dos orixás, da África mãe, etc. – ela vai surgir também a partir da ideia de um patamar de direitos, que teríamos direitos e devíamos lutar por eles. Então daí essa ideia de defesa do patrimônio histórico, do seu corpo como um bem, um corpo autônomo... todas essas perspectivas novas que vêm com os movimentos identitários e também vem com essa ideia dos sujeitos de direitos passam a se constituir como parte das bandeiras da ação contra o racismo. Não era só a supremacia racial, ou a violência contida, mas também a perspectiva de trazer para a sociedade – uma sociedade entre aspas, na perspectiva integradora -, uma sociedade que reconhecesse esse patrimônio, reconhecesse essa identidade, essa cultura, né, e fizesse isso como bem de todo mundo. Eu acho que os movimentos sociais contemporâneos vão acabar (se) constituindo num espaço de ação e reflexão desses processos. Então temos a ancestralidade como iluminadora, aquilo que nos enraíza, diz quem somos [...]. [437]

---

436 WERNECK, 2005a.

437 XAVIER, 2015.

DIÁSPORA E ARTICULAÇÕES TRANSNACIONAIS

Ao contrário do relativo silêncio da academia acerca do conceito de "ancestralidade", a noção de diáspora nos movimentos sociais tem se desenvolvido em interlocução com um volumoso debate acadêmico sobre trocas culturais e identitárias entre africanas(os) e afrodescendentes. No Brasil, uma versão deste debate remonta ao final do século XIX, quando Raimundo Nina Rodrigues iniciou uma série de pesquisas sobre o que considerava serem sobrevivências religiosas africanas no país.[438] Já no século XX, autoras(es) como Manuel Querino;[439] Arthur Ramos,[440] Edison Carneiro,[441] Roger Bastide[442] e Pierre Verger[443] forjaram diferentes correntes desta linha investigativa. Na literatura acadêmica de língua inglesa, a antropologia da diáspora africana na América Latina e no Caribe tem utilizado como marcos referenciais as posições de Melville Herskovits e Franklin Frazier a partir dos anos 1930.[444]

O livro *The Myth of the Negro Past*, de Herskovits,[445] retratado na bibliografia referencial como obra inaugural dos estudos da cultura negra, contribuiu para divulgar a ideia de que a origem de padrões culturais exibidos por afro-americanos, como traços da religião, da organização familiar, de idiomas e de outras formas culturais, teriam origem na África Centro-Ocidental. O autor, para quem o racismo antinegra(o) resultava da visão derrogatória mantida pela sociedade dominante acerca da herança cultural e da história negras, dedicou-se a produzir evidências de que a cultura das(os) *negras(os)* americanas(os) e das populações afrodescendentes nas Américas seria fruto da sobrevivência de práticas e instituições às ignomínias da escravidão, e que as formas culturais adaptadas seriam superficiais. Esta corrente interpretativa alinhou-se aos escritos pregressos de autoras(es) como Arthur Ramos e Nina Rodrigues e encontrou eco em gerações posteriores cujas abordagens antropológicas voltaram-se à identificação de "africanismos", reminiscências culturais

---

438 RODRIGUES, 1935; 1976.

439 QUERINO, 1916; 1938.

440 RAMOS, 1937; 1942; 1971.

441 CARNEIRO, 1937; 1959; 1967.

442 BASTIDE, 1971; 1973.

443 VERGER, 1981; 1999.

444 YELVINGTON, 2001.

445 HERSKOVITS, 1941.

e reinterpretações, e que tratam as transformações em termos de aculturação. Frazier,[446] contudo, argumentou que o processo de escravidão teria expropriado as pessoas traficadas de sua cultura, concluindo que as manifestações socioculturais afro-americanas poderiam ser mais bem definidas como manifestações de um grupo desfavorecido.

Paralelamente, projetos encampados por africanas(os) e coletividades descendentes das pessoas deslocadas pelo tráfico negreiro contra o colonialismo, o imperialismo e a opressão contribuíram para transformar os parâmetros de interpretação sobre intercâmbios identitários e culturais. Brent Edwards[447] argumenta que o uso da palavra "diáspora" decorre do interesse acadêmico pelo internacionalismo negro, seja na vertente pan-africanista de figuras como W. E. B. Du Bois e Kwame Nkrumah, ou em suas vertentes francófonas, com destaque para o movimento de *Négritude*. O uso inaugural do termo para estudo da história e política cultural negra é creditado a George Shepperson,[448] em um trabalho apresentado no International Congress of African Historians na University College em Dar es Salaam, na Tanzânia, no qual ele defende que os "estudos da diáspora" devem ser guiados, além da ideia da unidade africana, pela compreensão do tráfico de africanas(os) como elemento central da modernidade ocidental e da história universal; pela investigação dos efeitos do tráfico negreiro e do imperialismo, bem como de padrões de dispersão interna no continente africano; por uma análise das "remanescências africanas" nas culturas do Novo Mundo; e pela consideração da influência de afro-americanas(os) na emergência do nacionalismo africano. Tendo isso em mente, ele propõe uma releitura do internacionalismo negro que contemple múltiplas dinâmicas de diferença. Trabalhos como os de Shepperson abriram o caminho para a influência da crítica feminista antifundacionalista e da crítica pós-colonial, assim como para a priorização de práticas constitutivas do discurso e da representação da negritude e da diáspora. Com isso, a polarização exacerbada com que foram representados os trabalhos de Herskovits e Frazier cederam espaço para abordagens menos culturalistas e para noções de cultura menos essencialistas e mecanicistas.

---

446 FRAZIER, 1939; 1978.

447 EDWARDS, 2001.

448 SHEPPERSON, 1966.

A noção de diáspora africana pavimentou o caminho para teorizações explicitamente engajadas em projetos políticos. James Clifford[449] observou que o uso do termo "diáspora" nos escritos acadêmicos indicava estar em curso uma substituição, ou ao menos uma suplementação, do termo "minorias", a partir da contextualização das conexões transnacionais de grupos subordinados e do deslocamento de discursos lineares sobre a assimilação gradual de imigrantes. Propondo uma aproximação diacrítica deste campo discursivo, o autor sugere que a diáspora emerge em uma posição de diferenciação das normas do estado-nação e de identidades de populações autóctones.

Embora discursos sobre a unidade nacional enfatizem a constituição de um único povo, circunscrito a um território específico, a diáspora contrapõe-se a propostas assimilacionistas ao reiterar a presença de pessoas para quem o senso de identidade é definido por histórias coletivas de deslocamento, perdas violentas e preconceito racial, e que, no mais, mantêm alianças e conexões com sua terra de origem e com uma comunidade espalhada por diversos territórios. Ela comporta simultaneamente práticas de acomodação e de resistência às normas e valores dos países em que estas pessoas estão situadas, conformando redes transnacionais e vinculações múltiplas. Em sua investigação sobre a aplicação do termo, este autor constata que a definição da consciência diaspórica é vista como um fenômeno ao mesmo tempo negativo e positivo. Sua constituição negativa decorre de experiências de discriminação e da persistência de estruturas de exclusão racial, reforçadas por barreiras socioeconômicas. Sua constituição positiva reedita experiências de perda, marginalidade, exílio e exploração ao promover a identificação com forças políticas e culturais globais, como a "África" – ainda que imaginária. Ela ressalta a capacidade de "extrair o melhor de uma situação ruim", revelando habilidades de sobrevivência expressas no desenvolvimento de impulsos adaptativos, de um cosmopolitismo discrepante e da perseverança em visões de transformação. Na medida em que as articulações positivas da identidade diaspórica extrapolam o território, e os mitos e histórias oficiais, ele a enxerga como um significante de lutas políticas para definir o lugar de uma comunidade em contextos históricos de deslocamento.

Essa dimensão identitária e política é também ressaltada por Hall, que, ao pensar a articulação do imaginário da diáspora no campo da cultura, assinala que as movimentações em torno do Atlântico Negro embasam uma contestação das narrativas nacionalistas eurocêntricas, "[...] trazendo à

---

449 CLIFFORD, 1994.

tona as trocas laterais e as 'semelhanças familiares'"⁴⁵⁰ nas antigas colônias do Novo Mundo. Ele chama atenção para a maneira como uma "África" imaginária e idealizada como terra-mãe torna-se matéria-prima que, retrabalhada segundo novos padrões e formas culturais atuais, impulsiona um repertório alternativo às histórias impostas pelo domínio colonial.

A rearticulação da história e do poder molda identidades culturais que se transformam continuamente, sujeitas ao jogo da história, da cultura e do poder. "Longe de serem fundadas na mera 'descoberta' do passado, [...] identidades são os nomes que damos às diferentes maneiras com que estamos posicionados e com que nos posicionamos nas narrativas sobre o passado."⁴⁵¹, afirma Hall. As identidades culturais diaspóricas, portanto, veículos de referência a uma "África" originária e a passados compartilhados, permitem que os povos produzam a si mesmos como novos tipos de sujeitos. Esta "África" funciona como metáfora que torna pronunciável dimensões da sociedade e da história que têm sido suprimidas, desonradas e negadas.⁴⁵²

A trajetória do termo diáspora no âmbito da política negra coloca em primeiro plano a interpenetração de debates acadêmicos e de movimentos sociais na geração de âncoras espaço-temporais que organizam valores morais e horizontes normativos. A ancestralidade de que falam as intelectuais-ativistas tem como cenário territórios determinados, designados pelo termo "diáspora africana". As intelectuais negras brasileiras não estiveram alheias aos estudos sobre a herança cultural africana no Brasil, ao internacionalismo negro e aos debates acadêmicos sobre a diáspora. Talvez por ser um termo estranho aos meios não acadêmicos, a palavra diáspora é raramente empregada nas publicações de organizações e coletivos de mulheres negras. Contudo, sua aparição em texto de autoria de Lélia Gonzalez e nas teses de doutorado de Sueli Carneiro e Jurema Werneck inspirou uma sondagem, nas entrevistas, sobre o arcabouço de ideias e propósitos associados ao seu uso.

Lélia Gonzalez, reconstituindo brevemente a trajetória do movimento negro, assinala a atenção dispensada à luta pelos direitos civis nos Estados Unidos e à luta anticolonial nos territórios controlados por Portugal,

---

450 HALL, 2009, p. 35.

451 No original: "Far from being grounded in the in mere 'recovery' of the past, identities are the names we give to the different ways we are positioned by, and position ourselves within, the narratives of the past." Cf.: HALL, 1993, p. 394. (tradução minha)

452 HALL, 2009.

além de exaltar autores como Frantz Fanon, Agostinho Neto, Amílcar Cabral, Malcolm X, Solano Trindade e Abdias do Nascimento. No mais, a autora reproduz um trecho da edição de lançamento dos *Cadernos Negros*, datada de 25 de novembro de 1978, que oferece uma pequena amostra da maneira com que circulava a noção de diáspora entre militantes: "*Cadernos Negros* é a viva imagem da África em nosso continente. É a Diáspora Negra dizendo que sobreviveu e sobreviverá, superando as cicatrizes que assinalaram sua dramática trajetória, trazendo em suas mãos o livro."[453] As relações de semelhança e solidariedade política entre mulheres afrodescendentes foram ainda enfatizadas pela autora com o uso do neologismo *amefricanas*.

Sueli Carneiro também oferece um testemunho sobre a importância da circulação da produção escrita do internacionalismo negro e de movimentos antirracistas e anticolonialistas entre ativistas do Brasil:

> A minha geração foi fortemente influenciada pelos movimentos de direitos civis dos Estados Unidos, pelo pensamento do Malcolm X, pelas(os) pensadoras(es) dos processos de libertação africana. Por Abdias do Nascimento, por Lélia González, que são baluartes. E tive o privilégio de viver esse tempo, em que essas ideias circulavam e nós as buscávamos com muita voracidade. [...] Então nós somos uma geração livresca, antenada... a gente tinha avidez e fazia de tudo pra poder ter contato com essas(es) pensadoras(es). Amílcar Cabral, Kwame Nkrumah, Agostinho Neto. O pan-africanismo, como um todo marcou a minha geração, assim como as lutas das(os) negras(os) norte-americanas(os) e o movimento feminista também internacional que ressurge na década de 1970. Esse caldo de cultura todo formou a minha geração. E além dos nativos nossos daqui: Oracy Nogueira, Abdias, Clóvis Moura, Guerreiro Ramos. E antes deles, o pensamento do começo do século... o Querino. Nós fomos fortemente influenciados por esses autores. O pan-africanismo... Kwame Nkrumah tem uma importância muito grande em cunhar, em nos situar nessa dimensão da diáspora negra.[454]

Essas alusões esparsas diferem da prodigalidade com que o termo é usado na tese de Jurema Werneck.[455] Ela o faz em estreita sintonia com Stuart Hall, definindo a diáspora como processo heterogêneo de dispersão e reagrupamento, em diversas partes do mundo, mas especialmente no ocidente, vivido por africanas(os) escravizadas(os) e suas/seus descen-

---

453 *Cadernos Negros* apud GONZALEZ, 1982b, p. 26.

454 CARNEIRO, 2014.

455 WERNECK, 2007.

dentes. Werneck destaca os graus variáveis de instabilidade, violência e subordinação a que a população da diáspora africana foi submetida, e também as implicações que isso teve em termos de contato com outras culturas, resultando em múltiplas identidades que se relacionam com a "terra de origem". Logo, argumenta, a diáspora reivindica um reordenamento do passado de origem – ou, como tenho dito nesta seção, da memória coletiva – ao instituir um reordenamento do presente a partir da "coexistência contraditória" da presença ativa da população afrodescendente com os diferentes contextos.

A compreensão das articulações das intelectuais sobre a diáspora pode ser favorecida pelo agrupamento de construções discursivas negativas e positivas da consciência diaspórica, nos termos propostos por Clifford. As experiências negativas são associadas à opressão decorrente do racismo e do colonialismo:

> [...] [a] diáspora negra compartilha uma experiência histórica comum de escravização e de opressão racial [...] [456]
>
> [Diáspora] é outro conceito que avançou muito nos últimos anos, porque a ideia de diáspora utilizada inicialmente era aquela [...] de povos, grupos sem nação, sem terra, sem estado. E porque esse era o debate da questão racial, em que as pessoas não eram aceitas aqui, não tinham raiz, não tinham cidadania, não eram a(o) *Afro-American*. Nem eram a(o) afrobrasileira(o). Era alguém de origem africana que não era aceito em lugar nenhum. [457]

A face positiva diz respeito ao compartilhamento de experiências catalisadas pelos esforços de contraposição à opressão e, no limite, de formulação de propostas de relações sociais que subvertam a ordem vigente. É importante observar que o uso da diáspora situa estratégias e propostas em uma comunidade internacional, e até mesmo em um contexto global de interlocução e solidariedade. As passagens a seguir permitem visualizar algumas variações, que abrangem desde alusões mais generalistas a menções a redes transnacionais de pessoas e movimentos e a construção das agendas movimentos sociais atuantes em diferentes territórios:

> [...] [a] diáspora negra [...] compartilha também um ethos cultural determinado pelas formas objetivas e subjetivas de resistência a essa opressão e, sobretudo, compartilha o desafio da emancipação coletiva em todas as sociedades do mundo onde estão alocadas.[458]

---

456 CARNEIRO, 2005, p. 68-69.

457 XAVIER, 2015.

458 CARNEIRO, 2005, p. 68-69.

A instituição de um elemento identitário próprio que as diferencia de outros grupos no contexto nacional, por um lado, e de uma comunidade transnacional baseado em semelhanças, por outro, é destacada pelas ativistas:

> Em que pese que o movimento de mulheres negras da América Latina e do Caribe também já admitiu essa dimensão, porque a migração é muito forte entre as mulheres no Caribe. Então já admitiu essa ideia como uma ideia importante para articulação política. Acho que é assim que a gente usa [a ideia de diáspora], a gente usa não só na dimensão utópica, de reconstituição de raízes, de rotas, mas também nessa perspectiva de compreender como essa experiência nos marca e nos faz vivenciar experiências próximas e produzir novos processos libertadores, ou de afirmação do que somos de outra maneira. [459]
>
> Porque a África virou essa nação mítica – como a diáspora também – onde a gente pode achar todos os elementos. Então quando eu trago a experiência das ações afirmativas dos Estados Unidos pra aplicar aqui – das cotas na universidade – a(o) branca(o) diz que eu estou imitando os Estados Unidos. Mas eu estou dizendo: "não, eu tô usando uma tecnologia da diáspora. É completamente diferente.".
>
> [...]
>
> Sempre existiu desde a África, desde a escravidão havia esse intercâmbio, não foi particularmente como a gente diz, em nosso esforço ativista, dentro da senzala. No pós-escravidão também, por exemplo, no Candomblé muitas das lideranças reconhecidas como as mais importantes do Candomblé da Bahia, elas construíram essa importância, entre outras estratégias, recompondo os laços com a família original na África. Não sei se a família original sanguínea, porque tanta princesa assim, talvez não tenha sido, né? (risos). Mas elas refizeram esses laços. E como elas sabiam aonde ir? Elas só sabiam aonde ir porque esse laço não tinha sido rompido. Não é...? Não abriram o mapa do mundo e estava escrito lá: "minha família está aqui. Elas sabiam aonde ir. E elas foram e conseguiram lá o que buscavam. Isso quer dizer que... isso sempre foi assim, diáspora quer dizer isso. A gente não perdeu o laço. A gente as vezes pensa que não tem, mas tem! [460]

O sentido positivo é também o atribuído com maior frequência ao termo e denota formatos culturais semelhantes, referenciais que servem de matéria-prima para a memória coletiva e repositórios de identidades coletivas. Os trechos a seguir evidenciam que a simbologia destacada

---

459 XAVIER, 2015.

460 WERNECK, 2014a.

é consonante com os esforços de introduzir representações sociais da negritude que sejam socialmente valorizadas:

> E é sabido que o pan-africanismo é que nos permitiu nos pensar numa perspectiva diaspórica, nos reconhecendo como uma comunidade de destino, dispersa, em diferentes continentes, mas que compartilha uma história de opressão e resistência, né, que é comum. Então eu acho que é parte do patrimônio político cultural da minha geração se pensar como ser diaspórico. [...] uma coisa que eu acredito profundamente: cultura negro-africana onde quer que ela se manifeste é patrimônio das(os) negras(os) de qualquer lugar. Essa minha concepção – e eu estou dizendo o patrimônio cultural, né? Produzido pelas(os) negras(os) em toda parte, onde quer que esteja – seja no plano do pensamento político, filosófico, seja do ponto de vista das manifestações culturais, dos esportes, mas o jazz é meu como o samba deve ser reconhecido como parte do patrimônio cultural de uma/um afro-americana(o), entendeu? Tudo o que nós fazemos no mundo compõe pra mim nosso patrimônio cultural, e é propriedade de cada negro de qualquer lugar. [461]

No caso da população afrodescendente, a valorização do legado cultural e político é feita com referência a um continente originário:

> O que é que a gente trabalha como dimensão diaspórica além do propósito de reunir diferentes grupos de negros no mundo inteiro fora da África, é lembrar que há uma experiência fora da África, das(os) africanas(os) e das(os) afrodescendentes – especialmente aquelas(es) que viveram a experiência do tráfico transatlântico – que é recorrente, nos une, nos faz crer nessa pátria mãe, nesse continente que se referencia a minha identidade, a minha origem, a minha maneira de viver – mesmo quando eu não o conheço. Que é diferente da(o) judia/judeu, que um dia vai a Israel – que é o seu Estado – mas que vive em diáspora. E é o mesmo... essa mesma dimensão. Essa ideia que a gente trabalha aqui é de perceber qual é a produção cultural, política, social, econômica, de vivências, das diferentes experiências de ser negra(o) nesse mundo. [...] Então acho que é assim que a gente usa [a ideia de diáspora], a gente usa não só na dimensão utópica, de reconstituição de raízes, de rotas. [462]

Com isso, a imagem de uma população escravizada e objetificada, que constituiria um entrave ao desenvolvimento da pátria, cede espaço à representação de uma comunidade maior, que permite múltiplas identificações positivas:

---

461 CARNEIRO, 2014.

462 XAVIER, 2015.

> [...] essa coisa identitária do pertencimento, de um pertencimento pós-tráfico transatlântico, como lugar de valor, que transcende a fronteira da nação mas de diferentes formas: num nível, num plano, é isso mesmo da sua identidade. Eu me aproximo das mulheres negras no Caribe, nos Estados Unidos, em qualquer lugar... Em certa forma haveria uma tentativa de se aproximar também das mulheres africanas. Nessa identidade, eu sou parecida com elas, eu tenho uma comunidade de referência. Não é porque você fala que eu sou feia, que eu sou... que me trata mal... Eu tenho um coletivo que é vigoroso, é importante. Mas do ponto de vista dessa identidade que precisa ser construída e fortalecida. Eu acho que também tem isso pessoalmente mas também coletivamente. [463]

A articulação desses dois sentidos desagua em um reposicionamento da nação enquanto espaço de atuação política. Este argumento é utilizado por Jurema Werneck, que, em alguns momentos, mostra as possibilidades oferecidas por uma análise que toma o território da diáspora como unidade de observação:

> Tem sido através da música que um importante segmento populacional subordinado, ou seja, a população de homens e mulheres negros do Brasil e de toda diáspora africana, tem buscado expressar visões de mundo, desenvolver e comunicar táticas e estratégias de liberdade. [464]
> [...]
> A trajetória das mulheres negras na cultura negra, em particular suas ações no território sonoro – compreendido como trabalho acústico, nos termos postos por Samuel Araújo – será analisada neste trabalho. Como já vimos aqui, maior destaque será dado à participação das mulheres negras no samba, principal produto cultural negro à disposição da sociedade brasileira. Ao buscar visibilizar os conteúdos e performances apresentados, analisarei também os elementos que fundamentam esta participação, tanto aqueles elementos contextuais históricos, políticos e ideológicos, como também as persistências culturais e seus processos de atualização e enraizamento na diáspora e na sociedade como um todo. [465]

> Eu acho que a diáspora também denuncia o que algumas identidades denunciam, que é a fronteira da nação. [...] Mas de qualquer forma, do ponto de vista das(os) descendentes de africanas(os), essa coisa da nacionalidade significa aniquilamento. Impossibilidade de existir numa posição confortável. Então é preciso ter uma outra nação, como a gente... [466]

---

463 WERNECK, 2014a.

464 WERNECK, 2007, p. 28.

465 WERNECK, 2007, p. 54.

466 WERNECK, 2014a.

No uso feito pelas ativistas do movimento de mulheres negras, a diáspora emerge como um recurso disruptivo dos discursos hegemônicos sobre o Brasil como nação miscigenada, reclamando a primazia de laços transnacionais e vinculação a passados e futuros que inscrevem temporalidades próprias. Em seu reposicionamento do termo, no mais, elas acionam narrativas que permitem remediar o que Clifford identificou como uma tendência de normalização das experiências masculinas nas abordagens teóricas da diáspora e nas culturas diaspóricas. Resta ainda dizer que os textos que abordam diretamente a diáspora são, em geral, caracterizados pelo uso da chamada "norma culta" e pela aproximação dos formatos acadêmicos de produção e divulgação de ideias. Elementos do transnacionalismo negro são também encontrados em gêneros que utilizam linguagem simplificada e cotidiana, mas a exposição de ideias a este respeito parece estar dirigida, prioritariamente, a um público com trânsito em ambientes acadêmicos.

Efeitos combinados da ancoragem da memória coletiva em elementos da diáspora e da ancestralidade constituem um recurso identitário e um mecanismo de disputa de narrativas históricas valioso para a legitimação e a configuração de pessoas negras enquanto coletivo político, complementando a construção da identidade coletiva baseada em um legado definido pela resistência:

> Por exemplo, me deram o nome de Jurema. Isso porque a Cabocla Jurema em terreiro de Umbanda lá no Morro dos Cabritos diz que salvou minha vida na hora em que eu nasci. E como ela não estava lá pessoalmente, a vinculação com toda essa cultura, essa visão, esse sagrado, foi garantida. E quem era aquela Cabocla Jurema, ela estava onde? Eu não tenho a menor ideia de onde ela estava, que mulher era aquela que tinha aquela Cabocla Jurema, que terreiro... Eu mesma nem sou religiosa, nunca quis ser, mas olha que estratégia! Não vou esquecer nunca mais! Quer dizer, não é só porque eu não vou esquecer, já encontrei várias outras Juremas, inclusive bebês, recentemente, que são Jurema exatamente porque tem uma Cabocla Jurema que lhe salvou a vida. Então essas são coisas que foram construídas e reconstruídas e que se mantêm. Como esse lugar que é só nosso. Lugar da diáspora. Essa face da diáspora aqui entre nós. Esse lugar é só nosso e não se repete, não se descreve, não foi descrito: ah, vai nascer uma menina, vai ter um acidente no parto e vai ser preciso não sei o que.... não tá protocolado. Mas extremamente bem-sucedido! Tá feito! Acontece! E por menos religiosa que eu seja, eu tenho uma dívida – se não com o sagrado dessa religião, mas com toda a forma de lidar com os acontecimentos e principalmente com seus projetos de futuro. Jamais teria pensado nisso! Não é? Você tem muita coisa! É

muito! Quando você para pensar: você tira aquela lente de achar que a gente não tem, a gente não fez nada, a gente era só vítima do racismo patriarcal, tirando essa lente você vê... ahhh! É impressionante! [467]

DEMOCRACIA E CIDADANIA: INTERAÇÕES COM INSTITUIÇÕES VIGENTES

Se é verdade que os elos transnacionais da diáspora circunscrevem solidariedades intra e extra Estado-nação, é igualmente importante considerar que o estado-nação permanece sendo a principal unidade política de definição de projetos nacionais, da cidadania e da participação política e, de fato, constitui um referencial histórico para a composição de identidades políticas.[468] A centralidade do estado nas reflexões das ativistas negras é sinalizada pela recorrência com que as expressões "políticas públicas", "governo", "cidadania" e "democracia" se fazem notar.

A aproximação dos movimentos negros com o Estado foi analisada em dois trabalhos de autoria de Cristiano dos Santos Rodrigues, que estudou o movimento de mulheres negras e a formação de identidade coletiva em seu interior, e a relação dos movimentos negros com o estado brasileiro.[469] Em ambos, o autor mostra como o movimento social de mulheres negras ganha corpo no Brasil em um contexto de ampliação do acesso a instâncias participativas e deliberativas de políticas públicas, e também em diálogo com partidos políticos de centro-esquerda. Tendo em vista os elementos até aqui arrolados, convém indagar como estão articulados tais discursos sobre o estado, quais são os posicionamentos que eles engendram e quais são as interpelações que eles geram para as instituições políticas tradicionais.

De fato, quase todas as fontes pesquisadas, em especial aquelas editadas por organizações não governamentais, apresentam informações instrutivas ou problematizações sobre instâncias e processos de participação política, políticas públicas, direitos, transparência e prestação de contas. Também reúnem denúncias e reivindicações dirigidas aos poderes públicos constituídos, como ilustram os excertos de publicações de organizações não governamentais aqui reproduzidos:

> Sabemos que a saúde é um direito de todas e todos e um dever do Estado brasileiro e por isso foi criado um Sistema de Saúde com base nos princípios de equidade, universalidade e integralidade. Mesmo assim a

---

467 WERNECK, 2014a.

468 YASHAR, 2005.

469 RODRIGUES, 2006; 2015.

população negra que representa 80% da demanda do Sistema Único de Saúde não tem seus direitos garantidos por conta das vulnerabilidades sociais, individuais e programáticas.[470]

> [...] a participação de conselheiros representando as questões de saúde da população negra não tem expressado a presença dos (as) negros (as) como usuários (as) do SUS, assim como os graves problemas de eqüidade que os indicadores de saúde desagregados por cor apontam. Na verdade, demonstram a violação deste direito de cidadania. Devemos ficar atentos (as) também para o modo que nossa sociedade opera, pois tradicionalmente inclui os que já estão incluídos. Portanto, é importante que a população negra participe da convocação para a defesa do SUS, tanto nos conselhos de saúde como em outras instâncias de controle social, visando a efetivação do direito à saúde e a redução das graves questões em saúde que este grupo populacional enfrenta. [471]

Como já mostrei no quarto capítulo, parte dos arranjos discursivos críticos das hierarquias sociais vigentes têm como alvo a imbricação do poder estatal com a opressão baseada em raça, classe social e gênero. O investimento de recursos materiais e simbólicos na interlocução com o estado por parte do movimento, no entanto, sugere a existência de reivindicações de mudanças que colocam as intelectuais-ativistas em interlocução direta com as estruturas oficiais de poder. Seguindo estas pistas, retorno às fontes para investigar a articulação entre crítica e esforços de transformação.

Uma primeira modalidade de interação do movimento com o estado depreendida destes discursos pode ser caracterizada como *participativa*. Trata-se de arranjos que privilegiam interações diretas com instituições já existentes, oferecendo construções retóricas descritivas e explicativas dedicadas a orientar ações. A linguagem de simples compreensão, que mistura registros formais e informais, apresenta leis, serviços, dados e instâncias governamentais, fornecem informações estratégicas para facilitar o acesso de mulheres negras a direitos, serviços e espaços de poder e decisão, embutindo estas informações em construções já examinadas de identidade coletiva. Uma edição do *Boletim Toques Criola* de 2004 contextualiza e elenca o conjunto de direitos trabalhistas vigentes para as trabalhadoras domésticas à época:

---

470 ROURE et al., 2010.

471 SILVA, 2007.

> Fique de olhos abertos e exija seus direitos
>
> A legislação brasileira que organiza o mercado de trabalho – a Consolidação das Leis Trabalhistas – CLT, não inclui os trabalhadores e as trabalhadoras domésticas. Estes são regidos por uma lei especial que data de 1972, que define apenas alguns direitos legais. A Constituição de 1988 equiparou os trabalhadores rurais e urbanos brasileiros. Às domésticas foram estendidos outros direitos mas não o conjunto dos direitos trabalhistas, como por exemplo, o FGTS – Fundo de Garantia por Tempo de Serviço, o seguro desemprego e insalubridade.
> [...]
> Dicas importantes
> • Quem trabalha 3 vezes na semana e recebe no final do mês, tem os mesmos direitos de quem trabalha a semana inteira.
> O FGTS representa 8% do salário, é direito do trabalhador doméstico pela lei 10.208 de 21/03/2001, mas o cumprimento da lei é facultativo. Ou seja, quem contrata não é obrigado a pagar. O pagamento do FGTS é opcional. [472]

Chama atenção o fato de serem apresentados componentes complexos de conceitos que embasam noções de direitos e do funcionamento do estado, como, por exemplo, o orçamento público. Conhecimentos dessa natureza são introduzidos a partir de elementos do cotidiano das potenciais leitoras, por vezes recorrendo a narrativas pessoais. A combinação destes recursos enseja uma transição incomum entre aspectos técnicos do funcionamento do estado e experiência imediata de mulheres negras que reforça o direcionamento didático dos conteúdos, reclamando a ampliação das possibilidades de intervir em debates comumente relegados à esfera técnica especializada.[473] Vejamos um exemplo sobre a temática da saúde materna que parte de relatos pessoais, e um sobre orçamento público, que aciona aspectos do cotidiano de um público não especializado, para explicar o funcionamento de políticas:

> Gravidez, desinformação e preconceito
> Por Regina de Castro
>
> Para falar deste assunto tive que retroceder 20 anos.... Fiquei grávida pela primeira vez aos vinte anos. Não tinha, apesar da idade, o menor conhecimento sobre o assunto. Não como se fica grávida, claro, mas como se cuida dela e que direitos eu e o bebê tínhamos, começando pelo pré-natal até a maternidade.
> [...]

---

472 DACACH; WERNECK, 2004.

473 WERNECK, 2009.

Logo minha filha nasceu e lá fui eu para a enfermaria. Ao chegar, pude perceber como somos tratadas. Mulheres preocupadas com seus filhos que não estavam bem, porque ao sentirem dores – e claro aquela famosa dor de barriga que é a preparação do nascimento – foram autorizadas a ir ao banheiro sem acompanhamento e seus bebês nasceram lá.
Uma delas já estava lá há quase um mês, pois a criança quase caiu dentro do vaso sanitário. A outra teve a sorte de segurar antes que caísse no chão.
[...]
Informe: Racismo Mata!!!

Para provar isto, podemos lançar mão de uma informação importante: os índices de mortalidade materna no estado. Mortalidade materna é a morte de uma mulher devido a problemas que acontecem durante a gravidez, o parto, o aborto ou o puerpério. Em condições normais os índices devem ser baixos, uma vez que gravidez não é doença. E poucas mulheres apresentam problemas neste período de suas vidas. Eu disse em condições normais, com tudo funcionando bem. Principalmente a capacidade dos serviços de saúde de realizarem um bom pré-natal e uma boa assistência ao parto. Mas, infelizmente, na realidade do Brasil e do Rio de Janeiro, não é isto que acontece. [474]

Toda política pública, para sair do papel, precisa de um orçamento. Ele define, basicamente, a quantidade de dinheiro público a ser gasta, em quais áreas e para fazer o quê. *Similar ao que acontece no cotidiano de milhões de brasileiras e brasileiros, que têm de decidir todo o mês quanto vão gastar e em quê, o governo, determina, a cada 4 anos, para onde vão os recursos públicos e a que servirão – a este planejamento damos o nome de Orçamento Público.* [475]

Este viés discursivo é informado pela percepção de que as mulheres negras, enquanto grupo social, têm o direito e o dever de tomar parte na definição dos rumos do país, influenciando principalmente nas decisões que as impactam diretamente. O mesmo folhetim sobre orçamento público reafirma esse clamor pelo acesso de negras a espaços de poder e decisão, conectando unidades de prestação de serviços às mais altas instâncias políticas.

Mas o que tem o orçamento público a ver com a vida das mulheres negras? Tem muito. As mulheres negras têm o direito de participar dos rumos da nação brasileira. Opinar sobre como serão distribuídos os recursos e acompanhá-los até a sua execução. [476]

---

474 WERNECK, 2002b.

475 ANSEL *et al.*, 2010. (grifo meu)

476 ANSEL *et al.*, 2010.

> Você, que mora em cada uma dessas cidades, tem condições de avaliar se o racismo atua ou não onde você mora. Mas aí vão algumas dicas para ajudar sua avaliação: os dirigentes, os governantes, os vereadores, diretores de hospitais, postos e centros de saúde são negros? São mulheres negras? Têm a mesma quantidade de negros e negras no poder que tem na população? Você acha que negros e brancos, mulheres e homens, de sua cidade são tratados iguais, dentro e fora do sistema de saúde? E o Conselho de Saúde tem negros? Tem mulheres negras? [477]

Ao mesmo tempo, subjaz a esse chamado de participação a crença de que as intervenções do Estado, em situações determinadas, podem contribuir para reparar violações, remediar ou amenizar injustiças e promover direitos, principalmente quando emanam de propostas oriundas dos grupos subordinados:

> Em dezembro de 1986, quando integrávamos a Comissão de Mulheres Negras do Conselho Estadual da Condição Feminina de São Paulo, editamos a publicação "Mulher Negra: dossiê sobre a discriminação racial". Nesta publicação denunciávamos os interesses de governos e agências internacionais de controle da natalidade da população negra através da indução do uso indiscriminado de anticoncepcionais, especialmente a laqueadura.
> [...]
> Ou seja, ou as forças progressistas deste país, após um amplo debate, realizam uma regulamentação através de lei federal que garanta os direitos reprodutivos das mulheres, especialmente das mulheres pobres e negras que dependem unicamente do Sistema Público de Saúde e coíba os abusos que estamos cansados de testemunhar, ou veremos proliferar pelo país afora toda a sorte de projetos que se transformarão em leis locais que, sob a aparência de garantir os direitos das mulheres, estarão, de fato, buscando a eliminação da pobreza pela eliminação pura e simples dos pobres.[478]

Esse chamado à atuação do Estado na reparação das injustiças está embasado por uma visão de que a população negra, em sua condição humana, participa ou deveria participar do pacto social e de arranjos democráticos, e deve se beneficiar das prerrogativas da cidadania:

> Temos muito o que fazer. E os motivos são muitos: as políticas são as ferramentas para promover os direitos e garantir a cidadania; [...].

---

477 WERNECK, 2005b.

478 NILZA IRACI. (Ed). Esterilização: impunidade ou regulamentação?. *Cadernos Geledés*, II, 1991e.

Como qualquer outra democracia, o estado brasileiro tem o dever de assegurar e promover a equidade. Isto se faz encarando a realidade em todas as dimensões onde se dão as injustiças, incluindo as de gênero e raça. Para tanto é fundamental que o poder público – sabendo ouvir e absorver as demandas e reivindicações da sociedade civil – construa e consolide programas, políticas e ações que garantam direitos. [479]

As organizações de mulheres negras por fezes figuram como autoras de possibilidades de intervenções estatais em prol de grupos subordinados: As organizações de mulheres negras brasileiras vêm desenvolvendo uma série de experiências-modelo em diversos campos; tais como ações afirmativas em parceria com a iniciativa privada e universidades; capacitação de mulheres negras em comunicação, novas tecnologias, advocacy em mídia e em políticas públicas; cursos preparatórios para o acesso à Universidade; intervenções nos currículos/capacitação de educadores(as); produção de recursos didático-pedagógicos alternativos, atendimento à saúde, psicossocial, jurídico e de direitos humanos às mulheres negras em várias regiões do país. São experiências exemplares, através das quais buscamos sensibilizar e demonstrar aos governos, em todos os níveis, a viabilidade de políticas públicas para estas questões. As condições desiguais a que as mulheres negras estão submetidas exigem a adoção de uma perspectiva inclusiva, que se expresse de imediato em medidas compensatórias para a melhoria das condições de vida, a erradicação do racismo, promoção da igualdade e garantia do exercício efetivo da cidadania.[480]

A *modalidade participativa* de interação com o estado atualiza, nos termos das ativistas, um debate recorrente sobre democracia e diversidade que foi sintetizado, entre outras(os) autoras(es), por Anne Phillips.[481] Segundo a teórica britânica, a visão convencional da representação na democracia liberal tende a contemplar questões de diferença e diversidade como limitadas a opiniões, interesses, objetivos e crenças divergentes, o que resulta em uma compreensão de que os modelos adequados de representação política são aqueles que melhor refletem as preferências de eleitoras(es). A política de ideias ou representação substantiva considera mais importante as solidariedades geradas a partir de propostas, independentemente de *quem* exerce a função de representação e do grau com que as características do universo do grupo representado encontram-se

---

479 ANSEL *et al.*, 2010.

480 AMNB, 2001.

481 PHILLIPS, 1995.

espelhadas no grupo de representantes. Hannah Pitkin[482] argumentou contra a representação substantiva por acreditar que a preocupação com a composição das assembleias legislativas acabaria por desviar a atenção das questões primordiais, que se referem às as atividades exercidas por representantes.

Assim, a análise da representação deveria recair sobre as consequências das ações, e não sobre aspectos anteriores a estas. Phillips, todavia, defende medidas de inclusão para grupos que têm permanecido à margem do debate e de decisões políticas, guiada por uma compreensão de diferença baseada em experiências e identidades – a chamada política de presença ou representação descritiva. Ao ponderar sobre potencialidades e limitações da política de ideias e da política de presença, ela conclui que os dois modelos, ao serem tomados isoladamente, revelam debilidades de vulto, o que a leva a afirmar que "É na relação entre ideias e presença, e não em uma falsa oposição entre ambas, que podemos ter esperança de encontrar um sistema de representação mais justo."[483] Retornando aos discursos ativistas, nota-se que a defesa do *direito de participar* – e não apenas nos fóruns representativos, mas também em fóruns deliberativos e participativos, como conselhos e conferências de políticas públicas – e a proposição de medidas que reduzam desigualdades observáveis entre afrodescendentes e outros grupos fundem-se entre si.

Manifestações que promovem ideias sobre mitigação do racismo em serviços públicos de que dependem majoritariamente as pessoas de baixa renda são emblemáticas do estatuto primordial assumido pela categoria raça, muitas vezes ladeada por classe social. Isso não impede que uma versão racializada da categoria gênero ocupe, por vezes, tal centralidade, principalmente quando o tema é saúde ou emprego doméstico.

A segunda modalidade de interação das intelectuais com o Estado é a *dissensual*, que novamente promove um uso saturado do recurso retórico da antítese para expor deficiências, incompletudes, discriminação e exclusão. Princípios, direitos formalizados e compromissos assumidos pelos governos são contrapostos a descrições da sociedade. Dados e relatos de experiências e fatos permitiriam verificam em que medida os grupos subordinados se beneficiariam das prerrogativas do pacto social, evidenciando a violação de direitos das mulheres negras e promovem uma comparação entre os conceitos de cidadania, democracia e justiça com a forma como eles são vivenciados na prática. Dados e narrativas

---

482 PITKIN, 1967.

483 PHILLIPS, 1995, p. 25.

pessoais e sobre fatos de conhecimento público são componentes centrais da estratégia argumentativa, uma vez que inspiram visualizações corporificadas ou quantificadas do impacto que violações de direitos ou obstáculos à cidadania gera:

> No momento em que a sociedade brasileira se organiza em torno do reestabelecimento das liberdades democráticas através da convocação de Nova Constituinte, introduz-se como pré-requisito para o pleno exercício da democracia que ser "erradique o mais grave arbítrio desta sociedade que á a discriminação racial que infelizmente contra nós negros, tem se constituído numa prática social, independente de conjunturas", tal como expresso em documento do "Coletivo de Mulheres Negras de São Paulo [484]

A incoerente convivência entre um regime democrático em tese igualitário e de uma ordem social hierarquizada e opressora é assim dissecada:

> O SOS Racismo nasce de uma necessidade social determinada pelas diversas formas de discriminação impostas ao negro, em todas as esferas da vida social. *Nasce também de uma exigência democrática e do reconhecimento de que nenhuma sociedade pode ser efetivamente justa mantendo cerca de 50% de sua população submetida a mecanismos de exclusão social.* Isto porque o racismo e a discriminação atuam no sentido de perpetuar a condição de inferioridade social do negro.
>
> Com o SOS Racismo temos a intenção de *questionar os mecanismos de exclusão da cidadania da população negra* acionando, principalmente, os instrumentos legais que regulamentam os direitos e garantias individuais e punem a prática do racismo.[485]

Mesmo diante das violações sistemáticas do ideário igualitário, as ativistas destacam espaços e possibilidades de disputa de poder no interior do estado:

> As representantes da sociedade civil cumpriram um papel decisivo para que o Plano Nacional [de Políticas para as Mulheres] efetivamente pudesse contar com estratégias mais realistas no enfrentamento do racismo, do sexismo e da lesbofobia. Sueli Carneiro, Coordenadora do Geledés Instituto da Mulher Negra, foi uma das participantes do processo político que originou o Eixo 9. Ela ressalta a importância da luta das mulheres negras nesta vitória: "O movimento de mulheres negras foi o principal responsável pela construção desta política", afirma.

---

484 CARNEIRO, 2005, p. 52.

485 IRACI, 1991d.

O grande problema é que até a metade deste ano a Secretaria Especial de Políticas para as Mulheres (SPM) – responsável por colocar todos os eixos do II Plano em prática -, teve atuação bastante tímida na implementação do Eixo 9. Jurema Werneck, coordenadora de CRIOLA, foi uma das ativistas que lutaram por esta política. Ela faz questão de relembrar como o governo se posicionou frente as exigências de mulheres negras, índias e lésbicas: "Este eixo foi aprovado contra a vontade do governo, que encaminhou votação contrária e perdeu. Agora, com a obrigação de realizar, ainda não fez nada", opina. [486]

A oposição entre determinações formais e vivência da cidadania foi objeto de reflexões de Deborah Yashar[487] em seu livro sobre movimentos indígenas na América Latina. Em sua categorização dos padrões estatais de definição da cidadania, ela aponta a predominância do princípio de *jus soli* como critério que delimita quem é cidadã(ão), e estabelece mecanismos de legitimação e limites dos sistemas estatais na América Latina. A doutrina de *jus solis* relaciona a cidadania a ideias de inclusão cívica, igualdade, liberdade e fraternidade e estabelece que a comunidade política se baseia em laços cívicos e geográficos. Isso se desdobra na extensão da cidadania a pessoas nascidas em um território predeterminado e na naturalização de imigrantes que atendem a um conjunto de condições, o que a opõe a doutrinas que definem comunidade política como elite ou por parentesco e ascendência.

A constatação de Yashar de que a noção de cidadania constitui o núcleo da mobilização política de grupos indígenas latino-americanos, malgrado a existências instituições formais que afirmam, em tese, a cidadania a indígenas, inspira sua crítica a estudiosas(os) da democratização e regimes políticos contemporâneos que têm priorizado o estudo das instituições que compõem a democracia em detrimento da problematização da experiência de cidadãs(ãos). Alegando que existem variações entre grupos na identificação com a comunidade política nacional, no acesso a representação e formas de mediação de interesses, e no gozo de direitos associados à cidadania, a autora defende uma contextualização frente a clivagens sociais, desigualdades e tensões, remediando a confusão entre determinações formais e experiência. Nos construtos das intelectuais negras, é possível encontrar extensas documentações sobre experiências de cidadania de grupos subordinados com base em raça, classe e gênero que desestabilizam percepções sobre a existência da democracia:

---

486 ANSEL, 2009.

487 YASHAR, 2005.

> Se é verdadeiro que ter ou não ter filhos deve ser uma escolha da mulher e do casal, este direito tem que ser conquistado exigindo-se do Estado que ele ofereça à mulher os diversos métodos de contracepção com informação adequada sobre cada um deles, e não se permita mais os descalabros das esterilizações massivas de mulheres, as cesarianas desnecessárias, e os abortos clandestinos responsáveis pela morte de um número incomensurável de mulheres.
>
> Se é verdadeiro que a mulher tem o direito de ter o controle sobre sua própria reprodução, há que se atuar sobre o sistema público de saúde que vê a mulher, particularmente as das classes populares, como incapazes e ignorantes para usar os diversos métodos contraceptivos existentes, induzindo-as à utilização de métodos que as mantém passivas diante do sistema de saúde como as laqueaduras, os dius, entre outros. [488]

Não se trata apenas de identificar brechas no funcionamento das instituições democráticas, mas também de questionar a possibilidade de existência da democracia em uma ordem que viola sistematicamente os direitos da população negra:

> Mas não é democracia. Nós não temos uma experiência democrática no Brasil, né? Acho que uma das grandes conquistas do movimento negro nesse plano das teses é ter denunciado isso, né, e ter explicitado que não dá para chamar democracia e não dá para dizer que ela... democracia racial, ainda por cima, adjetivar ainda mais, porque não se aplica. Estamos numa sociedade de racismo e privilégio, então não encaixa a democracia. [489]

> [...] ao analisar a realidade a gente vê que as mulheres negras são as últimas, sempre. *Elas acabam revendo se essa democracia de fato é uma verdadeira democracia, ou se ela é a democracia da elite, uma democracia que não permite a vivência com diferentes grupos e ao mesmo tempo a partilha de poder com diferentes grupos.* Então o fato de as mulheres negras ainda terem indicadores sociais reveladores de uma pobreza, de experiências com violência, com falta de recursos, incapazes de dar sustento a sua próxima geração, significa também que é uma sociedade que elegeu esse grupo assim. Como grupo desprestigiado. Eu diria assim, é como se nós fôssemos o resumo do processo da violência e da discriminação. Mesmo em que pese na população negra, por exemplo, outros grupos que também sofram discriminação, violência, até morte, em número igual ou comparável que das mulheres ou maior que as mulheres. Mas quando você olha para a realidade você vê que as mulheres negras têm os índices sociais, as condições de vida mais precárias.[490]

---

488 IRACI, 1991b.

489 WERNECK, 2014a.

490 XAVIER, 2015.

Ao incorporar as experiências das mulheres negras no centro da problematização das noções de cidadania e democracia, as mulheres negras expõem os limites dos tratamentos formalistas e sedimentam uma visão dinâmica sobre o exercício de direitos, ressaltando seus aspectos contenciosos, processuais e não lineares. Concentrando arranjos discursivos desta ordem na modalidade de interação com o estado que chamei de *dissensual*, chamo atenção para a semelhança que ela apresenta com processos descritos por Jacques Rancière,[491] para quem o político tem origem quando uma reivindicação de igualdade institui o *dissenso*, entendido como uma ruptura no seio do senso comum. Essa ruptura se estabelece quando os sujeitos políticos promovem uma comparação entre dois mundos: o mundo dos direitos formalizados, que regulam a comunidade e definem seus membros como iguais e livres; e o mundo dos membros desta comunidade a quem estes direitos também são atribuídos, mas que se encontram impedidos de desfrutar dos mesmos devido a sua posição subalterna. Com isso, a veracidade da suposição de que todas(os) são iguais é colocada à prova. Nas sociedades contemporâneas a ideia de direitos humanos insere-se no processo emancipatório como parte da configuração da realidade, uma vez que são uma forma de visibilidade da igualdade, a inscrição da igualdade na comunidade.

As instabilidades produzidas por chamamentos reiterados para que o estado democrático efetive os princípios normativos que justificam sua existência, descritas por Rancière, emergem na fala de uma das entrevistadas e no trecho da publicação de Criola que celebra as medidas adotadas em decorrência do ativismo das mulheres negras, anunciadas como um legado concedido por negras(os) a toda a sociedade:

> Nossos passos vêm de longe – saúde como direito da população negra: É muito antiga a luta da população negra por saúde. De fato, desde o tráfico transatlântico e a escravidão temos buscado estabelecer, no ambiente adverso marcado pela violência e injustiça, condições dignas de vida e de saúde. Tais lutas, além de derrubar o regime escravocrata, influenciaram as diferentes respostas que o Estado brasileiro foi levado a dar em relação à qualidade de vida e de saúde da população. A continuidade destas lutas certamente contribuiu para a criação do Sistema Único de Saúde e, mais recentemente, da Política Nacional de Saúde Integral da População Negra.[492]

---

491 RANCIÈRE, 2010.

492 CRIOLA, 2010c.

O Sistema Único de Saúde (SUS) é um sistema universal, que beneficia a população brasileira como um todo. Aqui, ele figura como uma das conquistas das mulheres negras, alcançada conjuntamente com outros atores políticos. Tais conquistas se estenderiam a um nível mais fundamental, uma vez que levariam a um aprimoramento da definição de Estado democrático:

> Então eu acho que tem essas duas coisas: ou a gente pensa em democracia, esse ideal que circula, como todo mundo, ninguém quer ser racista, todo mundo quer ser democrático, todo mundo quer ser bonito e inteligente, isso é assim. A democracia às vezes circula com esse termo de um valor acrítico até. Mas também tem esse lugar como crítica, você coloca a democracia quando você quer questionar, produzir uma instabilidade naquele espaço dito democrático. E esse elemento da participação, que é uma ferramenta fundamental da democracia, ele é um ponto, uma perspectiva muito importante para mostrar exatamente o privilégio. [...]. Criar essas instabilidades, esses questionamentos, e chamar a atenção para as ausências e complexidades acho que também é uma das razões por que tanto se fala de democracia. [493]

A terceira modalidade de interação abrange igualmente componentes conflitivos com o estado, mas alavanca novos referenciais e princípios para orientar mecanismos de intermediação de interesses e a própria noção de democracia, revelando graus variados de ceticismo em relação à capacidade do estado moderno e dos regimes de cidadania de promover a justiça social. Ao propor a substituição das estruturas vigentes, configura uma modalidade *radical*. O recurso às narrativas pessoais é aqui substituído por recursos retóricos explicativos, ensejando um grau mais alto de abstração e elaboração conceitual explícita, uma vez que a abordagem dos problemas cotidianos dá lugar a um horizonte utópico:

> Qual é a nossa visão de futuro? Contribuir para a construção de uma sociedade democrática, justa e igualitária que se expresse na efetivação dos direitos das mulheres negras em todas as idades. [494]

> Quais os sonhos das trabalhadoras domésticas? Na pesquisa realizada por Criola perguntamos sobre o sonho de cada uma. O sonho que ganhou o primeiro lugar é o de "não morar em casa de patrões" e ter sua casa própria. [...] O direito a um trabalho sem exploração, o direito à educação, o direito à economia, o direito à saúde, o direito ao sonho e à concretização destes sonhos, são os direitos humanos das mulheres negras. [495]

---

493 WERNECK, 2014a.

494 ROURE et al., 2010.

495 DACACH; WERNECK, 2004.

> [...] se você pensa o que é descrito como democracia atual é uma sociedade de privilégio. Então [a democracia atual] antagoniza com o conceito de democracia. E quando você pensa em horizonte e projeto de futuro, pode se chamar democracia, mas pode se chamar qualquer outra coisa. [496]

Uma faceta dessa modalidade de interação pode ser entendida como um desdobramento prático do êxito da modalidade dissensual, na medida em que vislumbra que a garantia e o exercício de direitos de cidadania por todos os membros de grupos subordinados promoveria e seria promovida por um esgarçamento das instituições políticas ocidentais, uma vez que implicaria na subversão de hierarquias na sociedade. Ela implica em uma denúncia da conivência das democracias liberais com as assimetrias sociais vigentes e na orquestração de um projeto que assegure participação efetiva e supere desigualdades de raça, classe, gênero, orientação sexual, étnicas, entre outras. Como argumenta de Sueli Carneiro:

> Qualquer grupo que sofra algum tipo de dificuldade na realização plena dos seus direitos humanos tem que ressignificar o conceito de democracia. Subvertendo isso que o Boaventura [de Sousa Santos] [...] chama de democracia de baixa intensidade praquilo que nós, no âmbito do movimento de mulheres, temos definido como a radicalização da democracia. [...] radicalização da democracia para nós significa o quê? O reconhecimento e a consciência do reconhecimento de que não poderá haver uma democracia efetiva enquanto negras(os) e brancas(os) tiverem oportunidades diferenciadas, enquanto houver desigualdade de gênero, de raça, entre rurais e urbanas(os), ou seja, toda essa gama de condicionantes que limitam o exercício da democracia para diferentes grupos: mulheres, gays, lésbicas, indígenas. [...] Eu acho que os movimentos em geral, os movimentos de mulheres negras e movimentos negros em particular, têm uma consciência muito exata de como a democracia – tal como ela está instituída, admitindo e reproduzindo desigualdades, sobretudo de gênero e de raça – como ela é incapaz de aceitar os direitos políticos, sociais, econômicos, culturais de todos os diferentes segmentos sociais, da sociedade [...]. [497]

Outra faceta reivindica a geração de estruturas de poder e decisão a partir de valores e perspectivas que derivam do legado histórico da luta afrodescendente por emancipação, extraindo de práticas culturais, movimentos políticos e personagens selecionados elementos para a proposição de princípios normativos. Isso resulta em uma absorção da noção de

---

496 WERNECK, 2014a.

497 CARNEIRO, 2014.

ancestralidade por projetos de justiça social e em propostas de reapropriação ou mesmo substituição de estruturas eurocêntricas:

> A nós, negras e negras, cabe o compromisso de não deixar de lutar nunca. De não desistir. De fazer com que a sociedade vá mais longe na construção do que nossos ancestrais definiram como um mundo melhor. Aquele em que as diferenças serão saudadas como matéria viva de construção da força e do axé de todos. Criola, neste espaço, reitera este compromisso. E sabe que estará lutando junto com você. [498]

> E quando você pensa em horizonte e projeto de futuro, pode se chamar democracia, mas pode se chamar qualquer outra coisa. Que a gente pode dar um nome ainda, que não faz essa... essa homenagem tão profunda ao eurocentrismo, né – porque democracia é mais uma homenagem ao eurocentrismo do que às/aos gregas(os), [...] Então democracia pode ser mas pode não ser. Se a gente quiser romper com tudo, nem democracia a gente vai chamar. [499]

> [...] a partir dos nossos movimentos, os nossos movimentos mais contemporâneos, fomos dizendo que essa identidade, essa maneira de viver e pensar desde a experiência anterior à escravidão, na escravidão e depois da escravidão é... o parâmetro era a experiência ancestral. A experiência concreta – essa que não é mais ancestral. A força das rainhas, dos reis dos orixás, da África mãe, etc. – ela vai surgir também a partir da ideia de um patamar de direitos, que teríamos direitos e devíamos lutar por. Então daí essa ideia de defesa do patrimônio histórico, do seu corpo como um bem, um corpo autônomo... todas essas perspectivas novas que vêm com os movimentos identitários e também vêm com essa ideia dos sujeitos de direitos que passam a se constituir como parte das bandeiras da ação contra o racismo. Não era só a supremacia racial, ou a violência contida, mas também a perspectiva de trazer para a sociedade – uma sociedade entre aspas, né, na perspectiva integradora – uma sociedade que reconhecesse esse patrimônio, reconhecesse essa identidade, essa cultura, e fizesse isso como bem de todo mundo. Eu acho que os movimentos sociais contemporâneos vão acabar se constituindo num espaço de ação e reflexão desses processos. Então temos a ancestralidade como iluminadora, aquilo que nos enraíza, diz quem somos, da onde viemos e pra onde vamos; temos uma sociedade que diz que a melhor sociedade é uma sociedade democrática – onde cidadãos e cidadãs podem participar, viverem coletivamente, em paz e harmonia; mas também temos toda uma dimensão de direitos constituídos desde o ponto de vista dos movimentos, como por exemplo: as

---

498 WERNECK, 2003.

499 WERNECK, 2014a.

concepções feministas, as concepções antirracistas, as concepções das homossexualidades, e de outras identidades, de outras culturas, que vão iluminando e ajudando essa ideia de democracia e de cidadania, de bem viver, e que vão dando uma diferença, na maneira da gente atuar. Então hoje, quando a gente fala que não basta deixar de discriminar, mas precisa ser democrático, e para ser democrático precisa eliminar o racismo, nós estamos dizendo que esta democracia – onde a pessoa pode viver como cidadã, mas sendo discriminada – não é possível. E lógico que – você diria – isso é muito tradicional, isso é basicamente o que compõe até, sei lá, o século passado, as utopias... Mas mesmo as utopias não continham essas ideias identitárias. Da transformação do corpo, das identidades raciais como positivas nesse processo, de uma perspectiva onde o sujeito pega a sua história, a sua maneira de viver, e traz para iluminar todas essas concepções que eram compreendidas como universais, como europeias, brancas, como democracia, como direito, como belo, como bom, como cidadania né? Então eu acho que é nesse sentido que essas dimensões acabam fazendo parte não só do nosso vocabulário, mas também do nosso horizonte de luta. [500]

Esta terceira modalidade carrega nuances de projetos de sociedade ainda por construir. Ela fundamenta-se em uma crítica essencial do Estado democrático em relação a seu comprometimento com a erradicação dos três eixos segundo os quais as ativistas concebem a opressão: raça, classe social e gênero. Parte dessa crítica às democracias liberais é caudatária de uma leitura marxista. Karl Marx[501] separa os direitos humanos em dois conjuntos: os direitos do cidadão – *droits d'citoyen* – e os direitos do homem – *droits d'homme*. A esfera dos direitos do cidadão é a que abrange os direitos políticos, cuja especificidade reside em serem exercidos coletivamente em âmbito estatal e em regularem a participação do homem na comunidade política. Os direitos do homem incluem o direito à liberdade, à igualdade e à segurança. São exercidos na sociedade civil e dizem respeito ao homem isolado da comunidade, limitado por suas restrições individuais e motivado por interesses egoístas. Os dois conjuntos de direitos convergem na medida em que as declarações e as constituições definem como função primeira do governo ou da associação política a garantia dos direitos do homem – direitos exercidos na sociedade –, enunciados como "direitos naturais", tendo como motivação a preservação da pessoa, dos direitos e da propriedade. Para Marx, isso significa uma redução da cidadania e da comunidade política a instrumentos de perpetuação do

---

500 XAVIER, 2015.

501 MARX, 2010.

indivíduo isolados e a promoção do materialismo. Friedrich Engels alega que a moral predominante na sociedade é aquela da classe dominante e que os direitos humanos têm caráter especificamente burguês, tendo origem nos esforços da burguesia para abolir privilégios feudais e catapultar o comércio. Atrelados aos interesses de uma única classe, a concepção de que os seres humanos seriam *naturalmente iguais* teria extraído da ideia de igualdade o princípio da equiparação política e social dos cidadãos de um estado e os indivíduos de uma mesma sociedade.[502] Em suma, o marxismo é crítico das alternativas de promoção da igualdade em um sistema capitalista, inclusive por governos democráticos, ressaltando que sobrevivência do sistema depende da desigualdade material.

Leituras mais recentes problematizaram a permissividade do estado democrático frente às desigualdades de raça, dentre as quais destaco os trabalhos de Carole Pateman e de Charles W. Mills. Em seu livro *O contrato sexual*, Pateman[503] retorna ao conjunto de escritos que floresceram a partir do século XVII pelas mãos de teóricos do contrato social, como Thomas Hobbes, John Locke e Jean-Jacques Rousseau, perscrutando suas implicações para as relações de gênero. As teorias do contrato social foram vastamente exploradas na teoria moral e na Teoria Política, propagando a narrativa de que a autoridade legal do estado e a legitimidade do governo emanam de um contrato original que fundou a sociedade civil e o direito político. Sem entrar nas variações entre os autores, é suficiente dizer que o consentimento das(os) cidadãs(ãos) à autoridade do estado teria como contrapartida a instituição de direitos civis e políticos que o estado teria que garantir.

Pateman assinala que a história do contrato social é celebrada como uma história de liberdade, uma vez que os indivíduos teriam trocado as inseguranças do estado de natureza pelas liberdades e a isonomia das condições civis salvaguardadas pelo estado. Seus apontamentos, todavia, indicam o contrário. Ao usar o gênero como chave interpretativa do contratualismo, a autora argumenta que o contrato social institui uma dicotomia entre esfera pública e esfera privada, sendo que a primeira é o espaço em que o indivíduo exerce sua liberdade. Na esfera privada, as mulheres teriam permanecido sujeitas aos homens. Apontando que, com a exceção de Hobbes, os demais teóricos clássicos consideravam que as mulheres eram naturalmente desprovidas dos atributos dos indivíduos, ela mostra que a dominação patriarcal é essencial em suas teorias e que

---

502 ENGELS, 2009.

503 PATEMAN, 1993.

o pacto social é, sobretudo, um pacto firmado entre homens, que institui o direito político dos homens sobre as mulheres e o direito sexual – ou direito conjugal, que concede acesso sistemático dos homens aos corpos das mulheres.

Inspirando-se na crítica de Pateman, Charles Mills[504], já mencionado neste estudo, propôs uma releitura do contratualismo na qual ele mostra que o contrato social exclui os povos considerados bárbaros ou selvagens por seus formuladores, originando uma cisão entre povos brancos, seus beneficiários, e não brancos, que são excluídos das prerrogativas civis e políticas usufruídas por cidadãos plenos. A gênese desta construção remontaria à criação do mundo moderno pelo colonialismo europeu, que teria estabelecido as bases para a consolidação global da supremacia branca. Posteriormente, Mills e Pateman[505] aprofundaram análises parcialmente integradas, nas quais ela argumentou que as noções emergentes de diferença racial e sexual moldaram as estruturas institucionais dos estados e a vida dos indivíduos na era moderna, ao passo que ele sugere que o uso da expressão "patriarcado racial" – *racial patriarchy* – seria mais adequado para indicar os diferentes status contratuais usufruídos pelos grupos sociais.

Embora estas revisões do mito fundador da legitimidade do poder estatal dirijam-se à teoria política, as noções de contrato racial e contrato sexual operam em um nível descritivo, mostrando que, em vez de falhas ou sinalizações de um projeto incompletude, as desigualdades são constitutivas das estruturas de poder nas sociedades contemporâneas. A semelhança que elas guardam com o marxismo é a conclusão de que os interesses de grupos que ocupam posições favoráveis no ordenamento social são fatores relevantes da genealogia e operação do estado, levantando questionamentos sobre o espaço que ele ocupará e como ele deverá funcionar em um mundo justo.

As três modalidades de interação com o estado – participativa, dissensual e radical – acionadas nos discursos do movimento de mulheres negras não são mutuamente exclusivas. Ao contrário, elas convivem entre si e podem ser utilizadas simultaneamente ou em momentos distintos, a depender do tema abordado, do público a que se dirigem ou dos objetivos em tela. A participação de um grupo marginalizado e a reinscrição da ideia de cidadania em uma lógica atrelada aos legados sociais e políticos das negras seriam em si transformadores, e as intelectuais-ativistas

---

504 MILLS, 1997.

505 MILLS; PATEMAN, 2007.

convidam as mulheres negras a explorá-la. Contudo, o Estado é visto como elemento central na produção e reprodução de desigualdades, e há um grande ceticismo em relação à possibilidade de que as instituições democráticas contemporâneas venham a ser, também, justas.

HORIZONTES DA JUSTIÇA SOCIAL

No quarto capítulo, apresentei uma síntese das interpretações das intelectuais-ativistas negras sobre o ordenamento social vigente, e afirmei que elas interpretam as desigualdades de gênero, raça e classe como sendo injustas. Se é certo que o movimento de mulheres negras direciona sua atuação à superação do racismo e do sexismo, menos evidente é a caracterização das relações sociais que ele projeta como ideal, e, por essa razão, voltei-me, no presente capítulo, aos construtos que remetem ao ordenamento social que ele pretende instituir. Retomando aspectos até aqui elencados a partir da amostra utilizada, cinco elementos se destacam:

1. a afirmação da heterogeneidade das mulheres negras e dos projetos por elas encampados;
2. a caracterização dos esforços de sobrevivência biológica e de mobilização política como resistência;
3. a reiterada alusão a representações inspiradas em personagens das religiões afro-brasileiras, em figuras históricas que desempenharam papéis relevantes em termos de liderança e estratégia política no Brasil e na África, e em empregadas domésticas;
4. o deslocamento de representações sociais e projetos hegemônicos de nação a partir das noções de "diáspora" e "ancestralidade", que situam as ações das ativistas dentro de um campo semântico conectado a um passado longínquo e a territórios das Américas e do continente africano;
5. o recurso a modalidades diversas e contraditórias entre si de engajamento com o estado, que vão desde a atuação em fóruns participativos à reivindicação de sua eliminação.

Analisando os elementos em seu conjunto, é possível concluir que os exercícios imaginativos que embasam a seara prescritiva de discursos constitutivos do movimento de mulheres negras priorizam a desestabilização de discursos hegemônicos sobre a nação e remetem a elementos que podem ser arregimentados no fortalecimento de identidades coletivas e cristalização de redes de ativismo.

Nesse sentido, a legitimidade das ações do movimento de mulheres negras é explicada em termos de intervenções em uma realidade imediata, que respondem a situações observáveis e experiências contemporâneas. Sendo assim, tais elementos são valorizados dentro de um contexto específico, como alternativas provisórias. Os discursos não reivindicam a reinstituição da sociedade que deu espaço à figura da ialodê, ou dos contextos em que se manifestam orixás; as domésticas são valorizadas, mas as construções discursivas apontam para a superação das condições em este lugar social se reproduz; eles não demandam a imitação de ordenamentos registrados em territórios do continente africano ou americano e protestam contra as condições sociais que determinam que a subjetividade das negras enquanto grupo social seja construída como resistência; são críticos do estado no qual se inscrevem os espaços de participação política que o movimento de mulheres negras por vezes ocupa.

O que a dimensão prescritiva dos discursos das intelectuais negras favorece é a ressignificação de identidades e narrativas marginalizadas e a sua articulação em *frames* de ação coletiva, excluindo de um lado, vocações de cunho predominantemente utópico – ou seja, a descrição de estruturas sociais ideais –, e, de outro, a adesão a projetos de justiça social que enfocam prioritariamente gênero, raça ou classe, como o socialismo, o feminismo ou o pan-africanismo. Tal configuração alinha-se a uma opção epistemológica que Kimberlé Crenshaw chamou de uma abordagem "de baixo para cima", que parte de experiências concretas e tem ênfase pragmática: os reiterados esforços para reconhecer as injustiças e adotar múltiplas estratégias individuais e coletivas para fazê-las cessar, introduzindo, para tanto, o legado histórico, social, político e cultural de mulheres negras, abririam horizontes de transformação que exercícios de abstração não poderiam alcançar, posto que estariam capturados nas tramas dos sistemas de opressão vigentes e que não comportariam a multiplicidade identitária e política das negras.

A originalidade do pensamento social e político do movimento de mulheres negras, em sua dimensão prescritiva, reside, em suma, na articulação de representações históricas e culturais que impulsionam diversas possibilidades de experiências de mulheres na construção de ações coletivas para a superação do racismo, do sexismo e da exploração – o horizonte de justiça social perseguido pelas intelectuais negras.

CONSIDERAÇÕES FINAIS

"Nossos passos vêm de longe!", lema utilizado pelo movimento de mulheres negras, fala de um lugar vislumbrado a partir da articulação de um "nós" e de um passado compartilhado que fazem referências a identidades politizadas. Nas décadas em que as ações coletivas das mulheres negras estiveram organizadas sob a égide do enfrentamento simultâneo do racismo e do sexismo, este "nós" tem sido reinventado e tem alimentado interpretações sobre desigualdades, identidade e projetos de justiça social.

No presente livro, lancei-me a identificar elementos centrais das reflexões desenvolvidas pelo movimento de mulheres negras no Brasil, com o intuito de caracterizar o plano descritivo e o plano prescritivo de suas reflexões, bem como as representações sociais que os embasam. Adicionalmente, explorei análises sobre o entrelaçamento de gênero e raça presentes em vertentes teóricas tão diversas quanto o feminismo e a tradição sociológica canônica brasileira, buscando verificar a hipótese de que o desenvolvimento do movimento de mulheres negras sedimentou perspectivas analíticas e concepções de justiça social próprias, dando vida a um pensamento social e político que se organiza pela contemplação idiossincráticas das sobreposições de gênero e raça.

Recorrendo à ACD, examinei uma amostra de documentos impressos ou divulgados em meio eletrônico explicitamente ligados ao ativismo de organizações e grupos de mulheres negras brasileiras, complementando-a com textos acadêmicos e entrevistas com ativistas que permitiram aprofundar a investigação. Isso porque jornais e livretos editados por organizações não governamentais refletem esforços conscientes de seleções lexicais, semânticas, representacionais e estilísticas por parte das ativistas, que se prestam a colocar em circulação proposições estratégicas sobre a sociedade e as instituições políticas. Esta escolha permitiu avançar no alcance dos objetivos da pesquisa e trazer novos aportes documentais para os estudos sobre o movimento de mulheres negras que, até então, vinham se desenvolveu com recurso a entrevistas e observação participante.

O conjunto de estudos que abriu caminho para a presente pesquisa já havia analisado de algumas das construções identitárias e políticas fundamentais do movimento de mulheres negras. E também se interessou pelo contexto que possibilitou seu crescimento e pelas relações de proximidade e diferença com os movimentos negro e feminista com base nos quais o movimento de mulheres negras foi inaugurado. Nutrindo-me dos achados de Cristiano Rodrigues[506] e de Cláudia Cardoso[507] que informam sobre a centralidade da articulação de gênero, raça e classe na atuação das ativistas, e do rico material com que me deparei na procura de fontes, introduzi a hipótese de que o agenciamento político das mulheres negras tenha sedimentado um pensamento social e político próprio. A fim de verificá-la, encontrei na ACD e nas teorias dos movimentos sociais ferramentas metodológicas favoráveis ao estudo do trabalho semiótico subjacente às ações coletivas, e que permitiram a conexão de aspectos do texto ao contexto social que determina desigualdades significativas para as negras enquanto grupo social. O exercício da análise priorizou a identificação de elementos de ordem descritiva e prescritiva dos discursos que configuram projetos de justiça social do movimento estudado.

No que toca ao plano descritivo, analisei construções discursivas que interpretam a opressão enquanto fenômeno social e mapeei categorias analíticas e eixos prioritários de argumentação. Isso permitiu observar uma vertente discursiva de caracterização da experiência social das negras com conotações negativas, exemplificadas pelos termos "violência", "sofrimento", "vulnerabilidade", "desvalorização" e "penalização", e, no limite, pela imagem de mulheres negras situadas "na base da pirâmide social". Mais do que vivências individualizadas ou episódicas, as experiências que denotam inferiorização social são situadas em um quadro interpretativo de relações sociais amplas, segundo o qual atributos individuais adquirem significados relevantes para a interação na medida em que organizam a distribuição de recursos simbólicos e materiais. Ao serem tomados como signos de superioridade ou inferioridade e organizarem padrões relacionais, alguns atributos individuais são tomados como *marcadores de desigualdade*, engendrando relações hierárquicas entre os diversos grupos sociais. Portanto, além de funcionarem como referenciais identitários, os marcadores refletem eixos prioritários e imbricados de poder, com destaque para raça, classe e gênero.

---

506 RODRIGUES, 2006.

507 CARDOSO, 2012.

As assimetrias operacionalizadas por cada um destes marcadores obedeceriam a lógicas particulares, ainda que entrelaçadas. Em primeiro lugar, o termo "classe" situa as relações sociais no bojo do sistema capitalista, no qual as posições dos indivíduos na sociedade são determinadas por suas relações com os meios de produção e a relação entre classe dominante e classe dominada configura-se como "exploração". Porém, em divergência com o marxismo, o marcador "raça" é tomado como categoria relevante na organização da exploração, determinando a "eficiência estrutural do racismo" e a condição privilegiada do grupo branco no acesso à condição de classe dominante dela decorrente. Adicionalmente, as configurações ideológicas são retratadas como mecanismos que viabilizaram a inferiorização de toda simbologia associada a negritude, africanidade e afrodescendência, o que leva as autoras a estabelecerem conexões causais entre o ideário da "democracia racial" e posicionamentos subordinados no interior de relações hierárquicas. "Gênero", o terceiro marcador, aparece como um elemento de diferenciação de experiências e posições entre indivíduos que compartilham a condição de subordinação, sejam eles homens ou mulheres. Quando examinados conjuntamente, os efeitos dos arranjos de poder ao longo de eixos de gênero, raça e classe configurariam um sistema de opressão descrito por terminologias como *sistema de dominação ideológico patriarcal-racista* e *racismo patriarcal* ou, ainda, interseccionalidade (em alguns casos específicos).

Para as ativistas, as relações hierárquicas entre grupos sociais que emergem do entrecruzamento de gênero, raça e classe seriam injustas, na medida em que impõem barreiras ao acesso a materiais e simbólicos a grupos subordinados. Igualmente, a noção sociológica de "privilégio" emerge nestes discursos para designar vantagens sociais que são relacionais e opressivas, conferindo teor normativo às interpretações das relações sociais.

Em um segundo momento, voltei-me às construções discursivas do movimento de mulheres negras que apontam para um horizonte de emancipação – um plano que chamei de prescritivo. Paralelamente, busquei compreender quais são e como são articuladas as principais representações sociais que ele fomenta, indicando suas interconexões com projetos de justiça social. Interrogando-me quanto a aspectos da identidade coletiva, argumentei que o movimento de mulheres negras se identifica como sujeito político diversificado, cuja unidade deriva da organização e da ação política frente ao potencial destrutivo das relações sociais opressivas em que elas se inscrevem. A afirmação do protagonismo das mulheres negras na deflagração de processos de manutenção da vida e de transformação social – abrangendo tanto estratégias de preservação da vida e da saúde quanto a instituição do sujeito coletivo demandador de direitos – e a transformação das estruturas opressivas constitui um primeiro elemento distintivo do plano prescritivo.

Ao produzir discursos analíticos e justificar intervenções voltadas a alterar uma realidade imediata, as intelectuais negras elencam histórias, eventos e personagens como fonte de inspiração. Na análise dos textos da amostra, pude identificar três representações predominantes: as imagens associadas às religiões afro-brasileiras; as relacionadas à liderança e à estratégia política; e aquelas inspiradas na figura da empregada doméstica. Observei, ainda, que estas imagens se combinam com narrativas sobre o passado que arregimentam um repertório de memória coletiva centrado nas noções de "ancestralidade" e "diáspora africana", reapropriando positivamente sentidos da negritude e da afrodescendência. O enlace entre elementos do presente e do passado, de narrativas pessoais e de conteúdos analítico-científicos, de dados quantitativos e personagens, resulta na projeção de modelos de subjetivação psicológica, política, social e econômica alternativos às representações sociais hegemônicas. Estas sobreposições representacionais estratégicas amplificam aspectos e histórias pouco conhecidas sobre trajetórias afro-brasileiras e relacionam-se à difusão de conteúdos morais e normativos, como a premência do ativismo, da "resistência" e o comprometimento com a realização de determinados projetos de sociedade. Dessa forma, direcionam-se a injetar novas possibilidades e impulsionar uma identidade coletiva de mulheres negras e a orientar a promoção da justiça social.

Finalmente, procurando situar projetos de justiça social frente ao sistema político institucional, constatei que os discursos das ativistas vislumbram três modalidades de engajamento junto ao Estado. A modalidade *participativa* é ancorada na percepção de que as mulheres negras, enquanto grupo social, têm o direito e o dever de tomar parte na definição dos rumos do país, influenciando principalmente nas decisões que as impactam diretamente. A modalidade *dissensual* promove comparações interativas entre princípios, direitos formais e compromissos assumidos pelos governos com situações e dados que verificam em que medida estão sendo efetivados, trazendo, neste movimento, as experiências das mulheres negras para o centro da problematização das noções de cidadania e democracia. A modalidade *radical,* a seu turno, implica em uma denúncia da conivência das democracias liberais com as assimetrias sociais vigentes e na orquestração de um projeto que assegure participação efetiva e supere desigualdades de raça, classe, gênero, orientação sexual, étnicas, entre outras. Ao propor um esgarçamento das instituições políticas ocidentais, ela reivindica a geração de estruturas de poder e decisão a partir de valores e perspectivas que constituem o legado histórico da luta afrodescendente por emancipação – sem articular, contudo, um projeto unívoco.

Em resumo, a análise da dimensão prescritiva dos discursos do movimento reitera, tanto quanto a análise da dimensão descritiva, a constatação de uma preferência por uma abordagem que parte dos fenômenos capturados pela experiência de integrantes do grupo social de mulheres negras para formular perspectivas de construção da justiça social – uma abordagem epistemológica "de baixo para cima". Perseguindo um horizonte de relações sociais livres do racismo, do sexismo e da exploração, o direcionamento das ações coletivas orienta-se pelo resgate de elementos do legado histórico, social, político e cultural de mulheres negras.

Com esta síntese dos elementos constitutivos do plano descritivo e do plano prescritivo das interpretações ativistas, espero ter deixado evidente algumas das maneiras com que suas articulações de gênero e raça se distanciam outras leituras circulantes nas instituições sociais de legitimação do conhecimento. Em seu conjunto, o primeiro e terceiro capítulo conformam um retrato de diferentes possibilidades de articulação de gênero e raça com os quais as intelectuais negras dialogam e às quais se contrapõem. No que tange a interpretações subsidiadas por correntes do feminismo acadêmico interseccional, como mostrei no primeiro capítulo, a adesão de parte das feministas acadêmicas brasileiras a definições pós-estruturalistas de sujeito desdobra-se em análises de subjetividade e diferença que enfraquecem ou mesmo inviabilizam a articulação de uma identidade coletiva de "mulheres negras" ou a atenção à classe enquanto elemento de subordinação social, uma vez que isso implicaria em conotar algum grau de fixação de sujeitos identitários. Alternativamente, estas autoras priorizam a dimensão da agência e a descrição das fluidas fronteiras identitárias. Enquanto gênero é empregado como um eixo central prioritário, os demais marcadores de diferença são invocados para deslocar o sujeito branco, burguês e heterossexual do feminismo de segunda onda, dispensando, todavia, uma abordagem estrutural do poder e das desigualdades. Com isso, suas análises do entrelaçamento de gênero e raça enfocam questões de diferença e de identidade – ao contrário das ativistas negras, que buscam nestas articulações elementos de intervenção em uma realidade que consideram injusta.

Simultaneamente, procurei situar o trabalho semiótico empreendido pelas ativistas na conexão de representações positivas a projetos de transformação social. Para isso, investiguei, conforme disposto no terceiro capítulo, a recorrência de imagens e papéis atribuídos a mulheres negras em discursos acadêmicos hegemônicos, mostrando como eles as confinam a funções subalterna de cuidado e subordinação social.

Minha investigação do pensamento social e político das mulheres negras esbarrou em algumas limitações inerentes às possibilidades de tempo, espaço e utilização de recursos na produção de uma tese, mas que apontam para agendas de pesquisa a serem desenvolvidas. Como expliquei no segundo capítulo, o uso de publicações institucionais resultou na inclusão de textos editados por organizações não governamentais e implicou em uma exclusão de discursos veiculados em outros formatos, o que resultou em uma sobrerrepresentação dos discursos de organizações filiadas a AMNB. Ciente desta limitação, optei por excluir textos de autoria de integrantes do Fórum de Mulheres Negras para evitar um retrato distorcido de seus posicionamentos.

Considerando que ambas as redes se diferenciam em relação a estratégias, a continuidade dos esforços de investigação de elementos de um pensamento social e político do movimento de mulheres negras deve contemplar discursos produzidos no contexto da atuação do Fórum. Igualmente, tendo em vista a limitação de recursos materiais e de volume de análise de texto, a pesquisa priorizou a produção de intelectuais negras atuantes nas cidades do Rio de Janeiro e de São Paulo, embora ativistas de outras regiões do país tenham feito contribuições essenciais para o pensamento das intelectuais negras. Dessa forma, a pesquisa aqui apresentada deve ser vista como um esforço parcial, a ser complementado por novas iniciativas.

Uma segunda possível agenda de pesquisa projetada pelo presente trabalho diz respeito a dimensões não discursivas da atuação do movimento de mulheres negras. Como observou Fairclough,[508] a opção pela análise do discurso não implica em reduzir a vida social à linguagem. No âmbito discursivo são processadas sobreposições de sentido, poder e identidade, mas, para ganhar concretude as articulações discursivas devem encontrar um público e alcançar projeção em círculos e contextos determinados. Assim, investigações sobre o escopo temático, as parcerias, as prioridades, a trajetória e os impactos propiciados pelas ações coletivas das mulheres negras permanecem relevantes e podem vir a dialogar com os resultados deste estudo.

Estas e outras possibilidades animam o interesse e o convite à expansão da aplicação de interpretações, projetos e conhecimentos produzidos por

---

508 FAIRCLOUGH, 1997.

grupos socialmente marginalizados em seus esforços de transformação, como é o caso do pensamento social e político das intelectuais negras brasileiras. Animam, ainda, a percepção de que tais grupos não só estão fisicamente excluídos de instituições sociais de produção e legitimação do conhecimento, mas que também a invisibilização de sua produção intelectual é prática que participa dos mecanismos de objetificação e inferiorização dos mesmos. Assim, o movimento de mulheres negras articula sua resistência não apenas como oposição, mas como possibilidade criativa de autorrepresentação e autodefinição, em projetos que buscam fazer ressoar o eco da vida-liberdade – como na poesia de Conceição Evaristo.

REFERÊNCIAS

AGAMBEN, G. O que é um dispositivo? *Outra travessia*, Florianópolis, n. 5, p. 9-16, 2005.

ALEXANDER-FLOYD, N. G. Disappearing Acts: Reclaiming Intersectionality in the Social Sciences in a Post-Black Feminist Era. *Feminist Formations*, Baltimore, v. 24, p. 1-25, 2012.

ALTHUSSER, L. (Org.). *Lire le capital*. Paris: PUF, 1996.

ALVAREZ, S. E.; DAGNINO, E.; ESCOBAR, A. *Cultures of politics/politics of cultures:* re-visioning Latin American social movements. Boulder, Colorado: Westview Press, 1998.

AMNB. Nunca mais desconheça... Diga NÃO às múltiplas faces do RACISMO – Diagnóstico e Propostas da Articulação de Organizações de Mulheres Negras Brasileiras rumo à III Conferência Mundial contra o Racismo, a Xenofobia e Formas Correlatas de Intolerância. Rio de Janeiro: AMNB, 2001.

ANSEL, T. II Plano Nacional de Políticas para as Mulheres. *Boletim Toques Criola*, Rio de Janeiro, n. 7, 2009.

ANSEL, T. O retrato da injustiça. *Boletim Toques Criola*, Rio de Janeiro, n. 9, 2009b.

ANSEL, T.; REIS, S.; XAVIER, L. O orçamento público e você. *Boletim Toques Criola*, Rio de Janeiro, n. 10, 2010.

ARAÚJO, R. B. D. *Guerra e paz: Casa-Grande & Senzala e a obra de Gilberto Freyre nos anos 30*. Rio de Janeiro: Editora 34, 1994.

ARTICULAÇÃO DE MULHERES NEGRAS BRASILEIRAS. Disponível em: <http://www.amnb.org.br>. Acesso em: 4 set. 2019.

AZEREDO, S. Teorizando sobre gênero e relações raciais. *Revista Estudos Feministas*, Florianópolis, n. especial, p. 203-216, 1994.

BAIRROS, L. Lembrando Lélia Gonzalez. In: WERNECK, J.; MENDONÇA, M., et al (Org.). *O livro da saúde das mulheres negras:* nossos passos vêm de longe. Rio de Janeiro: Criola; Pallas, 2000.

BAIRROS, L. III Conferência Mundial contra o racismo. *Revista Estudos Feministas*, Florianópolis, v. 10, n. 1, p. 169-170, 2002.

BAIRROS, L. Nossos Feminismos Revisitados. *Revista Estudos Feministas*, Florianópolis, v. 3, n. 2, p. 458-463, 2010.

BAMBARA, T. C. *The Black woman: an anthology*. Nova York: New American Library, 1970.

BANDEIRA, L. A contribuição da crítica feminista à ciência. *Revista Estudos Feministas*, Florianópolis, v. 16, n. 1, p. 207-228, 2008.

BASTIDE, R. *As religiões africanas no Brasil:* contribuição a uma sociologia das interpenetrações de civilizações. São Paulo: Editôra da Universidade de São Paulo, 1971.

BASTIDE, R. *Estudos afro-brasileiros*. São Paulo: Editora Perspectiva, 1973.

BENFORD, R.; SNOW, D. Framing Processes and Social Movements: An Overview and Assessment. *Annual Review of Sociology*, Palo Alto, v. 26, p. 611-639, 2000.

BERQUÓ, E. Demografia da desigualdade: algumas considerações sobre os negros no Brasil. *Novos Estudos CEBRAP*, São Paulo, n. 21, p. 89-110, 1988.

BIROLI, F. *Autonomia e desigualdades de gênero:* contribuições do feminismo para a crítica democrática. Vinhedo: Horizonte, 2013.

BIROLI, F.; MIGUEL, L. F. Gênero, raça, classe: opressões cruzadas e cconvergências na reprodução das desigualdades. *Mediações-Revista de Ciências Sociais*, Londrina, v. 20, n. 2, p. 27-55, 2015.

BLACKWELL, M.; NABER, N. Interseccionalidade em uma era de globalização: as implicações da Conferência Mundial contra o Racismo para praticas feministas transnacionais. *Revista Estudos Feministas*, Florianópolis, v. 1, p. 189-198, 2002.

BONILLA-SILVA, E.; BAIOCCHI, G. Anything but Racism: How Sociologists Limit the Significance of Racism. In: ZUBERI, T.; BONILLA-SILVA, E. (Org). *White Logic, White Methods:* Racism and Methodology. Lanham: Rowman & Littlefield Publishers, 2008. p. 79-97.

BORDERÍAS, C.; CARRASCO, C.; TORNS, T. *El trabajo de cuidados:* historia, teoría y políticas: Madrid: Catarata, 2011.

BRASIL. Comissão Parlamentar Mista de Inquérito com a finalidade de investigar a situação da violência contra a mulher no Brasil e apurar denúncias de omissão por parte do poder público com relação à aplicação de instrumentos instituídos em lei para proteger as mulheres em situação de violência. Relatório Final. Brasília: Senado Federal, 2013. Disponível em: <http://bit.ly/28Jsc4A>. Acesso em: 30 jun. 2013.

BRINGEL, B.; ECHART, E. Movimentos sociais e democracia: os dois lados das "fronteiras". *Caderno CRH*, Salvador, v. 21, n. 54, p. 457-475, 2008.

BUTLER, J. *Problemas de gênero:* feminismo e subversão da identidade. Rio de Janeiro: Civilização Brasileira, 2003.

CALDWELL, K. L. *Ethnographies of identity:* (Re)Constructing Race and Gender in Contemporary Brazil. 1999. 308 f. Tese (Doutorado). University of Texas at Austin, Austin.

CALDWELL, K. L. Fronteiras da diferença: mulher e raça no Brasil. *Revista Estudos Feministas,* Florianópolis, v. 8, n. 2, p. 91-109, 2000.

CALDWELL, K. L. *Negras in Brazil:* re-envisioning black women, citizenship, and the politics of identity. New Brunswick: Rutgers University Press, 2007.

CALDWELL, K. L. A institucionalização de estudos sobre a mulher negra: Perspectivas dos Estados Unidos e do Brasil. *Revista da ABPN,* Rio de Janeiro, v. 1, p. 18-27, 2010.

CARDOSO, C. P. *Outras falas:* feminismos na perspectiva de mulheres negras brasileiras. 2012. 382 f. Tese (Doutorado em Estudos Interdisciplinares sobre Mulheres, Gênero e Feminismo) – Programa de Pós-Graduação em Estudos Interdisciplinares sobre mulheres, gênero e feminismo, Universidade Federal da Bahia, Salvador.

CARDOSO, M. L. Florestan Fernandes: a criação de uma problemática. *Estudos Avançados,* São Paulo, v. 10, p. 89-128, 1996.

CARNEIRO, E. *Negros bantus; notas de ethnographia religiosa e de folklore.* Rio de Janeiro: Civilização brasileira, 1937.

CARNEIRO, E. *Os cultos de origem africana no Brasil; separata.* Rio de Janeiro: Ministério da Educação e Cultura, Biblioteca Nacional, 1959.

CARNEIRO, E. *Antologia do negro brasiliero.* Rio de Janeiro: Tecnoprint Gráfica, 1967.

CARNEIRO, S. Mulheres em movimento. *Estudos Avançados,* São Paulo, v. 17, p. 117-133, 2003.

CARNEIRO, S. *A construção do outro como não-ser como fundamento do ser.* 2005. 340 f. Tese (Doutorado em Educação). Universidade de São Paulo, São Paulo.

CARNEIRO, S. Entrevista concedida a Ana Claudia Jaquetto Pereira, São Paulo; Brasília, 12 de set. de 2014.

CARNEIRO, S.; SANTOS, T.; COSTA, A. D. O. *Mulher negra.* São Paulo: Nobel; Conselho Estadual da Condição Feminina, 1985.

CECCHETTO, F.; MONTEIRO, S. Discriminação, cor e intervenção social entre jovens na cidade do Rio de Janeiro (RJ, Brasil): a perspectiva masculina. *Revista Estudos Feministas,* Florianópolis, v. 14, p. 199-218, 2006.

CHISHOLM, S. *Unbought and Unbossed.* Boston: Houghton Mifflin, 1970.

CHO, S. et al. Toward a Field of Intersectionality Studies: Theory, Applications, and Praxis. *Signs*, Chicago, v. 38, n. 4, p. 785-810, 2013.

CLIFFORD, J. Diasporas. *Cultural Anthropology*, Washington, D.C, v. 9, n. 3, p. 302-338, 1994.

CODE, L. What Can She Know?: Feminist Theory and the Construction of Knowledge. Ithaca: Cornell University Press, 1991.

COHEN, J. L.; ARATO, A. *Civil Society and Political Theory.* Cambridge, Mass.: MIT Press, 1992.

COLLINS, P. H. *Black Feminist Thought:* Knowledge, Consciousness, and the Politics of Empowerment. Nova York: Routledge, 2000.

COLLINS, P. H. Pushing the Boundaries or Business As Usual? Race, Class, and Gender Studies and Sociological Inquiry. In: CALHOUN, C. (Org.). *Sociology in America:* a history. Chicago: Chicago University Press, 2007. p. 572-604.

COLLINS, P. H. Piecing Together a Genealogical Puzzle: Intersectionality and American Pragmatism. *European Journal of Pragmatism & American Philosophy*, v. 3, n. 2, p. 88-112, 2011.

COLLINS, P. H. *Using Interseccionality as a Heuristic Device.* College Park, Maryland: University of Maryland, 2012.

COMBAHEE RIVER COLLECTIVE. A Black Feminist Statement. In: MARABLE, M.; MULLINGS, L. *Let Nobody Turn us Around.* Lanham: Rowman & Littlefield, 2000. p. 524-529.

CORRÊA, M. Sobre a invenção da mulata. *Cadernos Pagu*, Campinas, v. 6, n. 7, p. 35-50, 1996.

CORRÊA, M. *As ilusões da liberdade.* Bragança Paulista: EDUSF, 1998.

COSTA, C. D. L. As teorias feministas nas Américas e a política transnacional da tradução. *Revista Estudos Feministas*, Florianópolis, v. 8, n. 2, p. 43-48, 2000.

COSTA, C. D. L.; ÁVILA, E. Gloria Anzaldúa, a consciência mestiça e o "feminismo da diferença". *Revista Estudos Feministas*, Florianópolis, v. 13, n. 3, p. 691-703, 2005.

COSTA, J. B. Controle de vida, interseccionalidade e política de empoderamento: as organizações políticas das trabalhadoras domésticas no Brasil. *Estudos Históricos*, Rio de Janeiro, v. 26, p. 471-489, 2013.

COSTA, J. B. Decolonialidade e interseccionalidade emancipadora: a organização política das trabalhadoras domésticas no Brasil. *Sociedade e Estado*, Brasília, v. 30, p. 147-163, 2015.

CRENSHAW, K. Demarginalizing the Intersection of Race and Sex: A Black feminist Critique of Antidiscrimination Doctrine, Feminist Theory and Antiracist Politics. *University of Chicago Legal Forum*, p. 57-80, 1989.

CRENSHAW, K. Mapping the Margins: Intersectionality, Identity Politics, and Violence against Women of Color. *Stanford Law Review*, v. 43, p. 1241-1299, 1991.

CRENSHAW, K. Documento para o encontro de especialistas em aspectos da discriminação racial relativos ao gênero. *Revista Estudos Feministas*, Florianópolis, v. 10, p. 171-188, 2002.

CRIOLA. Disponível em: <www.criola.org.br>. Acesso em: 4 set. 2019.

CRIOLA. *Políticas Públicas contra o racismo*. Rio de Janeiro: Criola 2010a. (Passo a passo: defesa, monitoramento e avaliação de políticas públicas)

CRIOLA. *Políticas Públicas para as Mulheres Negras*. Rio de Janeiro: Criola, 2010b.

CRIOLA. *Saúde da População Negra*. Rio de Janeiro: Criola, 2010c. (Passo a passo: defesa, monitoramento e avaliação de políticas públicas)

DACACH, S.; WERNECK, J. 27 de abril, dia das trabalhadoras domésticas. *Boletim Toques Criola*, Rio de Janeiro, n. 16, 2004.

DACACH, S.; WERNECK, J.; XAVIER, L. "Prá que tanta raça?". *Boletim Toques Criola*, Rio de Janeiro, n. 14, 2004.

DAGNINO, E. Os movimentos sociais e a emergência de uma nova noção de cidadania. In: DAGNINO, E. (Org.). *Os anos 90*: política e sociedade no Brasil. São Paulo: Brasiliense, 1994. p. 103-115.

DAVIS, A. Y. *Women, Race, & Class*. Nova York: Random House, 1981.

DAVIS, A. Y. Intersectionality as Buzzword: A Sociology of Science Perspective on What Makes a Feminist Theory Successful. *Feminist Theory*, Thousand Oaks, v. 9, p. 67-85, 2008.

DEMIER, F. A lei do desenvolvimento desigual e combinado de Leon Trotsky e a intelectualidade brasileira. *Outubro*, Rio de Janeiro, v. 16, p. 75-107, 2007.

DERRIDA, J. Some statements and truisms about neologisms, newisms, postisms, parasitisms, and other small seismisms. In: CARROLL, D. (Org.). *The States of 'Theory'*: History, Art, and Critical Discourse. Stanford, CA: Stanford University Press, 1990. p.63-94.

DILL, B. T. Race, Class, and Gender: Prospects for an All-Inclusive Sisterhood. *Feminist Studies,* Thousand Oaks, v. 9, n. 1, p. 131-150, 1983.

DOMINGUES, P. Movimento negro brasileiro: alguns apontamentos históricos. *Revista Tempo*, Rio de Janeiro, v. 12, n. 23, p. 100-122, 2007.

DURKHEIM, E. *Suicide*: A Study in Sociology. Londres: Routledge, 2005.

DÁVILA, J. *Diploma de brancura*: política social e racial no Brasil, 1917-1945. São Paulo: Editora UNESP, 2006.

EDWARDS, B. H. The Uses of Diaspora. *Social Text*, Durham, N.C., v. 19, n. 1, p. 45-73, 2001.

ENGELS, F. *A origem da família, da propriedade privada e do Estado*. São Paulo: Clube de Autores, 2009.

FAIRCLOUGH, N. *Discourse and Social Change*. Cambridge, UK; Cambridge, MA: Polity Press, 1992.

FAIRCLOUGH, N. Critical discourse analysis as a method in social scientific research. In: WODAK, R.; MEYER, M. (Orgs.). *Methods of Critical Discourse Analysis*. Londres: Sage Publications, 2001. p.121-138.

FAIRCLOUGH, N. *Analysing Discourse:* Textual Analysis for Social Research. Londres; Nova York: Routledge, 2003.

FAIRCLOUGH, N.; WODAK, R. Critical discourse analysis. In: VAN DIJK, T. A. (Org.). *Discourse as Social Interaction*. Londres: SAGE Publications, 1997. P. 258-284. v. 2.

FARGANIS, S. Feminism and the Reconstruction of Social Science. In: JAGGAR, A. M.; BORDO, S. R. (Orgs.). *Gender/Body/Knowledge:* Feminist Reconstructions of Being and Knowing. New Brunswick: Rutgers University Press, 1989. p.207-223.

FARIAS, C. M. D. Superando barreiras e preconceitos: trajetórias, narrativas e memórias de atletas negras. *Revista Estudos Feministas*, Florianópolis, v. 19, n. 3, p. 911-929, 2011.

FERNANDES, F. *Significado do protesto negro*. São Paulo: Cortez Editora, 1989.

FERNANDES, F. *A integração do negro na sociedade de classes*. São Paulo: Globo, 2008.

FERNANDES, R. C. Sem fins lucrativos. In: LANDIM, L. (Org.). *Cadernos do ISER*. Rio de Janeiro: Tempo e Presença, 1988. p.8-23.

FIGUEIREDO, A. *Novas elites de cor:* estudo sobre os profissionais liberais negros de Salvador. São Paulo: Annablume, 2002.

FINE, G. A. Public Narration and Group Culture: Discerning Discourse in Social Movements. In: JOHNSTON, H.; KLANDERMANS, B. (Orgs.) *Social movements and culture*. Minneapolis, Minn.: University of Minnesota Press, 1995. p. 127-143.

FOUCAULT, M. *Microfísica do poder*. São Paulo: Paz e Terra, 2006.

FOUCAULT, M. *A vontade de saber*. Rio de Janeiro: Graal, 2010. v. I. (História da sexualidade)

FRAZIER, E. F. *The Negro family in the United States*. Chicago: The University of Chicago Press, 1939.

FRAZIER, E. F. *Race and Culture Contacts in the Modern World*. Westport, Conn.: Greenwood Press, 1978.

FREUD, S.; GABBI, O. F. *Projeto de uma psicologia*: obras isoladas de Freud. Rio de Janeiro: Imago, 1995.

FREUD, S.; GABBI, O. F.; OLIVEIRA, W. I. D. *A interpretação dos sonhos*. Rio de Janeiro: Imago, 1999.

FREYRE, G. *Sobrados e mucambos*: decadência do patriarcado rural e desenvolvimento do urbano. Lisboa: Livros do Brasil, 1985.

FREYRE, G. *Casa-grande & senzala*: formação da família brasileira sob o regime da economia patriarcal. São Paulo: Global, 2003.

GAMSON, W. A. *The Strategy of Social Protest*. Homewood: [s.n.], 1975.

GELÉDÉS. Disponível em: <http://www.geledes.org.br>. Acesso em: 4 set. 2019.

GIACOMINI, S. M. *Mulher e escrava:* uma introdução histórica ao estudo da mulher negra no Brasil. Petrópolis: Vozes, 1988.

GIACOMINI, S. M. *Profissão Mulata:* Natureza e Aprendizagem em um Curso de Formação. 1992. 231 f. Dissertação (Mestrado em Antropologia Social). Programa de Pós-Graduação em Antropologia Social, Museu Nacional da UFRJ, Rio de Janeiro.

GIACOMINI, S. M. Beleza mulata e beleza negra. *Revista Estudos Feministas*, Florianópolis, v. número especial, p. 217-227, 1994.

GIACOMINI, S. M. *A alma da festa:* família, etnicidade e projetos num clube social da zona norte do Rio de Janeiro, o Renascença Clube. Belo Horizonte; Rio de Janeiro: Editora UFMG; IUPERJ, 2006a.

GIACOMINI, S. M. Mulatas profissionais: raça, gênero e ocupação. *Revista Estudos Feministas*, Florianópolis, v. 14, p. 85-101, 2006b.

GILLIAM, A.; GILLIAM, O. A. Negociando a subjetividade de mulata no Brasil. *Revista Estudos Feministas*, Florianópolis, v. 3, n. 2, p. 525, 1995.

GOFFMAN, E. *Frame analysis:* an essay on the organization of experience. Cambridge, Mass.: Harvard University Press, 1974.

GOFFMAN, E. The Interaction Order: American Sociological Association, 1982 Presidential Address. *American Sociological Review*, Menasha, Wis., v. 48, n. 1, p. 1-17, 1983.

GOLDSTEIN, D. M. *Laughter Out of Place:* Race, Class, Violence, and Sexuality in a Rio Shantytown. Berkeley: University of California Press, 2003.

GONGAWARE, T. B. Collective Memory Anchors: Collective Identity and Continuity in Social Movements. *Sociological Focus,* Mount Pleasant, Mich. v. 43, n. 3, p. 214-239, 2010.

GONZALEZ, L. Cultura, Etnicidade e Trabalho: Efeitos Lingüísticos e Políticos da Exploração da Mulher. 8°. Encontro Nacional da Latin American Studies Association. Pittsburg, 1979.

GONZALEZ, L. A mulher negra na sociedade brasileira. In: LUZ, M. T. (Org.). *O lugar da mulher:* estudos sobre a condição feminina na sociedade atual. Rio de Janeiro: Edições Graal, 1982a. P. 87-106.

GONZALEZ, L. O movimento negro na última década. In: GONZALEZ, L.; HASENBALG, C. A. (Org.). *Lugar de negro*. Rio de Janeiro: Editora Marco Zero, 1982b. P. 9-66.

GONZALEZ, L. *Mulher Negra. 1985 and Beyond:* A National Conference. Baltimore, 1984a.

GONZALEZ, L. Racismo e sexismo na cultura brasileira. *Ciências Sociais Hoje*, p. 223-244, 1984b.

GONZALEZ, L. A categoria político-cultural de amefricanidade. *Tempo Brasileiro*, Rio de Janeiro, n. 92/93, p. 69-82, 1988a.

GONZALEZ, L. Nanny. *Humanidades*, Brasília, v. IV, n. 17, p. 23-25, 1988b.

GONZALEZ, L. Por un feminismo afrolatinoamericano. In: ISIS INTERNATIONAL (Org.). *Mujeres, crisis y movimientos:* América Latina y El Caribe. Santiago: Isis International, 1988c.

GRANT, J. *Fundamental Feminism:* Contesting the Core Concepts of Feminist Theory. Nova York: Routledge, 1993.

HALE, C. What Is Activist Research? *Social Science Research Council*, n. 2, p. 13-15, 2001.

HALL, S. Race, Articulation, and Societies Structured in Dominance. In: UNESCO (Org.). *Sociological Theories:* Race and Colonialism. Paris: Unesco, 1980. p.306-345.

HALL, S. Cultural Identity and Diaspora. In: CHRISMAN, L. e WILLIAMS, P. (Org.). *Colonial Discourse and Post-Colonial Theory:* A Reader. Nova York; Londres: Harvester Wheatsheaf, 1993. p.392-403.

HALL, S. The Spectacle of the "Other". In: HALL, S. (Org.). *Representation:* Cultural Representations and Signifying Practices. Londres: Sage Publications; The Open University, 1997. p. 223-290.

HALL, S. Pensando a diáspora: reflexões sobre a terra no exterior. In: SOVIK, L. (Org.). *Da diáspora:* identidades e mediações culturais. Belo Horizonte: Editora UFMG, 2009. p.25-48.

HALL, S.; SOVIK, L.; RESENDE, A. L. G. *Da diáspora:* identidades e mediações culturais. Unesco: UFMG; Brasília, 2003.

HANCHARD, M. G. *Orpheus and Power:* The "Movimento Negro" of Rio de Janeiro and Sao Paulo, Brazil 1945-1988. Princeton: Princeton University Press, 1998.

HANCOCK, A.M. Intersectionality as a Normative and Empirical Paradigm. *Politics & Gender*, Nova York, v. 3, n. 02, p. 248-254, 2007a.

HANCOCK, A.M. When Multiplication Doesn't Equal Quick Addition: Examining Intersectionality as a Research Paradigm. *Perspectives on Politics*, Nova York, v. 5, n. 01, 2007b.

HARDING, S. Is there a feminist method? In: HARDING, S. (Org.). *Feminism and Methodology:* Social Science Issues. Bloomington: Indiana University Press, 1987.

HERSKOVITS, M. J. *The Myth of the Negro past.* Nova York; Londres: Harper & Brothers, 1941.

HOFBAUER, A. *Uma história de branqueamento, ou o negro em questão.* São Paulo: FAPESP; Editora UNESP, 2006.

HOOKS, B. *Ain't I a Woman:* Black women and feminism. Boston: South End Press, 1981.

HOFBAUER, A. *Where We Stand:* Class Matters. Nova York; Londres: Routledge, 2012.

HULL, G. T.; BELL-SCOTT, P.; SMITH, B. *All the Women are White, all the Blacks are Men, but Some of us are Brave:* Black women's studies. Old Westbury, N.Y: Feminist Press, 1982.

IANNI, O. A Sociologia de Florestan Fernandes. *Estudos Avançados*, São Paulo, v. 10, p. 25-33, 1996.

IRACI, N. (Org.). *Esterilização:* Impunidade ou regulamentação? São Paulo: Geledés, 1991a.

IRACI, N (ed). *Mulher Negra. Cadernos Geledés,* IV, São Paulo: Geledés, 1991b.

IRACI, N (ed). *Mulher negra & saúde. Cadernos Geledés,* I, São Paulo: Geledés, 1991c.

IRACI, N (ed). *Não à pena de morte. Cadernos Geledés,* III, São Paulo: Geledés, 1991d.

IRACI, N (ed). Esterilização: impunidade ou regulamentação?. *Cadernos Geledés*, II, 1991e.

IRACI, N. *A mulher negra na década:* a busca da autonomia. *Cadernos Geledés,* São Paulo: Geledés, 1995.

IRACI, N. Entrevista concedida a Cristiano dos Santos Rodrigues, Belo Horizonte, 25 abril de 2005.

IVO, A. B. L. O paradigma do desenvolvimento: do mito fundador ao novo desenvolvimento. *Caderno CRH,* Salvador, v. 25, p. 187-210, 2012.

KELLER, E. F. *Reflections on Gender and Science.* New Haven: Yale University Press, 1985.

KELLER, E. F. The Gender/Science System: Response to Kelly Oliver. Hypatia, *Edwardsville,* Ill, v. 3, n. 3, p. 149-152, 1988.

KING, D. K. Multiple Jeopardy, Multiple Consciousness: The Context of a Black Feminist Ideology. *Signs: Journal of Women in Culture and Society*, Chicago, v. 14, n. 1, 1988.

KLANDERMANS, B.; KRIESI, H.; TARROW, S. From Structure to Action: Comparing Movement Participation Across Cultures. *International Social Movement Research*, Greenwich, Conn.: JAI Press, v. 1, 1988.

KNAPP, G. A. Race, Class, Gender: Reclaiming Baggage in Fast Travelling Theories. *European Journal Of Womens Studies*, Londres, v. 12, n. 3, p. 249-266, 2005.

KOPYTOFF, I. Ancestors as Elders in Africa. *Africa*, Londres, v. 41, n. 02, p. 129-142, 1971.

KUBAL, T. *Cultural Movements and Collective Memory*: Christopher Columbus and the Rewriting of the National Origin Myth. Nova York: Palgrave Macmillan, 2008.

LEMOS, R. D. O. *Feminismo negro em construção*: a organização do movimento de mulheres negras do Rio de Janeiro. 1997. 185 f. Dissertação (Mestrado em Psicologia). Departamento de Psicologia, Universidade Federal do Rio de Janeiro, Rio de Janeiro.

LEWIS, O. The Culture of Poverty. *Scientific American*, Nova York, v. 215, n. 4, p. 19-25, 1966.

LORDE, A. *Zami: A New Spelling of My Name:* A Biomythography. Trumansburg, N.Y: Crossing Press, 1982.

LORDE, A. *Sister Outsider:* Essays and Speeches. Freedom: Crossing Press, 1984.

LUGONES, M. The Inseparability of Race, Class, and Gender in Latino Studies. *Latino Studies*, Houndmills [England], v. 1, n. 2, p. 329-332, 2003.

LUGONES, M. Multiculturalismo radical y feminismos de mujeres de color. *Revista Internacional de Filosofía Política*, Madrid, n. 25, p. 61-75, 2005.

LUGONES, M. Colonialidad y género. *Tabula Rasa*, Bogotá, n. 9, p. 73-101, 2008a.

LUGONES, M. The Coloniality of Gender. *Worlds and Knowledges Otherwise*: a Web Dossier of the Center of Global Studies and the Humanities. Durham: Duke University 2008b.

LUGONES, M. Toward a Decolonial Feminism. *Hypatia*, Edwardsville, Ill, v. 25, n. 4, p. 742-759, 2010.

LUZ, M. A. *Agadá*: dinâmica da civilização africano-brasileira. Salvador: EDUFBA, 2013.

MARX, K.; ENGELS, F. *Manifesto comunista*. São Paulo: Boitempo, 1998.

MARX, K.; ENGELS, F. *A ideologia alemã crítica da mais recente filosofia alemã em seus representantes Feuerbach, B. Bauer e Stirner, e do socialismo alemão em seus diferentes profetas*. São Paulo, Boitempo, 2007.

MARX, K. C. *Sobre a questão judaica*. São Paulo: Boitempo, 2010.

MCCALL, L. The Complexity of Intersectionality. *Signs: Journal of Women in Culture and Society*, Chicago, v. 30, n. 3, p. 1771-1800, 2005.

MCCARTHY, J. D.; ZALD, M. N. Resource Mobilization and Social Movements: A Partial Theory. *American Journal of Sociology*, Chicago, v. 82, n. 6, p. 1212-1241, 1977.

MELUCCI, A. *Challenging Codes:* Collective Action in the Information Age. Nova York: Cambridge University Press, 1996.

MILLS, C. W. *The Racial Contract.* Ithaca: Cornell University Press, 1997.

MOREIRA, N. R. *O feminismo negro brasileiro:* um estudo do movimento de mulheres negras no Rio de Janeiro e São Paulo. 2007. 120 f. Dissertação (Mestrado em Sociolgia). Departamento de Sociologia, Universidade Estadual de Campinas, Campinas.

MOREIRA, N. R. *A organização das feministas negras no Brasil.* Vitória da Conquista: Edições UESB, 2011.

MOSCOVICI, S. *Representações sociais:* investigações em psicologia social. Petrópolis: Vozes, 2007.

MOUFFE, C. *O regresso do político.* Tradução de Ana Cecília Simões. Lisboa: Gradiva, 1996.

MOUTINHO, L. *Razão, "cor" e desejo:* uma análise comparativa sobre relacionamentos afetivo-sexuais "inter-raciais" no Brasil e na Africa do Sul. São Paulo: UNESP, 2004.

MOUTINHO, L. Diferenças e desigualdades negociadas: raça, sexualidade e gênero em produções. *Cadernos Pagu*, Campinas, v. 42, p. 201-248, 2014.

MURRAY, P. The liberation of Black women. In: GUY-SHEFTALL, B. (Org.). *Words of Fire:* an Anthology of African American feminist thought. Nova York: New Press, 1995. P. 186-197.

NAPLES, N. A. Toward a Multiracial, Feminist Social-Democratic Praxis: Lessons from Grassroots Warriors in the U.S. War on Poverty. Social Politics: International Studies in Gender. *State & Society*, Oxford, v. 5, n. 3, p. 286-313, 1998.

NORVELL, J. M. A brancura desconfortável das camadas médias brasileiras. In: Maggie, Y e Rezende, C. B. *Raça como retórica:* a construção da diferença. Rio de Janeiro: Civilização Brasileira, 2001. p. 245-267.

OKIN, S. M. Gênero, o público e o privado. *Revista Estudos Feministas, Florianópolis,* v. 16, n. 2, p. 28, 2008.

OMI, M.; WINANT, H. *Racial Formation in the United States.* Londres: Routledge, 2014.

ORTIZ, R. Notas sobre as Ciências Sociais no Brasil. *Novos Estudos*, São Paulo, n. 27, 1990.

PACHECO, A. C. L. *Branca para casar, mulata para f..., negra para trabalhar:* escolhas afetivas e significados de solidão entre mulheres negras em Salvador,

Bahia. 2008. 317 f. Tese (Doutorado em Ciências Sociais) – Instituto de Filosofia e Ciências Humanas, Universidade Estadual de Campinas, Campinas.

PASTORE, J. *Desigualdade e mobilidade social no Brasil*. São Paulo: TA Queiroz, 1979.

PATEMAN, C. *O contrato sexual*. São Paulo: Paz e Terra, 1993.

PATEMAN, C.; MILLS, C. W. *Contract and Domination*. Cambridge: Polity, 2007.

PEREIRA, B. C. J. *Tramas e dramas de gênero e de cor*: a violência doméstica e familiar contra mulheres negras. 2013. 131 f. Dissertação (Mestrado em Sociologia). Departamento de Sociologia, Universidade de Brasília, Brasília.

PEREIRA, B. C. J. Diferentes olhares, outras perspectivas: solidariedade e trabalho doméstico para mulheres negras durante a escravidão e no pós-Abolição. *Sociedade e Estado*, Brasília, v. 30, p. 821-826, 2015.

PERRY, K. K. Y. The Roots of Black Resistance: Race, Gender and the Struggle for Urban Land Rights in Salvador, Bahia, Brazil. *Social Identities*, Abingdon, Oxfordshire, v. 10, n. 6, p. 811-831, 2004.

PERRY, K. K. Y. Social Memory and Black Resistance: Black Women and Neighborhood Struggles in Salvador, Bahia, Brazil. *The Latin Americanist*, Orlando, v. 49, n. 1, p. 7-38, 2005.

PERRY, K. K. Y. *Black Women Against the Land Grab*: The Fight for Racial Justice in Brazil. Minnesota: University of Minnesota Press, 2013.

PHILLIPS, A. *The Politics of Presence*. Nova York: Oxford University Press, 1995.

PISCITELLI, A. Interseccionalidades, categorias de articulação e experiências de migrantes brasileiras. *Sociedade e Cultura*, Braga, v. 11, n. 2, 2008.

PITKIN, H. F. *The Concept of Representation*. Place: University of California Press, 1967.

POLLETTA, F. "It Was Like A Fever..." Narrative and Identity in Social Protest. *Social Problems*, Berkeley, v. 45, n. 2, p. 137-159, 1998.

PRADO, P. *Retratos do Brasil*. São Paulo: Companhia das Letras, 1997.

PROKHOVNIK, R. Public and private citizenship: from gender invisibility to feminist inclusiveness. *Feminist Review*, Berkeley, v. 60, n. 1, p. 84-104, 1998.

PÉCAUT, D. *Os intelectuais e a política no Brasil:* entre o povo e a nação. São Paulo: Ática, 1990.

QUERINO, M. A raça africana e os seus costumes na Bahia. In: Congresso Brasileiro de Geografia, 5., 1916, Salvador. Anais. Salvador: Imprensa Official do Estado. v. 2. 1916.

QUERINO, M. *Costumes africanos no Brasil*. Rio de Janeiro: Civilização Brasileira, 1938.

QUIJANO, A. Colonialidad del Poder y Clasificacion Social. Journal of World-System Research, Riverside, CA, v. 1, n. 2, p. 342-386, 2000a.

QUIJANO, A. *Colonialidad del poder, eurocentrismo y América Latina*. Buenos Aires: CLACSO, 2000b.

QUIJANO, A. Coloniality of power and Eurocentrism in Latin America. *International Sociology*, Thousand Oaks, CA, v. 15, n. 2, p. 215-232, 2000c.

QUIJANO, A. Colonialidad del poder, globalización y democracia. *Utopías: Revista de Debate Político*, Madrid, n. 188, p. 97-123, 2001.

QUIJANO, A. Coloniality and Modernity/Rationality. *Cultural Studies*, Londres, v. 21, n. 2-3, p. 168-178, 2007.

RAMOS, A. *As culturas negras do novo mundo*. Rio de Janeiro: Civilização Brasileira, 1937.

RAMOS, A. *A aculturação negra no Brasil*. São Paulo: Companhia Editora Nacional, 1942.

RAMOS, A. *O negro na civilização brasileira*. Rio de Janeiro: Livraria-Editôra da Casa do Estudante do Brasil, 1971.

RANCIÈRE, J. *Dissensus:* on politics and aesthetics. Londres; Nova York: Continuum, 2010.

RATTS, A. *Eu sou atlântica:* sobre a trajetória de vida de Beatriz Nascimento. São Paulo: Instituto Kuanza; Imprensa Oficial, 2006.

RATTS, A.; RIOS, F. LÉLIA GONZALEZ: *Retratos do Brasil Negro*. São Paulo, Selo Negro, 2010.

REVISTA ESTUDOS FEMINISTAS. INSTRUÇÕES AOS AUTORES. Disponível em: <http://www.scielo.br/revistas/ref/pinstruc.htm>. Acesso em: 4 set. 2019.

RIBEIRO, C. A. C.; SILVA, N. D. V. Cor, educação e casamento: tendências da seletividade marital no Brasil, 1960 a 2000. *Dados*, Rio de Janeiro, v. 52, n. 1, p. 7-51, 2009.

RIBEIRO, M. Apresentação: Dossiê Mulheres Negras. *Revista Estudos Feministas*, Florianópolis, v. 3, p. 434-435, 1995a.

RIBEIRO, M. Mulheres negras brasileiras de Bertioga a Beijing. *Revista Estudos Feministas*, Florianópolis, v. 3, n. 2, p. 446, 1995b.

RIBEIRO, M. O feminismo em novas rotas e visões. *Revista Estudos Feministas*, Florianópolis, v. 14, p. 801-811, 2006.

RIBEIRO, M. Mulheres negras: uma trajetória de criatividade, determinação e organização. *Revista Estudos Feministas*, Florianópolis, 2008.

RODRIGUES, C. S. *As fronteiras entre raça e gênero na cena pública brasileira:* um estudo da construção da identidade coletiva do movimento de mulheres negras.

2006. 234 f. Dissertação (Mestrado em Psicologia Social). Universidade Federal de Minas Gerais, Belo Horizonte.

RODRIGUES, C. S. *Movimentos Negros, Estado e Participação Institucional no Brasil e na Colômbia em Perspectiva Comparada*. 2015. 257 f. Tese (Doutorado em Sociologia). Instituto de Estudos Sociais e Políticos Universidade do Estado do Rio de Janeiro, Rio de Janeiro.

RODRIGUES, R. N. *O animismo fetichista dos negros baianos*. Rio de Janeiro: Civilização Brasileira, 1935.

RODRIGUES, R. N. *As raças humanas e a responsabilidade penal no Brasil*. Salvador: Livraria Progresso, 1957.

RODRIGUES, R. N. *Os africanos no Brasil*. São Paulo: Companhia Editora Nacional, 1976.

ROLAND, E. Entrevista concedida da Cristiano dos Santos Rodrigues, Belo Horizonte, 20 de setembro de 2006.

ROURE, M. D.. *Mulheres negras e ação política:* participação democrática nos processos de desenvolvimento, garantia de direitos e efetividade de políticas públicas. Rio de Janeiro: Criola, 2010.

SAID, E. W. *The World, the Text, and the Critic*. Cambridge, Mass: Harvard University Press, 1983.

SALES JR, R. L. Políticas de Ancestralidade: negritude e africanidade na esfera pública. *CAOS–Revista Eletrônica de Ciências Sociais*, João Pessoa, n. 14, p. 199-133, 2009.

SANDER-STAUDT, M. Care ethics. Internet Encyclopedia of Philosophy, Martin, TN, 2011.

SANTOS, I. M. F. D. Ancestralidade na Dinâmica Cultural Africana. Simpósio Nacional de História, ANPUH. Fortaleza: ANPUH 2009.

SANTOS, S. B. D. *Brazilian Black Women's NGOs and Their Struggles in the Area of Sexual and Reproductive Health:* Experiences, Resistance, and Politics. 2008. 467f. (Ph.D). Department of Anthropology, University of Texas, Austin.

SARTI, C. A. O feminismo brasileiro desde os anos 1970: revisitando uma trajetória. *Revista Estudos Feministas*, Florianópolis, v. 12, p. 35-50, 2004.

SCHUCMAN, L. V. Sim, nós somos racistas: estudo psicossocial da branquitude paulistana. *Psicologia & Sociedade*, Porto Alegre, v. 26, p. 83-94, 2014.

SCOTT, J. W. Gender: A Useful Category of Historical Analysis. *The American Historical Review*, Washington, D.C., v. 91, n. 5, p. 1053-1075, 1986.

SEIGEL, M.; GOMES, T. D. M. Sabina das laranjas: gênero, raça e nação na trajetória de um símbolo popular, 1889-1930. *Revista Brasileira de História*, São Paulo, v. 22, n. 43, p. 171-193, 2002.

SEYFERTH, G. O beneplácito da desigualdade: breve digressão sobre o racismo. In: SEYFERTH, G. *Racismo no Brasil*. São Paulo: Petrópolis; Abong, 2002.

SHEPPERSON, G. The African Abroad or the African Diaspora. *African Forum*, Nova York, 1966. p.76-93.

SHERIFF, R. E. *Dreaming Equality:* Color, Race, and Racism In Urban Brazil. New Brunswick, N.J.: Rutgers University Press, 2001.

SILVA, G. M.; LEÃO, L. T. D. S. O paradoxo da mistura: Identidades, desigualdades e percepção de discriminação entre brasileiros pardos. *Revista Brasileira de Ciências Sociais*, São Paulo, v. 27, n. 80, 2012.

SILVA, J. D. Doutoras professoras negras: o que nos dizem os indicadores oficiais. *Perspectiva*, v.28, n. 1, 2010.

SILVA, M. A. M. Frantz Fanon e o ativismo político-cultural negro no Brasil: 1960/1980. *Estudos Históricos*, Rio de Janeiro, v. 26, n. 52, 2013.

SILVA, M. D. O. *Participação e Controle Social para Equidade em Saúde da População Negra*. Rio de Janeiro: Criola, 2007.

SILVA, N. D. V. Distância social e casamento inter-racial no Brasil. *Estudos Afro-Asiáticos*, Rio de Janeiro, v. 14, p. 54-84, 1987.

SILVA, N. D. V. Estabilidade temporal e diferenças regionais no casamento inter-racial. *Estudos Afro-Asiáticos*, Rio de Janeiro, v. 21, p. 49-60, 1991.

SKIDMORE, T. E. *Black into White:* Race and Nationality in Brazilian Thought. Durham, NC: Duke University Press, 1998.

SNOW, D. A. *et al.* Frame Alignment Processes, Micromobilization, and Movement Participation. *American Sociological Review*, Menasha, Wis., p. 464-481, 1986.

SOUSA SANTOS, B. *Pela mão de Alice:* o social e o político na pós-modernidade. São Paulo: Cortez, 1995.

STEPAN, N. *The Hour of Eugenics:* Race, Gender, and Nation in Latin America. Ithaca: Cornell University Press, 1991.

STEPAN, N. Eugenia no Brasil: 1917-1940. In: HOCHMAN, G.; ARMUS, D. (Org.). *Cuidar, controlar, curar:* ensaios históricos sobre saúde e doença na América Latina e Caribe. Rio de Janeiro: Fiocruz, 2004. p. 331-391.

TELLES, E. E. *Race in Another America:* The Significance of Skin Color in Brazil. Princeton: Princeton University Press, 2014.

TOURAINE, A. Os novos conflitos sociais para evitar mal-entendidos. *Lua Nova: Revista de Cultura e Política*, São Paulo, p. 5-18, 1989.

TROTSKY, L. *A revolução permanente*. São Paulo: Expressão Popular, 2007.

TWINE, F. W. *Racism in a Racial Democracy:* The Maintenance of White Supremacy in Brazil. New Brunswick, N.J.: Rutgers University Press, 1998.

VAN DIJK, T. A. Critical Discourse Analysis. In: SCHIFFRIN, D.; TANNEN, D., HAMILTON, H. (Org.).*The Handbook of Discourse Analysis*. Malden, Mass.: John Wiley & Sons, 2008a. P. 352-371.

VAN DIJK, T. A. Critical Discourse Analysis and Nominalization: Problem or Pseudo-problem? *Discourse and Society*, Londres, v. 19, p. 821-828, 2008b.

VAN DIJK, T. A. *Discourse and Power.* Houndmills, Basingstoke, Hampshire: Palgrave Macmillan, 2008c.

VERGER, P. *Orixás:* deuses iorubás na Africa e no Novo Mundo. Salvador: Editora Corrupio Comércio, 1981.

VERGER, P. *Notas sobre o culto aos orixás e voduns na Bahia de Todos os Santos, no Brasil, e na antiga costa dos escravos, na África*. São Paulo: EDUSP, 1999.

VIANA, E. D. E. S. *Relações Raciais, gênero e movimentos sociais:* o pensamento de Lélia Gonzalez (1970-1990). 2006. 247 f. Dissertação (Mestrado em História). Instituto de Filosofia e Ciências Sociais (IFCS), Universidade Federal do Rio de Janeiro, Rio de Janeiro.

VIANA, O. *Evolução do povo brasileiro*. Rio de Janeiro: José Olympio, 1956.

VROMEN, A. Recent Research Politicizing Community: The Private Sphere and Political Participation. *Contemporary Politics*, Londres, v. 9, n. 4, p. 371-395, 2003.

WEBER, L. *Understanding Race, Class, Gender, and Sexuality*: a Conceptual Framework. Nova York: Oxford University Press, 2010.

WERNECK, J. Aids: a vulnerabilidade das mulheres negras. *Jornal da Rede Saúde*, Recife, n. 23, p. 53-58, 2001a.

WERNECK, J. Violência doméstica e saúde da mulher negra. *Boletim Toques Criola*, ano 4, n. 16, 2001b.

WERNECK, J. A esperança venceu o medo. *Boletim Toques Criola*, ano 4, n. 10, 2002a.

WERNECK, J. Gravidez, parto e saúde. *Boletim Toques Criola*, ano 4, n. 6, 2002b.

WERNECK, J. Abolição. *Boletim Toques Criola*, n. 11, 2003.

WERNECK, J. Nós merecemos este respeito! *Boletim Toques Criola*, n. 19, 2005a.

WERNECK, J. Saúde: tudo e mais um pouco. *Boletim Toques Criola*, n. 18, 2005b.

WERNECK, J. *O samba segundo as Ialodês:* mulheres negras e a cultura midiática. 2007. 298 f.Tese (Doutorado em Comunicação). Universidade Federal do Rio de Janeiro, Rio de Janeiro.

WERNECK, J. Nossos passos vêm de longe!: Movimentos de mulheres negras e estratégias políticas contra o sexismo e o racismo In: WERNECK, J. (Org.). *Mulheres Negras:* um olhar sobre as lutas sociais e as políticas públicas no Brasil. Rio de Janeiro: Criola, 2009. p.76-84.

WERNECK, J. Entrevista concedida a Ana Claudia Jaquetto Pereira. Niterói, RJ, 16 de junho de 2014.

WERNECK, J. Of Lalodes and Feminists: Reflections on Black Womens Political Action in Latin America and the Caribbean. *Cultural Dynamics*, Londres, v. 19, n. 1, p. 99-113, 2014b.

WERNECK, J.; IRACI, N.; CRUZ, S. Introdução. In: WERNECK, J.; IRACI, N., CRUZ, Simone (Org.). *Mulheres negras na primeira pessoa*. Porto Alegre: Redes, 2012.

WERNECK, J.; LOPES, F. *Mulheres Negras*: um olhar sobre as lutas sociais e as políticas públicas no Brasil. Rio de Janeiro: Criola, 2009.

WESTKOTT, M. Feminist Criticism of the Social Sciences. *Harvard Educational Review*, Boston, v. 49, n. 4, p. 422-30, 1979.

WINANT, H. The World is a Ghetto: Race and Democracy Since World War II. Nova York: Basic Books, 2001.

XAVIER, G.; FARIAS, J. B.; GOMES, F. *Mulheres negras no Brasil escravista e do pós-emancipação*. São Paulo: Selo Negro, 2012.

XAVIER, L. Entrevista concedida a Ana Claudia Jaquetto Pereira. Rio de Janeiro; Brasília, 13 de março de 2015.

YASHAR, D. J. *Contesting citizenship in Latin America:* the rise of Indigenous Movements and the Postliberal Challenge. Nova York: Cambridge University Press, 2005.

YELVINGTON, K. A. The Anthropology of Afro-Latin America and the Caribbean: Diasporic Dimensions. *Annual Review of Anthropology*, Place, v. 30, p. 227-260, 2001.

APÊNDICE 1 – REPRESENTAÇÕES DE MULHERES NEGRAS NOS CLÁSSICOS

Quadro 2 – Atitudes, características e imagens associadas a mulheres portadoras de sinais físicos diacríticos de origem africana ou afrodescendência

Autor	Designação de mulheres portadoras de sinais físicos diacríticos de origem africana ou afrodescendência	Atitudes, características e imagens associadas
	Grupo populacional/ civilizacional negro ou africano	Civilizações inferiores; Crimes e atos antissociais. Sujeitas a perturbações psíquicas e desequilíbrios diante da exposição a civilização superior.
Nina Rodrigues	Mulatas	Falta de maleabilidade de caráter; Produto inteiramente inaproveitável e degenerado; Indivíduos de capacidade moral e intelectual elevada são excepcionais; Desprovidas de energia, moralidade e afetividade; Excitação genésica; Amolecimento do caráter do tipo brasileiro; Exerce influência depravada; Dissolve virilidade física e moral do país; Portadora de atrativos e influência; Inspira desejos ardentes; Volúpia; Mágica; Feiticeira; Faceira; Dengosa; Alimento doce e saboroso; Desejosa, sensual.

Paulo Prado	Grupo populacional/ civilizacional negro ou africano	No regime de escravidão, envenenou formação da nacionalidade, promoveu relaxamento dos costumes e dissolução do caráter.
	Negras africanas	Passividade infantil; Afetuosas e submissas; Viviam na prática de todos os vícios; Facilitaram e desenvolveram a superexcitação erótica em que vivia o colonizador; Desde a crianças corrompiam brancos; Transformavam casas em antros de depravação; Harpias ciumentas e degradantes que sequestravam os senhores; Casavam-se com eclesiásticos.
	Mulatas	Viviam na prática de todos os vícios; Desde crianças corrompia brancos; Transformavam casas em antros de depravação; Harpias ciumentas e degradantes que sequestravam os senhores; Casavam-se com eclesiásticos.
	Escravas	Uso de roupas que permitem ver o corpo; Exposição dos seios; Amasiava-se com os senhores, que abandonavam as esposas;
Oliveira Viana	Grupo populacional/ civilizacional negro ou africano	Diversidade desconcertante e negativa; Mulatas/os são em geral tipos inferiores ao elemento mais branco envolvido no cruzamento; Raça feia; Massa passiva e improgressiva.
	Negras (incluindo Ibeus, caçanjes, haussás)	Trabalhos rudes e braçais; Pouca inteligência.
	Mulatas (incluindo minas, fulas, achantis, felanins)	Mais inteligentes, destras/os, vivazes e ladinas/os do que as/os negras/os puras/os, menos do que as/os brancas/os; Ofícios manuais que requerem habilidade, como a marcenaria, a alfaiataria e a sapataria; Preferidas pelos brancos; Traços suaves, formas proporcionais, cor mais clara e cabelos menos crespos; Dóceis, afetuosas; Possuem inata habilidade culinária; Mucamas; Cozinheiras; Mais belas do que tipos negros puros; Escravas caseiras e donas de casa; Cor de matiz agradável, azeitona ou bronze; Fisionomia harmoniosa e pura.

Gilberto Freyre	Africanas mestiças e mulatas	Cabelo mais suave; Nariz mais afilado; Traços mais próximos dos europeus; Mais doces ou domesticadas; De relativa beleza; Fulas, negras-mina; Donas de casa; Mulata, cabrocha, quadradona, oitavona; Caseiras, concumbinas e até esposas legítimas; Facilitaram depravação da casa grande com sua docilidade.
	Escravas	Cozinheiras; Introduzem temperos e técnicas culinárias; Hábitos de higiene; Quituteiras; Mães pretas; Cuidado de crianças; Amamentação; Maior força física do que as brancas; Afeto; Contam histórias; Vítimas do ciúme e violência das sinhás brancas; Prostituídas; Incitam a casa grande à volúpia; Iniciação sexual de jovens brancas/os; Propriedade dos brancos; Para babás, eram escolhidas as mais limpas, mais bonitas, mais fortes, as menos boçais e as mais ladinas", cristianizadas, mais abrasileiradas e menos "renitentes no seu africanismo"; Mucamas.
Florestan Fernandes	Grupo populacional negro	Marginalização social e econômica; Famílias deficientes; Anomia, desorganização social, desajuste; Sexualidade desregrada, promiscuidade, violência sexual; Inaptidão; Agente econômico deformado; Atitude pré-capitalista diante do trabalho; Sexo como uma das poucas fontes de prestígio e prazer.
	Negras	Agentes privilegiados de trabalho entre o grupo negro; Empregadas domésticas; Exploradas pelos companheiros do sexo masculino; Prostituição; Destituídas de tudo, exceto da capacidade de sentir e dar prazer sexual; Artífice da sobrevivência dos filhos, maridos e companheiros; Heroína muda e paciente; Desamparada, incompreendida e detratada; Batalham pelo direito de ser mãe; Pagam com sangue, suor e lágrimas o preço da desorganização da família negra; Grandeza humana; Propagação e salvação do povo negro.

- editoraletramento
- editoraletramento
- grupoletramento
- editoraletramento.com.br
- company/grupoeditorialletramento
- contato@editoraletramento.com.br

- casadodireito.com
- casadodireitoed
- casadodireito

Grupo Editorial
LETRAMENTO